VBSE 经管综合仿真实训

JINGGUAN ZONGHE FANGZHEN SHIXUN

石洁 周诗雅 陈振祥 ◎ 主编

中国财经出版传媒集团

经济科学出版社
Ecoromic Science Press

图书在版编目（CIP）数据

VBSE 经管综合仿真实训/石洁，周诗雅，陈振祥主编. —北京：经济科学出版社，2019.5（2021.7 重印）
ISBN 978-7-5218-0472-0

Ⅰ.①V… Ⅱ.①石… ②周… ③陈… Ⅲ.①企业经营管理—仿真系统—应用软件—高等学校—教材　Ⅳ.①F272.7

中国版本图书馆 CIP 数据核字（2019）第 074519 号

责任编辑：谭志军　李　军
责任校对：隗立娜
责任印制：王世伟

VBSE 经管综合仿真实训
石　洁　周诗雅　陈振祥　主编
经济科学出版社出版、发行　新华书店经销
社址：北京市海淀区阜成路甲 28 号　邮编：100142
总编部电话：010-88191217　发行部电话：010-88191522
网址：www.esp.com.cn
电子邮箱：esp@esp.com.cn
天猫网店：经济科学出版社旗舰店
网址：http://jjkxcbs.tmall.com
固安华明印业有限公司印装
787×1092　16 开　20.25 印张　410000 字
2019 年 5 月第 1 版　2021 年 7 月第 2 次印刷
ISBN 978-7-5218-0472-0　定价：58.00 元
（图书出现印装问题，本社负责调换。电话：010-88191510）
（版权所有　侵权必究　打击盗版　举报热线：010-88191661
QQ：2242791300　营销中心电话：010-88191537
电子邮箱：dbts@esp.com.cn）

前　言

实践教学是现代应用型高校提高人才培养质量的重要环节，是学生巩固和深化理论知识的重要手段，同时还是锻炼学生发现问题、解决问题，培养自主学习能力的一种有效教学手段。基于以上原因，武汉工商学院与用友新道科技有限公司通过校企合作的方式，运用虚拟商业社会环境系统（VBSE）为教学平台，开发了"跨专业综合实训"课程，希望通过该课程让学生了解企业内部的工作任务和流程，以及提高利用理论知识解决问题的能力，帮助学生能够顺利平稳地步入工作岗位。

跨专业综合实训是一种在虚拟商业社会环境中进行工作模拟的实训，是一种仿真实训，让学生在虚拟的市场环境、商务环境、政务环境和公共服务环境中，根据现实岗位工作内容、管理流程、业务单据，结合与教学目标适配的业务规则，将经营模拟与现实工作接轨，进行仿真经营和业务运作，可进行宏观和微观管理、多人协同模拟经营，是一个可以满足多专业学习与实践一体的实训课程。跨专业综合实训课程通过对现实商业社会环境中典型社会环境、典型企业组织、典型工作岗位、典型业务单据、典型业务过程的仿真模拟，让学生体验身临其境的岗前实训。它并不仅面向某个专业，而是充分关注行业、企业、岗位、任务的工作过程的训练。学生可以置身于真实的社会环境中体验商业是如何运转的，在真实的企业组织中了解企业的结构是怎样的，在真实的岗位工作中学习不同岗位的不同职责，在真实的业务单据中掌握如何使用学过的技能，在真实的业务过程中理解工作需要怎样协同。

本书在编写时注重了以下方面：

（1）采用任务驱动式教学模式。

配合 VBSE 软件，以任务为驱动编写本教材。教材按照综合实训的时间顺序编写，将核心制造业、工贸企业、商贸企业及相关社会资源关键任务在时间上进行了梳理，同时按照核心组织的任务分为不同的主题来进行讲解，这样可以保证企业间的交互任务可以不被独立的任务割裂开。

（2）实用性。

此教材的编写团队大部分是 VBSE 的认证讲师，在多次授课的基础上，将在实训中容易出现的问题进行展开讲解。同时对于在实训中对学生来讲难度较大的单据填写，还特别进行了相关知识的讲解。同时在固定经营阶段，有一些企业之间的交互任务，本教材也将其进行了整合,让学生可以更好地理清交互任务之间的逻辑关系,帮助学生顺利完成实训,同时可以在实训中能够有更多的收获。

(3) 通俗易懂。

由于跨专业实训本身就可以由很多不同专业的学生一起来实习,因此有一些岗位的任务,如果不是特定专业的学生来做的话,会存在一些难度。为了解决这一问题,本书在编写过程中特意将一些会用到的知识用链接的方法,在书中做一个简单的介绍和讲解,使学生们能够更好地完成实训操作。

本教材由武汉工商学院石洁、周诗雅和陈振祥担任主编,分工对本教材进行编写,其中,石洁编写了第四章、第五章、第六章、第七章,周诗雅编写了第一章、第二章、第三章,陈振祥编写了第八章、第九章、第十章。易翼等人进行了复查工作。

本教材是科研和教学相结合的一个成果,是编者教研项目研究的一个成功展示。

本教材在编写过程中得到了新道师资研修院、新道科技有限公司武汉分公司从上至下的大力支持与帮助,在此一并表示感谢。

本教材由于是跨专业综合实训讲义,因此会涉及一些企业管理学、会计学、国际贸易学、人力资源管理等众多学科的专业知识。本书编者的水平有限,难免存在一些纰漏之处,请广大读者批评指正。

编 者

2019 年 2 月

目 录

项目一 跨专业综合实训认知 ··································· 1

    任务一 跨专业综合实训简介 ··································· 1
    任务二 虚拟商业社会环境平台简介 ··································· 2
    任务三 跨专业综合实训的岗位安排及主要职责 ··································· 4
    任务四 了解虚拟商业社会环境及规则 ··································· 15

项目二 团队组建 ··································· 38

    任务一 进行岗位胜任力测评 ··································· 38
    任务二 CEO候选人报名、竞选演讲和选举 ··································· 44
    任务三 组织招聘公司各岗位人员 ··································· 46
    任务四 企业海报设计 ··································· 48

项目三 期初建账 ··································· 50

    任务一 了解各岗位职责以及熟悉本企业规则 ··································· 50
    任务二 分发办公用品并查看本企业办公用品清单 ··································· 50
    任务三 工作交接 ··································· 52
    任务四 收集各企业基本存款账户和银行预留签章 ··································· 56
    任务五 学习公司注册流程 ··································· 56
    任务六 虚拟商业各种制度的编制（工商局） ··································· 57

项目四 固定经营制造企业经营准备阶段工作 ··································· 59

    任务一 各部门向财务部借款 ··································· 59
    任务二 发放薪酬 ··································· 69
    任务三 个人所得税申报 ··································· 74
    任务四 申报企业增值税 ··································· 75
    任务五 申请办理ISO9000认证 ··································· 77

项目五　固定经营月初经营阶段实务训练

任务	内容	页码
任务六	与工贸企业签订购销合同	82
任务七	编制需求表	84
任务八	签订代发工资协议	94
任务九	签订社保公积金委托收款及同城委托扣税协议	95
任务十	制造企业销售货物给商贸企业	96

项目五　固定经营月初经营阶段实务训练

任务	内容	页码
任务一	工贸企业给制造企业发货	99
任务二	制造企业给商贸企业发货	102
任务三	制造企业安排车架派工领料任务	105
任务四	制造企业安排整车派工领料任务	106
任务五	个人所得税缴纳	107
任务六	制造企业扣缴五险一金	108
任务七	制造企业财务部缴纳企业增值税	109

项目六　固定经营月末实务训练

任务	内容	页码
任务一	商贸企业收到货办理入库	111
任务二	商贸企业收到制造企业发票并完成货款支付	112
任务三	制造企业收到经销商货款	113
任务四	商贸企业收到运输费发票并支付	114
任务五	物流企业收到商贸企业运费	116
任务六	制造企业采购材料到货并办理入库	117
任务七	制造企业支付原材料货款	119
任务八	工贸企业收到制造业货款	120
任务九	制造企业给物流公司支付运输费用	122
任务十	物流企业收到制造企业运费	123
任务十一	车架完工入库	123
任务十二	整车完工入库	124
任务十三	报送车间电费并收到服务公司开具的发票	125
任务十四	支付车间电费	126
任务十五	核算薪酬并进行个人所得税申报	128
任务十六	制造企业认证增值税抵扣联	130
任务十七	计提折旧	131
任务十八	成本核算	135

目 录

  任务十九 制造企业销售成本核算 …………………………………………… 137
  任务二十 期末账务处理 …………………………………………………… 138
  任务二十一 编制财务报表 ………………………………………………… 143

项目七 固定经营核心支持组织实务训练 …………………………………… 146

主题一 工贸企业经营准备阶段实训练习 ………………………………… 146
  任务一 财务方面的期初准备阶段 …………………………………… 146
  任务二 人力资源方面的期初准备任务 ………………………………… 147
  任务三 采购方面的期初准备阶段 …………………………………… 150
  任务四 销售方面的期初准备工作 …………………………………… 151

主题二 工贸企业月初经营阶段实训练习 ………………………………… 151
  任务一 采购到货并办理入库业务 …………………………………… 151
  任务二 人力资源方面月初经营任务 ………………………………… 152
  任务三 缴纳企业增值税 …………………………………………… 153
  任务四 销售方面的期初任务 ………………………………………… 154

主题三 工贸企业期末经营业务训练 …………………………………… 155
  任务一 核算工资薪酬 ……………………………………………… 155
  任务二 财务方面的期末工作任务 …………………………………… 156

主题四 商贸企业固定经营准备阶段实训练习 ………………………… 157
  任务一 财务方面的期初经营准备阶段任务 …………………………… 158
  任务二 人力资源管理方面的期初经营准备阶段任务 ………………… 159
  任务三 销售方面的期初准备工作 …………………………………… 162
  任务四 采购方面的期初准备工作 …………………………………… 166

主题五 商贸企业固定经营月初经营实训练习 ………………………… 166
  任务一 销售方面的月初经营实训练习 ………………………………… 166
  任务二 人力资源管理方面的月初经营实训练习 ……………………… 168
  任务三 财务方面的月初经营实训练习（缴纳企业增值税） …………… 169
  任务四 采购方面的月初经营实训练习 ………………………………… 170

主题六 商贸企业固定经营月末经营实训练习 ………………………… 171
  任务一 人力资源核算薪酬 ………………………………………… 171
  任务二 销售部收到虚拟经销商货款 ………………………………… 172
  任务三 采购方面的月末实训任务 …………………………………… 173
  任务四 财务方面的月末实训任务 …………………………………… 173

主题七 物流公司固定经营阶段实训练习 ………………………………… 176

主题八　综合服务公司固定经营阶段实训练习 ·············· 178
　　任务一　分发办公用品 ····························· 178
　　任务二　组织商贸企业竞单 ························· 179
　　任务三　核对制造企业车间水电费并开发票 ··········· 179
　　任务四　收取车间水电费 ··························· 180

主题九　税务局固定经营阶段实训练习 ················ 180
　　任务一　税务知识讲解 ····························· 181
　　任务二　税务检查制度和奖惩机制的制定 ············· 181
　　任务三　税务稽查 ································· 182
　　任务四　制造企业接受税务行政处罚并处理 ··········· 182
　　任务五　商贸企业接受税务行政处罚并处理 ··········· 185
　　任务六　工贸企业接受税务行政处罚并处理 ··········· 186

主题十　人社局固定经营阶段实训练习 ················ 188
　　任务一　虚拟商业社会保障制度编制 ················· 188
　　任务二　下达社保稽查通知书并进行社保稽核 ········· 189
　　任务三　行政处罚 ································· 190
　　任务四　制造企业接受行政处罚并处理 ··············· 190
　　任务五　商贸企业接受行政处罚并处理 ··············· 192
　　任务六　工贸企业接受行政处罚并处理 ··············· 194

项目八　固定经营外围组织实务训练 ·················· 197

主题一　招投标公司固定经营实务训练 ················ 197
　　任务一　招投标公司进行招标 ······················· 197
　　任务二　中标的制造企业完成中标订单 ··············· 199

主题二　国际贸易公司固定经营实务训练 ·············· 200
　　任务一　国际贸易公司进行货物出口业务 ············· 200
　　任务二　国际贸易公司在国内购入货物 ··············· 205

主题三　连锁公司固定经营实务训练 ·················· 207
　　任务一　连锁门店借备用金 ························· 208
　　任务二　门店销售收款 ····························· 208
　　任务三　门店零售日结并结算营业款 ················· 209
　　任务四　连锁公司向门店配货 ······················· 209
　　任务五　连锁公司向制造业采购货物 ················· 211

主题四　事务所固定经营实务训练 ···················· 213

目 录

    任务一 为物流和连锁企业代理记账 …………………………………… 214

    任务二 事务所为制造企业进行审计 ……………………………………… 215

项目九 自主经营阶段战略准备环节实务训练 ………………………………… 219

    任务一 对企业经营进行战略分析 ………………………………………… 220

    任务二 对公司进行战略选择 ……………………………………………… 224

    任务三 经营决策方法 ……………………………………………………… 231

    任务四 了解各岗位可发起的任务 ………………………………………… 236

项目十 自主经营新增核心任务 ……………………………………………………… 259

  主题一 制造企业生产辅助任务 …………………………………………………… 259

    任务一 办理产品研发 ……………………………………………………… 259

    任务二 办理 CCC 认证（简称 3C 认证） ……………………………… 262

    任务三 支付 3C 认证款 ………………………………………………… 263

    任务四 回收 3C 认证款 ………………………………………………… 265

    任务五 购买厂房 …………………………………………………………… 266

    任务六 支付购买厂房款 …………………………………………………… 267

    任务七 回收厂房销售款 …………………………………………………… 270

    任务八 购买仓库 …………………………………………………………… 270

    任务九 支付购买仓库款 …………………………………………………… 272

    任务十 回收仓库销售款 …………………………………………………… 274

    任务十一 出售设备 ………………………………………………………… 275

    任务十二 支付设备回购款 ………………………………………………… 277

    任务十三 回收设备销售款 ………………………………………………… 277

    任务十四 购买设备 ………………………………………………………… 280

    任务十五 支付购买设备款 ………………………………………………… 282

    任务十六 回收设备销售款 ………………………………………………… 283

    任务十七 招聘生产工人 …………………………………………………… 284

    任务十八 解聘生产工人 …………………………………………………… 286

  主题二 制造企业直销任务 ………………………………………………………… 287

    任务一 申请和办理市场开拓 ……………………………………………… 287

    任务二 收到市场开拓费发票 ……………………………………………… 288

    任务三 支付市场开拓费 …………………………………………………… 290

    任务四 申请和办理广告投放 ……………………………………………… 292

任务五　收到广告费发票 …………………………………………… 293
任务六　支付广告投放费用 ………………………………………… 294
任务七　查看虚拟销售订单 ………………………………………… 296
任务八　组织制造企业竞单 ………………………………………… 297
任务九　查看竞单结果 ……………………………………………… 298
任务十　给虚拟经销商发货 ………………………………………… 298
任务十一　给虚拟经销商办理出库并开具发票 …………………… 299
任务十二　收到虚拟经销商货款 …………………………………… 301

附表：较重要的期初数据 …………………………………………… 303

参考文献 …………………………………………………………………… 312

项目一 跨专业综合实训认知

任务一 跨专业综合实训简介

跨专业综合实训依托用友新道的 VBSE 教学平台展开，虚拟商业社会环境（virtual business social environment，VBSE），是一款面向院校的跨专业综合实践教学平台，此平台通过对真实商业社会环境中典型单位、部门与岗位的系统模拟，让学生能在走出学校，踏上社会之前身临其境地感受到工作实务、工作氛围，认知并熟悉现代商业社会内部不同组织、不同职业岗位的工作内容和特性。

因此，跨专业综合实训是一种在虚拟商业社会环境中进行工作模拟的实训，是一种仿真实训，让学生在虚拟的市场环境、商务环境、政务环境和公共服务环境中，根据现实岗位工作内容、管理流程和业务单据，结合与教学目标适配的业务规则，将经营模拟与现实工作接轨，进行仿真经营和业务运作，可进行宏观微观管理、多人协同模拟经营，是一个可以满足多专业学习与实践一体的实训课程。跨专业综合实训课程通过对现实商业社会环境中典型社会环境、典型企业组织、典型工作岗位、典型业务单据、典型业务过程的仿真模拟，让学生体验身临其境的岗前实训，它并不仅仅面向某个专业，而是充分关注行业、企业、岗位、任务的工作过程的训练。学生可以置身于真实的社会环境中体验商业是如何运转的，在真实的企业组织中了解企业的结构是怎样的，在真实的岗位工作中学习不同岗位的不同职责，在真实的业务单据中掌握如何使用学过的技能，在真实的业务过程中理解工作需要怎样协同。

VBSE 虚拟商业社会提供企业运营模拟实习的引导系统和相关教学环境，让学生在自主选择的工作岗位上通过完成相关岗位对应的岗位工作任务，学会基于岗位的基本业务处理，体验基于岗位的业务决策，理解岗位绩效、组织绩效之间的关系；真实感受企业三流之间（物流、信息流、资金流）起承转合的过程；全面认知企业经营管理活动和主要业务流程；体验企业职能部门间协作关系以及政企合作相关等外围相关经济组织与管理部门之间的业务关联。学生通过教学反复练习，进而形成符合现实经济活动要求的行为方式、智力活动方式和职业行为能力，达到全面认知企业体验岗位职位的要求，胜任岗位工作的初级目标。跨专业综合实训以经管类人才培养为目标，以创新管理人才培养模式为切入点，使参与实训的学生在短期内能够充分运用到理论课堂中所学习到的现代经济管理理论和方法，进行现代企业经营管理的实践性尝试，获得在实际工作中需要若干年才能体验到的经验。

通过跨专业综合实训，可以帮助学生认知和熟悉现代商业社会中不同组织、不同岗位的工作内容和特性，培养学生从事相关岗位所需的决策能力、管理能力、协同能力、沟通能力、业务执行能力、逻辑思维能力、创新能力等；使学生了解在复杂市场环境下的企业经营，学会工作、学会思考，培养学生在毕业前能具备一定的业务处理能力、全局意识和综合职业素养。

任务二　虚拟商业社会环境平台简介

Step1　了解实训平台设计

虚拟商业社会环境平台设计出了以任务式教学和自主学习相结合的一种教学方式。任务式教学要求学生以团队为形式参加到课堂之中，自发组成一个个的企业，按照分工理论分别担任公司的 CEO、财务部经理、行政助理、车间管理员、销售部经理、采购员等不同的角色，并按照所选角色岗位应承担的职能和职责开展工作，使企业得以顺利地进行生产经营。自主学习要求学生针对自己所承担的岗位角色进行大量的自主学习和摸索，最终一步步完成所在岗位所需要完成的工作任务，而不鼓励学生通过过多的咨询实训教师或依赖小组其他成员来完成工作任务。

另外，虚拟商业社会环境平台对教学环境也提出了相应的要求。硬件环境上，要求建立专业的跨专业实训实验室，通过对实验室的办公环境布置、工位的摆放等实现商业环境的仿真，以提升学生对虚拟仿真实验教学"仿真性"的认同感，让学生感觉仿佛置身于企业的实际环境之中；软件环境上，平台综合了办公自动化系统（OA 系统）、企业资源计划系统（ERP 系统）、客户关系管理系统（CRM 系统）、财务支持系统等的特点，将上述系统进行集成，让学生能够真正熟悉现实中企业的办公环境和模式。

虚拟商业社会环境平台以企业业务流程为主线，在各个企业内部设置各种主要业务相关的工作岗位，并建立起各个企业业务岗位的工作职能与职责及其相互之间的有机联系，将各企业各业务部门、各职能岗位有机地连接在一起，让学生体会到自己所在流程中所处的位置和应该完成的工作，了解和掌握各个岗位的业务处理程序和方法，以及岗位之间、企业之间业务联系的途径和方式，切身体会到企业基于流程的运作模式，从而达到树立学生的全局意识、增强学生的业务工作能力等目的。

Step2　了解平台特点

（一）自主式学习

传统的填鸭式教学会一定程度地压抑学生的主观能动性。为了改变这一状况，虚拟商业社会环境平台采用开放式的教学设计，以任务为引领，极大程度激发了学生的个人潜能，以学生为主体，倡导自主学习、学以致用、以用促学、边用边学、学用结合。教师不再作为教学活动的主体，而是作为跨专业综合实训内容的设计者和指导者。

（二）全仿真设计

1. 机构仿真

虚拟商业社会环境平台中包含了制造业、服务业、行政管理机构等多种形态的仿真组织，每个机构中提炼了关键的职能部门和主要的工作岗位，构建了完整的虚拟商业社会环境。

2. 环境仿真

组织经营都是在一定的环境中进行的，现代企业组织无外乎两种管理环境：传统手工管理和信息化管理。虚拟商业社会环境平台中涵盖了企业组织从手工管理到信息化实施再到信息化管理的完整设计，使受训者深刻体验到两种管理环境下业务流程及工作要求的不同。

3. 业务仿真

虚拟商业社会环境平台以岗位胜任为第一目标，针对实习岗位提炼了近百个关键任务和日常工作任务，懂业务才能会管理，针对每项任务，均有任务流程及执行的指导。

（三）跨专业应用

依托于虚拟商业社会环境平台的综合实训并不指向某一个专业，而是关注行业、企业、岗位、任务的工作过程训练。既要求体验环境，又要求完成决策，同时还要求执行各种不同岗位的任务，达到决策、执行、体验三位一体的实践教学目标。

不同的专业培养不同方向的专门人才，企业管理全景仿真中可以支撑工商管理、财务、市场营销、信息管理、金融、贸易、工业工程等多专业综合实习。学生可以在一定程度上自主选择自己的工作岗位，并和企业中其他部门同仁一起协同办公，共同为企业创造价值。

（四）对抗性竞争

虚拟商业社会环境平台中可以设定多个相同性质的组织，营造一个竞争的氛围，有利于激发大家的"斗志",发挥自己的"潜能"。细节设计体现在:(1)效率。现代社会追求快节奏和高效率,虚拟商业社会环境平台中记录了每个岗位任务的完成时间和整个企业的运营时间,作为描述效率的指标之一;(2)效益。每个员工的绩效考核是和企业的整体绩效、部门的绩效分不开的,虚拟商业社会环境平台中以绩效目标为引领,将岗位工作与绩效结合在一起。

任务三 跨专业综合实训的岗位安排及主要职责

Step1 了解跨专业综合实训的岗位安排

根据分工不同,VBSE中企业的主要岗位总体来说包括企业管理、人力资源管理、财务管理、仓储管理、采购管理、营销管理、生产管理七大部分。由于企业性质的不同,VBSE中不同性质企业内部具体部门的设置和岗位的安排存在些许差异,具体情况如下。

(一)制造企业

核心制造企业设置了企业管理部、营销部、生产计划部、仓储部、采购部、人力资源部、财务部七大主要部门,共有18个具体岗位可供选择:

企业管理部(2个):总经理(兼企管部经理)、行政助理;

人力资源部(2个):人力资源部经理、人力资源助理;

财务部(4个):财务部经理、出纳、财务会计、成本会计;

仓储部(2个):仓储部经理、仓管员;

采购部(2个):采购部经理、采购员;

营销部(3个):营销部经理、市场专员、销售专员;

生产计划部(3个):生产计划部经理、车间管理员、生产计划员。

需要注意的是,虚拟商业社会环境平台系统预设了制造企业生产车间是在生产经济型童车的,所以已经包含在岗初级生产工人25人和中级生产工人15人。由于生产工人需求的种类与制造业生产童车的类型挂钩("任务4 虚拟商业社会环境及规则"中会详细讲述),因此,在自主经营阶段,如果制造业决定生产舒适型或豪华型童车,会涉及生产工人的解聘和招聘问题,值得关注。

(二)工贸企业(供应商)

工贸企业(经销商)设置了企管部、业务部、财务部三大主要部门,共有4个岗位可供选择:

企业管理部(2个):总经理、行政经理;

财务部（1个）：财务部经理；

业务部（1个）：业务经理。

需要注意的是，由于考虑到工贸企业（供应商）业务流程较制造业来说简单得多，因此很多时候工贸企业（供应商）的4个岗位会被进行一定程度的合并，合并后的工作量会较为合理，建议合并到3人较为合适。

（三）商贸企业（经销商）

商贸企业（经销商）设置了企管部、营销部、采购部、仓储部、财务部五大主要部门，共有7个岗位可供选择：

企业管理部（2个）：总经理、行政经理；

财务部（2个）：财务部经理、出纳；

仓储部（1个）：仓储经理；

采购部（1个）：采购经理；

营销部（1个）：营销经理。

需要注意的是，与工贸企业（供应商）相似，商贸企业（经销商）的7个岗位也可以进行合并，但由于商贸企业（经销商）会涉及市场开拓、广告投放等外部工作，建议合并到3~4个人较为合适。举个例子，7个岗位可以由3人担任，其中，一人兼任总经理和行政经理，一人兼任营销经理、采购经理和仓储经理，一人兼任财务部经理和出纳。

（四）其他组织岗位安排

1. 物流企业

物流企业设置了企管部、业务部两个主要部门，共2个岗位可供选择：

企业管理部：总经理；

业务部：业务员。

2. 服务公司

服务公司设置了企管部、业务部两个主要部门，共2个岗位可供选择：

企业管理部：总经理；

业务部：业务员。

3. 银行

银行未设置区分部门，仅提供一个岗位：银行柜员。

4. 税务局、人社局、工商局

税务局、人社局、工商局也未设置区分部门，各提供一个岗位，分别办理相关业务。

5. 其他非必须开设组织

其他非必须开设的组织包括了连锁企业、国贸公司等，这些组织由于具有一定的专业性，因此不是必须设置的组织，在这里将不对它们的岗位进行介绍。

Step2　了解制造企业主要部门及岗位职责

VBSE 中，制造企业、工贸企业（供应商）、商贸企业（经销商）的部门和岗位安排看起来存在区别，这是由于制造企业涉及的业务更多，流程相对而言较为繁杂，而工贸企业（供应商）、商贸企业（经销商）的业务比较简单和单一，因此比起工贸企业（供应商）、商贸企业（经销商），制造企业分工更为细化。但实质上，制造企业除了生产计划部门和相应岗位，其他部门和相应岗位的职责在工贸企业（供应商）、商贸企业（经销商）均有对应。譬如，工贸企业（供应商）、商贸企业（经销商）都未直接设置人力资源部部门，但该部门的职责由企业管理部来承担；商贸企业（经销商）的业务部承担着采购部、营销部、仓储部的职能。以下为制造企业各部门及相应岗位的主要职责，工贸企业（供应商）、商贸企业（经销商）同样可以此作为参照：

（一）企业管理部

企业管理部为一个公司的综合管理部门，该部门设立的主要目的是对企业进行综合管理，以及辅助企业高管开展各项工作，与其他各部门之间基本都有业务来往。

VBSE 中，企业管理部主要职责包括：负责公司战略规划的制定和协助推行；负责公司制度建设和各项管理制度的制定、颁发与推行；负责企业固定资产管理；负责协调督查，业日常工作的管理和协调，指导、督察和考核各部门的工作等。

企业管理部主要工作任务包括各部门业务审批与文书签字管理、合同档案管理、印章管理、固定资产管理、办公用品管理、资质认证管理、企业变更登记管理等。

1. 总经理

总经理是企业管理部的总负责人，负责总经理办公室职责范围内所有工作。

总经理具体职责包括：组织实施企业年度工作计划、财务预算报告及利润分配、使用方案；组织指挥企业的日常经营管理工作，以法人代表的身份代表企业签署有关协议、合同、合约和处理有关事宜；决定组织体制和人事编制，决定行政助理，各职能部门和各部门经历以及其他管理职员的任免、奖惩，建立健全企业统一、高效的组织体系和工作体系等。

VBSE 中为总经理设计的具体工作任务内容并不多，但需要总经理跟进、督导各业务部门工作的开展，防止企业经营中出现问题时找不到问题所在，所以总经理必须全面了解企业经营环境、组织架构、企业各部门各岗位对应的工作职责和业务流程，以便及时发现并解决问题。总经理的具体工作任务多为审批审核等，譬如企业管理部借款审批、广告投放审批、薪酬核算审核、合同审核等；尤其要注意的是，自主经营阶段，总经理需要站在全局角度，带领企业全员做好公司战略规划，考虑是否要生产转型、是否要外部融资等。

2. 行政助理

行政助理的直接上级为总经理，必须做好总经理和各部门之间的桥梁，为总经理分忧解难，服务全局。

行政助理具体职责包括：协助总经理做好企业文化建设；协助总经理做好综合、协调各部门工作和处理日常事务；及时收集和了解各部门的工作动态，协助总经理对各部门的领导，掌握公司主要经营活动情况；协助参与企业发展规划的制定，年度经营计划的编制和公司重大决策事项的讨论；配合执行企业管理体系运行及各项工作进度的监督与跟进；及时处理各种文字资料，并做好整理归档工作；企业证照的办理、年审、更换、作废等管理，印章的保管、使用管理等；参与企业行政、设备采购管理，负责企业各部门办公用品的领用和分发工作等。

VBSE中为行政助理设计的具体工作任务内容也不多，其主要职责即为协助总经理做好企业全局工作。行政助理的具体工作任务主要围绕着申领、购买办公用品，报销办公费用，拟定企业的公章、印鉴管理制度并做好管理进行。

（二）人力资源部

人力资源部是对企业中各类人员形成的资源（即把人作为资源）进行管理的部门，人力资源是社会各项资源中非常关键的资源，对企业影响重大，历来被国内外的许多专家学者以及成功人士、有名企业所重视。

VBSE中，人力资源部主要职责包括：制定人力资源规划和管理制度，编制人力资源支出预算，进行各部门职责权限划分；进行人员招聘与录用、员工异动和离、退职管理；拟定薪酬管理制度，进行考勤和绩效管理及考核，核算和发放职工工资等。

人力资源部主要工作任务包括招聘与配置、培训与开发、绩效管理、薪酬福利、劳动关系管理等，具体工作目标及标准根据企业的经营战略及目标来进行，也需要其他各部门的协同配合。

1. 人力资源部经理

人力资源部经理是人力资源部的总负责人，全面负责人力资源管理方面的工作。

VBSE中人力资源部经理具体职责包括：制定招聘计划、培训计划，组织技能考核鉴定和培训实施；负责组织公司人员招聘活动；建立、健全公司人力资源管理制度；人力资源支出预算的编制；组织制定公司考核制度，定期进行员工考核；负责公司全员薪资核算与发放等。

人力资源部经理的具体工作任务主要围绕着人员的招聘、薪酬的核算与发放进行。

2. 人力资源助理

人力资源助理的直接上级为人力资源部经理，辅助人力资源部经理做好人力资源管理各模块的日常性事务工作。

VBSE中，人力资源助理主要岗位职责包括：发布招聘信息；筛选应聘简历，安排面试并跟进；员工档案管理、劳动合同的管理；人事信息的实时更新与维护；公司员工考勤管理及汇总整理；办理五险一金的申报及缴纳等。

人力资源助理的具体工作任务主要围绕着人员的招聘、考勤管理、五险一金的缴纳与核算、日常部门费用报销进行。

（三）财务部

财务部是组织领导和具体从事财务管理工作的职能部门，将企业的经营情况、经济事项与交易等进行量化记录、监控、核算等，基于对会计数据的分析，充分了解企业的财产和资金，结合外部市场环境的变化，及时调整企业的经营战略方针。该部门的存在对提高企业经济效益、正确处理企业与各方面的经济关系起到了重要作用。

VBSE中，财务部主要职责包括：依据会计准则归集、处理各类会计信息；及时编制和提交财务报表，按时编制企业对外报送的财务报告；保证企业资源的有效利用，成本核算与监控；编制财务计划或预算，对部门资金的使用情况进行绩效考核等。

财务部主要工作任务包括根据原始凭证编制记账凭证，根据记账凭证登记明细账、日记账、总账，根据账簿编制财务报表，并做好相关的审核及核对等。

1. 财务部经理

财务部经理是财务部的负责人，全面负责财务部职责范围内的所有工作。

VBSE中，财务部经理主要岗位职责包括：根据企业总的发展战略，组织制定公司财务部的战略规划；分析检查公司财务收支和预算的执行情况；审核公司的原始单据、会计凭证，办理日常的会计业务；编制财务报表、登记总账及财务数据审定；资金管理、筹融资管理，资金使用计划；组织期末结算与决算，进行经营分析；保证企业按时纳税，督促有关岗位人员及时办理手续等。

财务部经理主要工作任务包括期初建账（总账）、审核相关单据凭证、登记总账、期末结转、结账、编制报表。

2. 出纳

出纳的直接上级为财务部经理，出纳主要负责跟"钱"挂钩的相关财务事项。

VBSE中，出纳主要岗位职责包括：管理现金收入和现金支出，严格执行现金清点盘点制度；签收和整理各种支票、汇票；保管库存现金、有价证券，签发并保管支票等重要空白凭证；管理"现金收讫""现金付讫"印章；登记现金日记账和银行存款日记账等。

出纳主要工作任务包括期初建账（日记账）、登记日记账、办理业务有关的收款或付款手续、领取银行回执或回单。

3. 成本会计

成本会计的直接上级为财务部经理，成本会计负责材料及产品的成本核算。

VBSE中，成本会计主要岗位职责包括：材料采购入库登记，材料领用登记及计价;产品出入库登记;费用归集与分摊;产成品成本计算,销售成本结转,生产成本核算等。

成本会计主要工作任务包括期初建账、存货入库、领用记账、销售记账、存货成本计价、产品成本核算、成本分析。

4. 财务会计

财务会计的直接上级为财务部经理,财务会计负责出纳和成本会计承担的业务以外的财务工作。

VBSE 中,财务会计主要岗位职责包括:开具和保管增值税专用发票和普通发票;除货币资金、存货、生产成本、销售成本外的其他科目的核算;负责除出纳和成本会计核算以外的其他业务记账凭证的编制;除货币资金、存货、生产成本、销售成本外的其他科目的账簿的登记;期末损益结转;办理各种税款的核算、申报与缴纳等。

财务会计主要工作任务包括期初建账、编制记账凭证、登记明细账、税费计算、纳税申报、期末结账。

(四)仓储部

仓储部是通过仓库对物资进行储存、保管以及相关活动的部门,是企业生产和营销的保障,将企业的生产、供应、销售环节紧密联系在一起。由于物资在生产、流通过程中可能存在订单前置或市场预测前置情况而使物资需要暂时存放,为了保持再生产过程的顺利进行,必须储存一定量的物资,以满足一定时期内社会生产和消费的需要。做好物料仓储管理对确保企业生产能正常进行有着重要的意义。

VBSE 中,仓储部主要职责包括:物料数量、质量、包装的验收和入库作业,以及入库信息处理;对处于暂时停滞状态的物资进行储存,并进行保养和管理;对出库物料进行拣选、清点及办理出库手续;统计出库入库数据、定期盘点物料及处理盘点异常等。

仓储部主要工作任务包括采购验收入库和完工入库管理、在库盘点、生产出库和销售出库管理、填写出入库及盘点相关的单据。

1. 仓储部经理

仓储部经理是仓储部的负责人,全面负责仓储部职责范围内的所有日常运营管理工作。

VBSE 中,仓储部经理主要岗位职责包括:根据仓储规划和目标,优化库存方案,加快存货周转速度,降低库存成本;督促仓管员对物料收发存、盘点的管理;对每个季度销售或会计周期进行预测,分析制定安全库存等。

仓储部经理主要工作任务包括建库存台账、登记库存台账、审核出入库业务相关的单据。

2. 仓管员

仓管员的直接上级为仓储部经理，仓管员需要按照业务流程，规范地完成入出库、在库保管、盘点等，保证企业生产和销售所需物资的及时供应。

VBSE 中，仓管员主要岗位职责包括：执行仓库的物料保管、验收、入库、出库等日常工作；检验手续不合格不允许入库，协助采购部处理退货工作；出库时手续不全不发货，特殊情况须经有关领导签批；负责定期对仓库物料盘点清仓，做到账、物、卡相符；负责处理仓库管理中的出入库单、验收单等原始资料，账册的收集、整理和建档工作等。

仓管员主要工作任务包括建物料卡、采购和完工入库、领料和销售出库、库存盘点。

（五）采购部

采购部是企业中负责物资采购的部门，采购用来办公的办公用品、用来生产的原材料（生产型企业）、用来出售的商品（商业型非生产企业）等。

VBSE 中，采购部主要职责包括：审核企业生产部呈报的年度物料需求计划，统筹策划和编制采购计划；开发和选择供应商，对供应商进行考评，建立完整的供应商档案库等；根据计划下达采购订单，协调供应商送货、验货入库和支付货款；实施科学的库存策略和采购策略，以综合采购总成本最低供应生产所需；对采购订单进行执行前、执行中、执行后跟踪等。

采购部主要工作任务包括制定采购计划、选择供应商、签订采购合同、下达采购订单。

1. 采购部经理

采购部经理是采购部的负责人，需要具备较强的"经营意识"来实现采购管理目标。

VBSE 中，采购部经理主要职责包括：统筹采购规划和确定采购内容；制定采购计划和目标，改进采购的工作流程和标准；参与收集供应商信息，开发、选择、处理与考核供应商，建立供应商档案管理制度；管理采购相关的物流、资金流、信息流；审核、签署与监督执行采购合同，审核采购订单和物资调拨单；根据需要采取相应的应急行动或进行后续跟踪，保证完成紧急采购任务；解决与供应商在合同上产生的分歧以及支付条款问题等。

采购部经理主要工作任务基本为督促采购员完成采购系列流程，此外，需主导制定采购计划，完成采购相关事项的审核管理。

2. 采购员

采购员的直接上级为采购部经理，采购员需要具有较强的"服务意识"，按照业务流程规范地完成采购具体工作。

VBSE 中，采购员主要职责包括：收集供应商信息，开发、选择、处理与考核供应商；采购计划和采购合同制作采购订单；实时掌握物资材料的库存和生产情况，对所订购的物资从订购至到货实行全程跟踪；制作商品入库的相关单据，积极配合仓储部保质保量地完成采购货物的入库；物料货款和采购费用的申请与支付；监控库存变化，及时补充库存，使库存维持合理的结构和合理的数量等。

采购员主要工作任务包括支付采购货款、拟定及签订采购合同、下达采购订单。

（六）营销部

营销部是为企业创造利润的部门，是一个企业的经济命脉，营销部业绩的好坏直接影响到企业的收入。

VBSE 中，营销部主要职责包括：完成公司制定的营销指标；营销策略、计划的拟定与实施；营销经费的预算和控制；营销管理制度的拟定、实施和改善等。

营销部主要工作任务包括市场调研分析，确定企业的目标市场，进行产品研发、市场开发、价格拟定，寻找顾客并推销洽谈，签订销售合同，组织发货并回收货款。

1. 营销部经理

营销部经理是营销部的负责人，负责营销部所有工作。营销部经理要有较好的沟通能力、市场开发和分析能力、管理能力、应变能力、号召力，熟悉营销模式，具有业务开拓渠道，有良好的营销管理策略及经验。

VBSE 中，营销部经理主要职责包括：制定企业营销总体规划并组织实施；制定本部门业务计划并监督执行；营销经费的预算和控制；营销方案编制、审核与监督执行等。

营销部经理主要工作任务包括根据市场预测制定广告投放策略、审核广告投放业务相关单据、主导编制营销策划方案。

2. 市场专员

市场专员的直接上级为营销部经理，承担着公司产品市场调查、市场分析与预测、市场开发、产品开发、产品促销等工作。

VBSE 中，市场专员主要职责包括：收集与分析市场信息；对公司的产品销售进行预测；进行市场开发；制订公司产品开发计划；策划与实施公司广告方案，编制公司广告预算等。

市场专员主要工作任务包括申请广告投放、签订广告合同、协助编制营销策划方案。

3. 销售专员

销售专员的直接上级为营销部经理，负责完成公司下达的销售指标，负责指定区域内公司产品的客户推广和销售管理工作。

VBSE 中，销售专员主要职责包括：开发新客户，维护老客户，建立客户档案；制订销售工作计划；与客户进行产品销售沟通与商务谈判；负责销售合同的签订工作；负责销售合同的履行与管理等相关工作，包括及时组织货源、发货与货款回收等。

销售专员主要工作任务包括签订销售合同、编制销售发货计划、销售发货、货款回收。

（七）生产计划部

生产计划部是负责有效组织生产部门资源，实现产品高效优质生产，成品准时入库的职能部门。有效的生产计划是生产对客户需求的一种承诺，是企业对于生产进度的要求，是企业生产有序进行的基本保证。

VBSE 中，生产计划部主要职责包括：根据销售计划制订生产计划；根据生产计划组织产品生产，保证产品保质保量按时地进行生产；制定生产部门人力资源、物料、设备需求计划，以满足生产的需要；生产同时做好物料控制与设备管理等。

生产计划部主要工作任务包括：

编制主生产计划、各期生产计划＋编制与生产相关的设备、物资、费用、用人计划，填写派工单并开工生产，进行完工入库并填写完工入库单。

1. 生产计划部经理

生产计划部门经理是生产计划部的负责人，对工厂各项生产经济技术指标的完成负全部责任。

VBSE 中，生产计划部经理主要职责包括：对部门发生的费用进行严格控制，制定费用控制与审批流程；向下属部门下达各项费用的控制标准，并监督检查其执行情况；审批各有关职能部门和生产单位新增设备购置计划等流程；编制部门预算计划；全面组织、协调生产车间的原材料、物料供应工作；依据生产加工计划对车间生产人员进行派工，并跟踪派工的执行情况等。

生产计划部经理主要工作任务包括编制主生产计划、生产设备需求计划，督促领料派工生产的进行、审核生产业务有关的部分单据。

2. 车间管理员

车间管理员的直接上级为生产计划部经理，负责全面协调车间工作，对生产过程进行监督、指导，合理安排车间设备的使用，使设备发挥最大效率。

VBSE 中，车间管理员主要职责包括：负责车间内原辅材料的领取、退库，负责所需物料的跟催工作；对车间内产成品的缴库情况进行管理；协调、督促生产车间零部件、各工序产成品的流转事宜；收集、填报各车间的生产报表等。

车间管理员主要工作任务包括填写车架、整车的完工入库单，填写派工单并开工生产。

3. 生产计划员

生产计划员的直接上级为生产计划部经理，负责编制各期生产计划、物资采购储备计划、费用计划、用人计划等并在审批后组织实施。

VBSE 中，车间管理员主要职责包括：组织制订生产规划；根据生产规划和销售订单组织，编制主生产计划，制定生产规划；合理调配人力、物力，调整生产布局和生产负荷，提高生产效率；根据生产能力规划产能标准，提出设备、人员需求；确定产品总需求量，实际需求量，制定物料需求计划等。

车间管理员主要工作任务包括编制物料净需求计划和编制生产计划部生产加工计划。

Step3　了解其他组织岗位职责

（一）物流企业

VBSE中，物流企业的作用设置得较为单一，主要为其他企业运送货物。

物流企业仅设置了两个岗位，分别是总经理和业务经理。

物流企业总经理的工作任务包括审核运输合同会签单、下达取货指令、查询运费是否到账并领取运费有关的银行回单。

物流企业业务经理的工作任务包括填写运输合同、填写运输合同会签单、确认运输订单、规划线路和调度车辆、填写运单、开运输发票、发车取货、点验托运货物、确认运单信息、进行装车作业和送货作业、车辆到达卸车前检查、安排卸货和货物交接。

（二）服务公司

VBSE中，服务公司主要是为制造企业顺利完成生产经营活动提供必要的服务，其主要职能包括：向制造企业推荐童车生产工人，收取人员推荐费；为制造企业代为培训管理人员，收取培训费；承接各制造企业、商贸企业（经销商）的市场开发，收取市场开发费；为制造企业、商贸企业（经销商）提供广告服务，收取广告费，开具发票；为制造企业提供认证服务，收取认证费；承接制造企业的产品研发，收取产品研发费；承接商品交易会组织工作，收取会务费；代办各类型企业的其他服务事项，收取相应费用，开具发票。

服务公司仅设置了两个岗位，分别是总经理和业务员。

服务公司总经理的工作任务包括整理办公用品，通知经销商、制造业竞单，为经销商、制造业办理选单，为服务公司提供给其他企业的各项服务开具发票、收取企业开具的支票并到银行办理转账、填写购买设备有关应付款项对应的支票。

服务公司业务员的工作任务包括通知并分发办公用品，查看企业提交的水电费单，向各企业催收销售厂房、仓库、设备等的销售款。

（三）银行

VBSE中，银行是为制造企业提供对公金融柜台业务的金融机构，其主要职能包括为企业办理银行结算账户开户、变更等；为企业办理银行账户转账业务；向企业出售各种银行票据，方便客户办理业务；为企业提供长期、短期贷款等融资业务。

银行仅设置一个岗位，即银行柜员。

银行柜员的工作任务主要包括完成企业间的转账、代发企业职工工资、为制造企业办理贷款、审核企业的代扣协议等。

（四）税务局、人社局、工商局

1. 税务局

税务局的工作目标是督促企业按照国家有关税收政策办理所有公司的涉税业务，行使税收管理职能。税务局的职能包括税务登记、税款征收、发票管理、纳税检查、税收统计和分析、税务违法处罚。

税务局仅设置一个岗位，即税务专员。

工商局工商专员的工作任务包括学习制作税务知识文档，向各企业宣讲税务知识，制定实训课程的税务管理规则，公示并宣讲税务管理规则，对企业的税务进行稽查并记录结果，公式稽查结果并通知问题企业限期补缴，检查企业税款补交情况，对未按期补缴的企业做出行政处罚。

2. 人社局

人社局指的是人力资源和社会保障局，负责承担人才引进、就业服务、职称评审、社会保险等。VBSE 中，人社局主要承担社会保险费和住房公积金征缴的窗口职能。人社局的职能包括参保登记、企业多险种社保基金征集、社会保险关系转移、社会保险费征收、提供社保相关政策咨询。

人社局仅设置一个岗位，即社会公积金专员。

社会公积金专员的工作任务包括学习和制定实训课程的社会保障制度，并向企业宣讲社会保障制度，下达稽查通知书，根据社会保障制度对企业进行例行检查并记录，对问题企业下达稽查整改意见书，根据社保稽核整改意见书检查企业整改情况，对限期内未整改的企业做出行政处罚，学习职业生涯规划并组织各企业进行讲解，学习简历制作、面试技巧并组织各企业进行培训。

3. 工商局

工商局全称为工商行政管理局，负责确认市场主体资格，规范市场主体行为，维护市场经济秩序，保护商品生产者和消费者的合法权益，促进市场经济的健康发展。工商行政管理部门的职能包括受理企业核名、工商注册登记、企业工商年检、工商监督、广告、合同和商标管理。

工商局仅设置一个岗位，即工商专员。

工商局工商专员的工作任务包括学习和制定实训课程的工商行政管理暂行规定、向企业讲解工商行政管理暂行规定、根据工商行政管理暂行规定对企业进行例行检查并记录、下达工商行政处罚决定书、检查整改情况、审核企业提交的商标标识、公示通过审核的企业商标标识并备案、审核企业提交的年报、公示通过审核的企业年报并备案、接收银行付款回单并销案。

项目一 跨专业综合实训认知

任务四 了解虚拟商业社会环境及规则

企业是市场经济活动的主要参与者，是社会发展的产物，因社会分工的发展而成长壮大，它的发展同时受到内外部环境的影响。一个企业想要得以生存发展，一方面须遵循法律法规的要求，另一方面也要遵循所处经济环境以及行业的规则要求。

因此，在开始模拟企业经营之前，所有实训者需要了解虚拟商业社会环境及规则，才能在后续的正式经营环节合法经营、合规经营、合理经营，以在激烈的竞争中将企业经营得更好。

Step1 了解人力规则

（一）人员构成

1. 制造企业（见表1-1）

表1-1　　　　　　　　　　　制造企业人员构成　　　　　　　　　　单位：名

部门	岗位名称	岗位级别	在编人数	直接上级
企业管理部	总经理（兼企管部经理）	总经理	1	董事会
	行政助理	职能管理人员	1	总经理
营销部	营销部经理	部门经理	1	总经理
	市场专员	职能管理人员	1	部门经理
	销售专员	职能管理人员	1	部门经理
生产计划部	生产计划部经理	部门经理	1	总经理
	车间管理员	职能管理人员	1	部门经理
	生产计划员	职能管理人员	1	部门经理
	初级生产工人	工人	25	车间管理员
	中级生产工人	工人	15	车间管理员
仓储部	仓储部经理	部门经理	1	总经理
	仓管员	职能管理人员	1	部门经理
采购部	采购部经理	部门经理	1	总经理
	采购员	职能管理人员	1	部门经理
人力资源部	人力资源部经理	部门经理	1	总经理
	人力资源助理	职能管理人员	1	部门经理

续表

部门	岗位名称	岗位级别	在编人数	直接上级
财务部	财务部经理	部门经理	1	总经理
	出纳	职能管理人员	1	部门经理
	财务会计	职能管理人员	1	部门经理
	成本会计	职能管理人员	1	部门经理

2. 工贸企业（供应商）（见表1-2）

表1-2　　　　　　　　　　工贸企业人员构成　　　　　　　　　　单位：名

部门	岗位名称	在编人数	直接上级
企管部	总经理	1	
企管部	行政经理	1	总经理
业务部	业务经理	1	总经理
财务部	财务经理	1	总经理

3. 商贸企业（经销商）（见表1-3）

表1-3　　　　　　　　　　商贸企业人员构成　　　　　　　　　　单位：名

部门	岗位名称	在编人数	直接上级
企管部	总经理	1	
	行政经理	1	总经理
营销部	营销经理	1	总经理
采购部	采购经理	1	总经理
仓储部	仓储经理	1	总经理
财务部	财务经理	1	总经理
	出纳	1	财务经理

（二）薪酬构成

职工薪酬是指企业为获得职工提供的服务而给予的各种形式的报酬以及其他相关支出。VBSE中，薪酬构成包括基本工资、缺勤扣款、五险一金、个人所得税、辞退补偿。

项目一 跨专业综合实训认知

1. 基本工资

VBSE系统中所有员工实行月薪制，月基本工资根据岗位级别不同分级而定，具体标准参见表1-4。

表1-4　　　　　　　　　　月基本工资标准　　　　　　　　　　单位：元/月

人员类别	月基本工资
总经理	12000
部门经理	7500
职能管理人员	5500
营销部员工	4500
初级/中级/高级生产工人	3600、4000、4600

注：职能管理人员指各部门员工（除营销部外）

2. 缺勤扣款

缺勤扣款＝月基本工资×缺勤天数/当月全勤工作日数

VBSE中实行月度考勤，但因每月只设计2个虚拟工作日，根据实训中教师分配的每月经营时间来进行考量，例如，教师安排固定经营当月（2个虚拟工作日）的对应实训时间为16学时，某公司仓管员在固定经营阶段缺勤共计4学时，则该仓管员当月缺勤扣款＝5500×4/16＝1375（元）。

3. 五险一金

五险一金是指用人单位给予劳动者的几种保障性待遇的合称，包括养老保险、医疗保险、失业保险、工伤保险、生育保险及住房公积金（一般所说的社会保险即指以上五种保险）。五险一金，单位需要承担一部分，这部分从单位银行账户中直接扣除，员工也需要承担一部分，从员工工资中扣除。

五险一金月缴纳额＝月缴纳基数×各项缴纳比例

一般来说，五险一金应该按照职工的实际收入为基数进行缴纳，职工的工资低于当地社会平均工资60%的，按照社会平均工资的60%缴纳，高于社会平均工资300%的，按照社会平均工资的300%缴纳，在两者之间的，按照实际工资缴纳，应该对比社会平均工资是否低于或者超过社会平均工资的60%或者300%。不同地区对基数的选取在以上标准上有少许调整。社会保险法明确规定，不按时足额缴纳，是要接受处罚的。五险一金缴纳比例各地不完全一致，根据各地规定执行。

VBSE实训中以员工转正后的基本工资金额数为五险一金的缴费基数，缴纳比例具体见表1-5。

表1-5　　　　　　　　　　　　　五险一金缴费比例

险种	单位承担比例	个人承担比例	比例
养老保险	20%	8%	28%
医疗保险	10%	2%+3元	12%+3元
失业保险	1%	0.50%	1.50%
工伤保险	0.80%	0.00%	0.80%
生育保险	0.80%	0.00%	0.80%
住房公积金	10%	10%	20.00%

根据表1-5的比例，例如，公司某部门经理月基本工资为10 000元，公司每月要为其缴纳养老保险2 000元，医疗保险1 000元，失业保险100元，工伤保险80元，生育保险80元，住房公积金1 000元；该部门经理个人缴纳养老保险800元，医疗保险203元，失业保险50元，住房公积金1 000元。对于公司而言，每月除了支付该员工10 000元工资外，还需要为其额外支出4 260元的五险一金费用；对该部门经理而言，10 000元工资到手之前要先被扣除2 053元的五险一金费用，在此基础上按照税法规定缴纳个人所得税，因此实际到手工资会低于8 000元。

4. 个人所得税

个人所得税是国家对个人取得的工资、奖金、劳务报酬等所得依法征收的税，不同征税内容对应的适用税率皆不相同。

VBSE中仅考虑工资薪金所得，工资薪金所得适用7级超额累进税率，按月应纳税所得额计算征税。系统设置按照2018年以前的税率执行，以个人月工资薪金应税所得额划分级距，最高一级为45%，最低一级为3%，共7级。2018年10月开始，个税免征额由3 500元提高到5 000元，居民个人取得综合所得以每一纳税年度收入额减除费用六万元以及专项扣除、专项附加扣除和依法确定的其他扣除后的余额。

个人所得税计算方式为：个人所得税=全月应纳税所得额×税率-速算扣除数

全月应纳税所得额=应发工资-免征额

表1-6　　　　　　工资、薪金所得适用个人所得税税率（2018年10月后）

级数	全年应纳税所得额	税率(%)	速算扣除数
1	不超过36 000元的	3	0
2	超过36 000元至144 000元的部分	10	2 520
3	超过144 000元至300 000元的部分	20	16 920
4	超过300 000元至420 000元的部分	25	31 920

续表

级数	全年应纳税所得额	税率(%)	速算扣除数
5	超过 420 000 元至 660 000 元的部分	30	52 920
6	超过 660 000 元至 960 000 元的部分	35	85 920
7	超过 960 000 元的部分	45	181 920

接前面所举例子，公司某部门经理月基本工资为 10 000 元，工资到手之前先被扣除了 2 053 元的五险一金费用，若按照新个税执行，则该月应纳税所得额 =（10 000 - 2 053）- 5 000 = 2 947 元，换算到全年，应纳税所得额为 35 364 元，恰好处于上表第一级，该月应交个人所得税 = 2 947 × 3% = 88.41 元。

5. 辞退补偿

辞退当月基本工资 = 月基本工资 × 实际工作日数/当月全勤工作日数 + 辞退补偿

企业辞退员工需支付辞退补偿，辞退补偿为三个月基本工资；辞退当月的基本工资按照实际工作天数进行计算，天数计算同缺勤扣款中的方法。

（三）招聘费用

自主经营阶段，制造企业若由于调整产品线拟生产舒适型或豪华型童车时，需要对生产工人的构成进行调整，在解聘多余的生产工人之外，需从服务公司处招聘补足生产舒适型或豪华型童车需要的工人。

VBSE 中从服务公司处招聘工人须得向服务公司支付招聘费用。其中，初级工人的招聘费用为 1 000 元/人，中级工人的招聘费用为 1 200 元/人，高级工人的招聘费用为 1 400 元/人。

Step2 了解财务规则

（一）会计期间与日期

会计期间是指在会计工作中，为核算经营活动或预算执行情况所规定的起讫期间。一个企业在持续经营的情况下，其经济活动是循环往复、周而复始的。为了及时提供决策和管理所需要的信息，在会计工作中，人为地在时间上把连续不断的企业经营活动及其结果用起止日期加以划分，形成会计期间，这就是会计分期的假设。我国《企业会计准则》规定，会计期间一般应从公历 1 月 1 日开始，12 月 31 日结束。

VBSE 的时间以系统虚拟年月日为准，会计期间为月度，每个月的虚拟财务工作日为 5 日与 25 日（有且仅有这两个日期）。

（二）税费计算

税费指税收和费用税收，税收是国家为满足社会公共需要，依据其社会职能，按照法律规定，强制地、无偿地参与社会产品分配的一种形式，税费是指国家机关向有关当事人提供某种特定劳务或服务，按规定收取的一种费用。企业根据税法规定应交纳的各种税费包括：增值税、消费税、营业税（2016年营改增后，营业税被取消）、城市维护建设税、资源税、所得税、土地增值税、房产税、车船使用税、土地使用税、教育费附加、矿产资源补偿费、印花税、耕地占用税等。

VBSE 中仅需考虑增值税、城市建设维护税、教育费附加、企业所得税、个人所得税几个税种。各企业应在税收征收期内，按照公司的经营情况，填制各税申报表，携带相关会计报表，到税务部门办理纳税申报业务，并从税务部门取得开出的税收缴款书，到银行缴纳税款。根据规定，企业应每月初进行上月的纳税申报及缴纳，如遇特殊情况，可以向税务部门申请延期纳税申报。

1. 增值税

从计税原理上说，增值税是对商品生产、流通、劳务服务中多个环节的新增价值或商品的附加值征收的一种流转税。在实际中，商品新增价值或附加值在生产和流通过程中是很难准确计算的。因此，国际上的普遍采用的税款抵扣的办法是根据销售商品或劳务的销售额，按规定的税率计算出销售税额，然后扣除取得该商品或劳务时所支付的增值税款，也就是进项税额，其差额就是增值部分应交的税额，这种计算方法体现了按增值因素计税的原则。

增值税当期应纳税额 = 当期销项税额 − 当期进项税额

增值税当期销项税额 = 增值税当期销售额（不含税）× 增值税税率

增值税当期进项税额 = 增值税当期购买价 × 增值税税率

销项税额是指纳税人提供应税服务按照销售额和增值税税率计算的增值税税额；进项税额是指纳税人购进货物或者接受加工修理修配劳务和应税服务，支付或者负担的增值税税额。

VBSE 中销售货物和购买货物增值税税率统一按照13%计算，交通运输的增值税税率按照9%计算。

例如，某公司当月销售产品全部获得的不含税销售额为 1 000 000 元，购买用于生产产品的材料花费了 300 000 元，由于合同约定由该公司支付购买产品时的运输费用，该公司支付给物流公司运输费用为 8 000 元，该公司增值税当期销项税额 = 1 000 000 × 13% = 130 000（元），增值税当期进项税额 = 300 000 × 13% + 8 000 × 9% = 51 720（元），增值税当期应纳税额 = 130 000 − 51 720 = 78 280（元）。

另外，切记注意分清销售额为含税销售额还是不含税销售额，一般市场上商品销售单价多指含税销售额。增值税为价外税，含税销售额与不含税销售额的关系如下：

增值税当期销售额 = 增值税当期含税销售额 ÷（1 + 增值税税率）

项目一 跨专业综合实训认知

2. 城市建设维护税和教育费附加

城市维护建设税和教育费附加是以纳税人实际缴纳的流通转税额为计税依据征收的税，纳税环节确定在纳税人缴纳的增值税、消费税的环节上，从商品生产到消费流转过程中只要发生增值税、消费税当中一种税的纳税行为，就要以这种税为依据计算缴纳城市维护建设税和教育费附加。

城市建设维护税、教育费附加应纳税额 =（应纳增值税 + 应纳消费税）× 适用税率

消费税是在对货物普遍征收增值税的基础上，选择少数消费品再征收的一个税种，主要是为了调节产品结构，引导消费方向，保证国家财政收入。现行消费税的征收范围主要包括：烟、酒、鞭炮、焰火、化妆品、成品油、贵重首饰及珠宝玉石、高尔夫球及球具、高档手表、游艇、木制一次性筷子、实木地板、摩托车、小汽车、电池、涂料等税目，VBSE 中的商品为童车及其零部件原材料，因此不涉及消费税的计算，只考虑增值税即可。城市建设维护税和教育费附加的适用税率分别为 7% 和 3%。

按增值税介绍中的例子，某公司增值税当期应纳税额为 118 120 元，则该公司城市建设维护税、教育费附加当期应纳税额 = 118 120 ×（7% + 3%）= 11 812（元）。

3. 企业所得税

企业所得税是对我国内资企业和经营单位的生产经营所得和其他所得征收的一种税。企业所得税条例规定，企业应纳税所得额的确定，是企业的收入总额减去成本、费用、损失以及准予扣除项目的金额。

企业应纳所得税额 = 当期应纳税所得额 × 适用税率

当期应纳税所得额 = 收入总额 − 准予扣除项目金额

VBSE 中企业所得税税率按照 25% 计算；由于税法扣除项目诸多繁杂，此处应纳税所得额简化为企业利润总额来进行计算，利润总额的计算方式如下所示：

营业利润 = 营业收入 − 营业成本 − 营业税金及附加 − 销售费用 − 管理费用 − 财务费用 − 资产减值损失 + 公允价值变动收益（−公允价值变动损失）+ 投资收益（−投资损失）

利润总额 = 营业利润 + 营业外收入 − 营业外支出

4. 个人所得税

个人所得税计算方法参见"人力规则 − 薪酬 − 个人所得税"部分。

（三）资产计价

1. 存货计价

存货指的是企业在日常生产经营活动中持有的以备出售的产品或商品、处在生产过程中的在产品、在生产过程或提供劳务过程中耗用的材料或物料等，包括各类材料、在产品、半成品、产成品、商品以及包装物、低值易耗品、委托代销商品等。

VBSE 中主要考虑原材料入账价值及发出成本的计价，其中，原材料采购按照实际

采购价格入账,原材料发出按照全月一次加权平均计算材料成本。

全月一次加权平均法是指以本月全部进货数量加上月初存货数量作为权数,去除本月全部进货成本加上月初存货成本,计算出存货的加权平均单位成本,以此为基础计算本月发出存货的成本和期末存货的成本的一种方法。这种方法只在月末一次计算加权平均单价,有利于简化成本计算工作。

材料平均单价 = (期初库存数量×库存单价+本月实际采购入库金额)/(期初库存数量+本月实际入库数量)

材料发出成本 = 本月发出材料数量×材料平均单价

例如:表格中为某企业 M 材料的出入库记录,经仓库管理员记载,本期发出存货的单位成本有关资料如下:11 日发出的 200 件存货中,100 件系期初结存存货,单位成本为 10 元,另外 100 件为 5 月 5 日购入存货,单位成本为 12 元;20 日发出的 100 件存货系 5 月 16 日购入,单位成本为 14 元;27 日发出的 100 件存货中,50 件为期初结存,单位成本为 10 元,50 件为 23 日购入,单位成本为 15 元。

具体情况见表 1-7。

表 1-7　　　　　　　　　　M 材料的出入库记录

日期	摘要	收入			发出			结存		
		数量（吨）	单价（万元）	金额（万元）	数量（吨）	单价（万元）	金额（万元）	数量（吨）	单价（万元）	金额（万元）
	期初余额							150	10	1 500
5	购入	100	12	1 200				250		
11	销售				200			50		
16	购入	200	14	2 800				250		
20	销售				100			150		
23	购入	50	15	750				250		
27	销售				100			150		

按照全月一次加权平均法,该月 M 材料的平均单位成本 = (150×10 + 100×12 + 200×14 + 50×15) ÷ (150 + 100 + 200 + 50) = 12.5(元/件),因此,该月 M 材料的发出成本 = (200 + 100 + 100) ×12.5 = 5 000(元)。

2. 固定资产计价

这里主要考虑固定资产入账价值及后续使用过程中的折旧,其中,固定资产入账价值按照实际购置价格入账,固定资产折旧按照直线法计提折旧。

项目一 跨专业综合实训认知

企业应当在固定资产的使用寿命内，按照确定的方法对应计折旧额进行系统分摊。所谓应计折旧额，是指应当计提折旧的固定资产原值扣除其预计净残值后的金额，已计提减值准备的固定资产，还应当扣除已计提的固定资产减值准备累计金额。除了已提足折旧仍然继续使用的固定资产、单独计价入账的土地以外，企业应当对所有固定资产计提折旧。

直线法也称年限平均法，特点是将固定资产的应计折旧额均衡地分摊到固定资产预计使用寿命内，采用这种方法计算的每期折旧额是相等的。

年折旧率＝（1－预计净残值率）÷预计使用寿命（年）

月折旧率＝年折旧率÷12

月折旧额＝固定资产原价×月折旧率

例如，某公司办公楼的原价为5 000 000元，预计可使用年限为20年，预计报废时的净残值率为2%，按照直线法，月折旧率＝（1－2%）÷20＝4.9%，月折旧率＝4.9%÷12＝0.41%，月折旧额＝5 000 000×0.41%＝20 500（元）。

折旧的计提原则为"当月增加的固定资产，当月不计提折旧，从下月起计提折旧；当月减少的固定资产，当月仍计提折旧，从下月起不计提折旧"。

VBSE中，企业固定资产信息有关的资料见表1-8（系统期初数据中也有显示）。

表1-8　　　　　　　　　　企业固定资产信息

固定资产名称	使用年限（月）	开始使用日期	已计提月份	残值率
办公楼	240	2015.9.15	15个月	5%
普通仓库				
大厂房				
普通机床（机加工生产线）	120			—
组装生产线				
电脑、打印机	48			

3. 成本核算

产品成本，指企业在生产产品过程中所发生的材料费用（直接材料）、职工薪酬（直接人工）和不能直接计入而按照一定标准分配计入的各种间接费用（制造费用）。产品成本核算是对生产经营过程中实际发生的成本、费用进行计算，并进行相应的账务处理。企业通过产品成本核算，一方面，可以审核各项生产费用和经营管理费用的支出，分析和考核产品成本计划的执行情况，促使企业降低成本和费用；另一方面，还可以为计算利润、进行成本和利润预测提供数据，有助于提高企业生产技术和经营管理水平。

为了能正确计算产品成本，必须本着"谁受益谁负担、何时受益何时负担、负担费用与受益程度成正比"的受益原则，正确划分收益性支出和资本性支出的界限，成本费用、期间费用和营业外支出的界限，本期费用和以后期间费用的界限，各种产品成本费用的界限，本期完工产品与期末在产品成本的界限。

VBSE 中，完工产品和在产品之间的费用采用在产品所耗原材料计算法来进行分配，产品的加工费用（制造费用和人工费用）全部由完工产品成本负担，月末在产品只计算其所耗用的原材料费用，不计算加工费。在产品所耗原材料计算法适用于各月月末在产品数量很大或是数量变化很大的产品，以及原材料费用在产品成本中所占比重较大的产品。

例如，某制造业生产经济型童车，月初在产品直接材料成本为 100 000 元，本月发生生产费用共 800 000 元，其中直接材料费用占 500 000 元，直接人工费用占 100 000 元，制造费用占 100 000 元，经济型童车本月完工品共 800 件，月末在产品共 200 件。那么，经济型童车的原材料费用分配率 =（100 000 + 500 000）÷（800 + 000）= 600（元/件），经济型童车本月完工品负担的原材料费用 = 800 × 600 = 480 000（元），在产品负担的原材料费用 = 200 × 600 = 120 000（元），经济型童车本月完工品的产品成本 = 480 000 + 100 000 + 100 000 = 680 000（元），经济型童车本月完工品的产品单位成本 = 680 000 ÷ 800 = 850（元/件）。

直接材料成本按照材料出库单的发出成本计价；人工成本按照当月生产车间生产工人的工资计价；制造费用要考虑各生产车间发生的各项直接费用和共同发生的间接费用，以及生产计划部发生的各项费用，管理人员的工资，固定资产的折旧、办公费等。

半成品车架也需进行成本核算，车架核算的范围为车架原材料、生产车架发生的人工费、制造费，以及分摊的相关生产制造费用。

同一车间生产不同产品，以各产品完工数量为分配标准，分配该车间制造费用。如若在自主经营阶段，出现诸如公司做出同时生产经济型童车和经济型童车的决策时，会出现同一车间生产不同产品的情况。

4. 坏账处理

企业的各项应收款项，可能因为购货人拒付、破产等原因而无法收回，这类无法收回的应收账款就是坏账。企业因为坏账而遭受的损失即为坏账损失或减值损失。企业应当在资产负债表日对应收账款的账面价值进行检查，有客观证据表明应收款项发生减值的，应当将应收款项的账面价值减记至预计未来现金流量现值，减记的金额确认为减值损失，同时计提坏账准备。

我国会计准则规定，确定应收款项的减值只能采用备抵法。备抵法是采用一定的方法按期估计坏账准备，计入当期损益，同时建立坏账准备，待坏账实际发生时，冲销已提的坏账准备和相应的应收款项。

VBSE 中，制造业采用备抵法核算坏账损失，坏账准备简易按照每年按照期末应收账款账户余额的 3% 提取。已经确认为坏账损失的应收账款，并不表明公司放弃收款的权利。如果未来某一时期收回已做坏账的应收账款，应该及时恢复债权，并按照正常收回欠款进行会计核算。

5. 利润分配

制造业实现当期利润，应当按照法定程序进行利润分配。根据公司章程规定，按照当期净利润的 10% 提取法定盈余公积金，根据董事会决议，自行提取任意盈余公积金。

6. 贷款规则

制造企业、工贸企业（供应商）、商贸企业（经销商）、国贸公司、连锁企业等可向中国工商银行申请抵押贷款。贷款金额为 1 000 万元以内，贷款期限为 1~12 个月，贷款时间越长，贷款利息越高，企业可根据自身情况申请贷款金额与期限。一般情况，中小企业抵押贷款以国家基准贷款利息为基础上浮 10%~30%，企业抵押贷款一般可以申请到现有抵押物的 50%~70%，无法取得抵押物等额金额。

VBSE 中申请企业抵押贷款所需基本资料有营业执照、法人代表身份证、公司银行开户许可证、公司最近一期财务报表（均需加盖财务专用章）。抵押贷款必须以房屋产权作为抵押物，偿还方式按照贷款时间规定一次性还本付息。

7. 票据使用规则

各企业发生业务结算时，可选择现金、转账支票和电汇三种结算方式。原则上，日常经济活动，低于 2 000 元的可以使用现金，超过 2 000 元的一般使用转账支票结算（差旅费或支付给个人业务除外），转账支票用于同一票据交换区内的结算，异地付款一般采用电汇方式。VBSE 中企业之前的交易金额多超过 2 000 元，且多为同城结算，因此选用最多的为转账支票。

各类型企业应制定完善的票据使用登记制度，记入支票登记簿，以备检查。企业使用的支票必须到银行购买使用，任何企业和个人不得自制支票，从银行购买支票发生的费用计入财务费用中。

购销业务双方的结算必须以增值税发票为依据，不取得发票的不能进行结算。各类型企业假定都是一般纳税人，因此开发票时均要求开具增值税专用发票。企业从卖方取得的增值税专用发票，增值税进项税额需要进行申报、抵扣联认证、缴纳。税务局有定期的发票使用情况检查，检查发现不合法使用发票的企业，税务局有权对其进行行政罚款。

Step3　了解仓储规则

仓储需要负责的工作包括采购入库、完工入库，生产领料出库、销售出库，以及对存货的日常保管。因此，仓储相关岗位需要清楚各种库存品的名称、规格、来源、占用空间，以及仓库的容量等信息。

（一）仓库基本信息

普通仓库的售价为 5 400 000 元，使用年限为 20 年，仓库面积为 500m^2，仓库容积为 3 000m^3，仓库总存储单位最高可达 300 000。

1. 制造企业

期初交接之时，制造企业拥有一个用于存放原材料、半成品、产成品的普通仓库。

需要注意，仓库的存储容量有限，因此对于出入库数量要计划核算清楚，以免出现爆仓无法入库的情况出现。在 VBSE 平台中，存货一旦办理了入库，立即会占用相应的仓库存储容量；一旦办理了出库，立即会释放相应的仓库存储容量；其中，尤其要注意，制造业由于要投入生产，需要从仓库领料，这种领料形式不属于上述所说的出库，在办理领料时相应的仓库存储容量不会被释放，只有完成生产派工这一业务相应的仓库存储容量才会被释放。普通仓库可放存货占用存储单位的具体情况见表 1-9。

表 1-9　　　　　　　普通仓库可放存货占用存储单位数量明细

存货大类	编码	存货名称	存货占用存储单位
原材料	B0001	钢管	2
	B0002	镀锌管	2
	B0003	坐垫	4
	B0004	记忆太空棉坐垫	4
	B0005	车篷	2
	B0006	车轮	1
	B0007	数控芯片	1
	B0008	经济型童车包装套件	2
	B0009	舒适型童车包装套件	2
	B0010	豪华型童车包装套件	2
半成品	M0001	经济型童车车架	10
	M0002	舒适型童车车架	10
	M0003	豪华型童车车架	10
产成品	P0001	经济型童车	10
	P0002	舒适型童车	10
	P0003	豪华型童车	10

项目一　跨专业综合实训认知

2. 工贸企业（供应商）

期初交接之时，工贸企业（供应商）拥有一个用于存放各种采购来的商品的普通仓库。VBSE 中，工贸企业（供应商）从外部虚拟供应商处采购钢管、坐垫、车篷、车轮、包装套件、镀锌管、记忆太空棉坐垫、数控芯片、舒适型童车包装套件、豪华型童车包装套件等各种零部件，然后直接出售给制造企业，自身并不进行生产。

VBSE 中，工贸企业（供应商）的普通仓库无须进行储位管理。

3. 商贸企业（经销商）

期初交接之时，商贸企业（经销商）拥有一个用于存放各种采购来的商品的普通仓库。VBSE 中，商贸企业（经销商）从制造企业采购经济型童车、舒适型童车、豪华型童车等各种童车产品，然后出售给虚拟外部经销商，自身并不进行生产。

VBSE 中，商贸企业（经销商）的普通仓库无须进行储位管理。

（二）存货信息

1. 制造企业

VBSE 平台中，制造企业的存货包括原材料、半成品和产成品，制造企业的原材料来源于外购，用于生产出半成品，不能出售；半成品不能外购，要靠企业自身生产，也不能出售，用于进一步生产出产成品；产成品不能外购，要靠企业自身生产。制造企业存货清单见表 1-10。

表 1-10　　　　　　　　　　制造企业存货清单

存货大类	物料名称	计量单位	规格
原材料	钢管	根	Φ外16/Φ内11/L5000(mm)
	镀锌管	根	Φ外16/Φ内11/L5000(mm)
	坐垫	个	HJM500
	记忆太空棉坐垫	个	HJM600
	车篷	个	HJ72×32×40
	车轮	个	HJΦ外125/Φ内60 mm
	数控芯片	片	MCX3-54A
	经济型童车包装套件	套	HJTB100
	舒适型童车包装套件	套	HJTB200
	豪华型童车包装套件	套	HJTB300
半成品	经济型童车车架	个	无
	舒适型童车车架	个	无
	豪华型童车车架	个	无

续表

存货大类	物料名称	计量单位	规格
产成品	经济型童车	辆	无
	舒适型童车	辆	无
	豪华型童车	辆	无

2. 工贸企业（供应商）

VBSE 平台中，工贸企业（供应商）的存货为各种零部件，见表 1–11。

表 1–11　　　　　　　　　　工贸企业存货清单

物料名称	计量单位	规格
钢管	根	Φ外 16/Φ内 11/L5000（mm）
镀锌管	根	Φ外 16/Φ内 11/L5000（mm）
坐垫	个	HJM500
记忆太空棉坐垫	个	HJM600
车篷	个	HJ72×32×40
车轮	个	HJΦ外 125/Φ内 60 mm
数控芯片	片	MCX3154A
经济型童车包装套件	套	HJTB100
舒适型童车包装套件	套	HJTB200
豪华型童车包装套件	套	HJTB300

3. 商贸企业（经销商）

VBSE 平台中，商贸企业（经销商）的存货为各类型童车，见表 1–12。

表 1–12　　　　　　　　　　商贸企业存货清单

物料名称	计量单位	规格
经济型童车	辆	无
舒适型童车	辆	无
豪华型童车	辆	无

项目一　跨专业综合实训认知

Step4　了解采购规则

采购部主要负责原材料采购的相关工作,因此采购相关岗位需要清楚原材料的采购途径、种类需求、市场价格(尤其是自主经营阶段采购价格可由买卖双方进行商榷)等。

1. 制造企业

VBSE 中,制造企业的原材料只能从工贸企业(供应商)处进行采购,制造业无法自行生产,也不能从其他类型企业进行采购(制造业之间无法相互买卖多余原材料),原材料市场价格见表 1 – 13。

表 1 – 13　　　　　　　　　　原材料市场价格清单

存货名称	市场供应平均单价(元)	市场供应平均含税单价(元)
钢管	103.70	121.33
镀锌管	169.97	198.86
坐垫	78.21	91.50
记忆太空棉坐垫	215.85	252.54
车篷	140.77	164.70
车轮	26.07	30.50
经济型童车包装套件	88.63	103.70
数控芯片	264.85	309.88
舒适型童车包装套件	187.69	219.60
豪华型童车包装套件	220.02	257.42

需要注意,制造企业采购时买卖双方需签订"购销合同",制造企业根据"购销合同"在系统中录入采购订单,然后由工贸企业(供应商)在系统中进行确认订单,否则后续过程中,工贸企业(供应商)会出现在系统中无法发货出库的问题。工贸企业(供应商)发货出库后由物流企业进行装运并运输,制造企业在系统中接货入库,双方再根据"购销合同"中的结算约定进行收付款工作。物流费用由买方支付,因此,制造企业在向工贸企业(供应商)采购同时应与物流企业签订运输合同。

采购规则中仅涉及原材料的采购,固定资产(产房、设备)的购置见仓储规则,制造企业在自主经营阶段可根据实际情况选择购置固定资产。

2. 工贸企业(供应商)

VBSE 中,工贸企业(供应商)只能从系统中虚拟供应商处选择采购的零部件,并不进行生产。

需要注意，工贸企业（供应商）向虚拟供应商采购的过程中，下达采购订单后，必须先在系统中进行付款，否则采购的货品无法进行入库操作。另外，由于虚拟供应商为系统所虚拟，无法开具发票，工贸企业（供应商）在付款后，应依据采购订单到税务局代开虚拟供应商的销售发票，用于自己公司的增值税进项抵扣。

固定经营阶段，制造业只生产经济型童车，用到的零部件为钢管、坐垫、车篷、车轮、经济型童车包装套件，因此工贸企业（供应商）只需购买以上零部件，按表1-14中的采购价格从虚拟供应商处进行采购。其他零部件在自主经营阶段制造企业选择转生产舒适型童车或豪华型童车时才会用到，工贸企业（供应商）可以在系统中不同供应商给出的价格中进行选择，因此表中未给出价格。

表1-14　　　　　　　　　经济型童车原材料采购价格清单

商品名称	规格	计量单位	平均单价（元）
钢管	Φ外16/Φ内11/L5000(mm)	根	86.28
镀锌管	Φ外16/Φ内11/L5000(mm)	根	
坐垫	HJM500	个	65.16
记忆太空棉坐垫	HJM0031	个	
车篷	HJ72×32×40	个	117.62
车轮	HJΦ外125/Φ内60(mm)	个	21.94
经济型童车包装套件	HJTB100	套	73.48
数控芯片	MCX3154A	片	
舒适型童车包装套件	HJTB200	套	
豪华型童车包装套件	HJTB300	套	

3. 商贸企业（经销商）

VBSE中，商贸企业（经销商）在固定经营阶段只能从制造企业采购各类型童车，在自主经营阶段，除了从制造企业，还可以从其他商贸企业进行采购。童车市场价格见表1-15。

需要注意，商贸企业（经销商）向制造企业进行采购时，买卖双方需签订"购销合同"，商贸企业（经销商）根据"购销合同"在系统中录入采购订单，然后由制造企业在系统中进行确认订单，否则后续过程中，制造企业会出现在系统中无法发货出库的问题。制造企业出库后由物流企业进行装运并运输，商贸企业（经销商）在系统中接货入库，双方再根据"购销合同"中的结算约定进行收付款工作。物流费用由买方支付,因此,商贸企业(经销商)在向制造企业采购同时应与物流企业签订运输合同。

表 1-15　　　　　　　　　　　　童车市场价格清单

商品名称	规格	计量单位	商品属性	市场平均含税单价(元)
经济型童车	无	辆	外购	1 011
舒适型童车	无	辆	外购	1 499
豪华型童车	无	辆	外购	1 886

童车的市场平均含税单价是根据历史数据估算的结果,自主经营阶段具体采购价格由买卖双方进行协商决定。

除原材料的采购,采购部有时还需根据本公司的需求采购各项办公用品,比如胶棒、印泥、别针等。办公用品的出售方为服务公司,其他企业均需至服务公司处购买所需办公用品。固定经营阶段的办公用品由实训教师安排服务公司进行发放,自主经营阶段,各企业按需采购办公用品。采购办公用品的结算方式可由双方进行协商决定,可以是当场付现金结清价款,也可自行约定结算时间,如每月月末统一结算一次,采用支票进行结算。

服务公司提供的办公用品项目及价格见表 1-16。

表 1-16　　　　　　　　　　　　办公用品价格清单

序号	商品名称	单价
1	表单	10 元/份
2	胶棒	20 元/支
3	印泥	30 元/盒
4	长尾夹	10 元/个
5	曲别针	5 元/个
6	复写纸	10 元/页
7	A4 白纸	5 元/张

购回的办公用品由企业行政主管进行管理,企业行政主管每月月初收集、统计办公用品的采购需求,统一购买后按需发放,并做好领用记录。

Step5　了解销售规则

销售部和市场部主要负责产品销售的有关工作，因此销售相关岗位需要清楚销售产品的对象、市场区域、市场价格（尤其是自主经营阶段销售价格可由买卖双方进行商榷）等。

（一）制造企业

1. 销售给商贸企业（经销商）或国际贸易型企业

实训过程中，制造业可将产品销售给商贸企业（经销商）或国际贸易型企业，但不得销售给其他实体类型企业（制造业之间无法相互买卖多余产品）。若开设了国际贸易型企业，系统规定制造业每月固定要销售大约生产量3%的童车给国际贸易型企业，以供国际贸易型企业出口。

需要注意，制造企业销售时买卖双方需签订"购销合同"，商贸企业（经销商）根据"购销合同"在系统中录入采购订单，然后由制造企业在系统中进行确认订单，否则后续过程中，制造企业会出现在系统中无法发货出库的问题。制造企业发货出库后由物流企业进行装运并运输，商贸企业（经销商）在系统中接货入库，双方再根据"购销合同"中的结算约定进行收付款工作。

2. 销售给系统中的虚拟经销商

自主经营阶段，若制造企业经认为销售给商贸企业（经销商）或国际贸易型企业无法赚取想要的利润，也可以选择直接销售给系统中的虚拟经销商。因为系统中的虚拟经销商原本为商贸企业（经销商）的客户，商贸企业（经销商）也要赚钱，所以，若减少一道销售环节，制造企业直接销售给虚拟经销商的价格一般来说肯定高于销售给商贸企业（经销商）；但是与此同时，进入虚拟市场需要进行市场开拓和广告投放来获取订单，因此，制造企业也需要考虑这一部分多出的费用。

VBSE中，制造企业能够进入的虚拟市场只有华中地区。想要将产品销售给华中地区的虚拟经销商，制造企业市场专员需要先前往服务公司办理市场开拓的业务，进行中部市场开拓，费用为531 000元。市场开拓后，制造企业还需投入广告费，依据投放广告费的多少依次决定谁有优先选单的权利（每个区域内的虚拟订单派发依据是已投放金额占本区域总投放金额的比例，由投放金额从高至低的投放者依次进行选单，每次选择一笔虚拟订单，直至虚拟订单选完），广告费的投放金额以10万元为起投点，每次加投金额以万元为单位进行递增。

其中，市场开拓的有效期为1年，而广告投放的有效期为1个虚拟日，也即实训教师每切换一次虚拟时间就必须重新投放广告费。

另外，虚拟市场的订单可以在制造企业库存充足的情况下提前发货和收款。但要注意的是，需要先发货，才能收到款项，否则无法在系统中进行虚拟客户收款操作。

另外，若实训中开设了招投标公司，制造企业还可以参与招投标公司的招投标业务，中标后可以进行销售、发货、开发票、收款等业务活动。

（二）工贸企业（供应商）

工贸企业（供应商）将从虚拟供应商处采购的零部件销售给制造企业，双方签订购销合同。工贸企业（供应商）在系统中确认了制造企业提交的订单后，等待制造企业与物流公司签好运输合同，将零部件发出仓库并通知制造企业取货。

若因各种意外情况导致无法发货，或只能延期发货，则按照双方购销合同中的约定进行处理，一般为支付违约金。若两方出现争议，可提请二商局进行调解或处罚。

（三）商贸企业（经销商）

商贸企业（经销商）将从制造业采购到的童车转卖到系统的虚拟市场中。系统虚拟市场分为东、南、西、北、中五个部分，其中商贸企业（经销商）可以选择东、南、西、北四块市场作为销售市场，中部市场只在自主经营阶段对制造企业开放。

需要注意的是，虚拟市场的订单需要先做相应市场开拓才能取得，因此商贸企业（经销商）想要开展销售业务，首先要到服务公司选择某个地区作为销售市场，进行市场开拓。市场开拓成功后还需投入广告费，依据投放广告费的多少依次决定谁有优先选单的权利（每个区域内的虚拟订单派发依据是已投放金额占本区域总投放金额的比例，由投放金额从高至低的投放者依次进行选单，每次选择一笔虚拟订单，直至虚拟订单选完），广告费的投放金额以10万元为起投点，每次加投金额以万元为单位进行递增。

其中，市场开拓的有效期为1年，而广告投放的有效期为1个虚拟日，也即实训教师每切换一次虚拟时间就必须重新投放广告费。

另外，虚拟市场的订单可以在商贸企业（经销商）库存充足的情况下，提前发货和收款。但要注意的是，需要先发货，才能收到款项，否则无法在系统中进行虚拟客户收款操作。

自主经营阶段，由于企业的生产经营数据不再由系统统一规定，因此销售预测显得尤为重要。VBSE中，可采用简单移动平均法进行销售量预测，移动平均法是用一组最近的实际数据值来预测未来一期或几期内公司商品的需求量的一种常用方法。移动平均法适用于近期预测，当商品的市场需求较为稳定，且不存在季节性因素时，移动平均法能有效地消除预测中的随机波动。比如，某企业在5、6、7月份的产品销量分别为1 000、1 300、1 000，则运用简单移动平均法进行销售预测的销售量＝（1 000＋1 300＋1 000）÷3＝1 100（个）。

Step6　了解生产规则

VBSE平台中,唯有制造企业进行生产活动,因此生产规则只与制造企业挂钩。

在"以销定产"的产销关系模式下,想要做好生产,企业一方面要按照市场需求的商品数量、品种、规格等来安排生产,另一方面,还要瞻前顾后、统筹安排,长远规划,使生产能适应市场需要的发展变化。因此,生产相关岗位需要清楚企业的厂房、生产设备等固定资产的相关情况。

(一) 厂房基本情况

期初交接之时,制造企业拥有一个大厂房,大厂房内已经安装了10台普通机床和1条组装生产线,且各设备均能正常运行,此大厂房在制造企业生产经营期间不得出售。交接前,制造企业仅生产经济型童车,自主经营阶段,若制造企业拟改换生产线生产舒适型和豪华型童车,或扩大经济型童车生产线,此大厂房的容量不足,制造企业可向服务公司购买新的厂房,但服务公司只提供小厂房,且不提供租赁业务。

大厂房价值7 200 000元,使用年限为20年,厂房面积500m^2,可容纳20台机床位;小厂房价值4 800 000元,使用年限为20年,厂房面积300m^2,可容纳12台机床位。生产设备占用机床位情况见表1-17。

表1-17　　　　　　　　　生产设备占用机床位情况

生产设备种类	设备占用机床位
普通机床	1
数控机床	2
组装流水线	4

(二) 生产工序

VBSE中,制造企业的生产工序总的来说分为两大步骤,首先在机加车间用普通机床或数控机床进行童车车架(半成品)的加工,而后在组装车间用组装流水线进行童车(产成品)的组装。

要生产1台经济型童车,首先需要用钢管2根、坐垫1个进行机加工,加工出1个经济型童车车架(半成品),再用加工出的经济型童车车架1个、车棚1个、车轮4个、经济童车包装套件1套进行组装,方能生产出成1台经济型童车(产成品),见图1-1。

项目一 跨专业综合实训认知

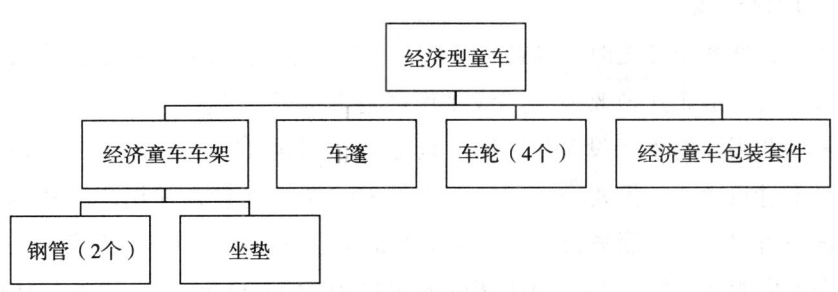

图1-1 经济型童车组成清单

要生产1台舒适型童车，首先需要用镀锌管2根、坐垫1个进行机加工，加工出1个舒适型童车车架（半成品），再用加工出的舒适型童车车架1个、车棚1个、车轮4个、舒适童车包装套件1套进行组装，方能生产出成1台舒适型童车（产成品），见图1-2。

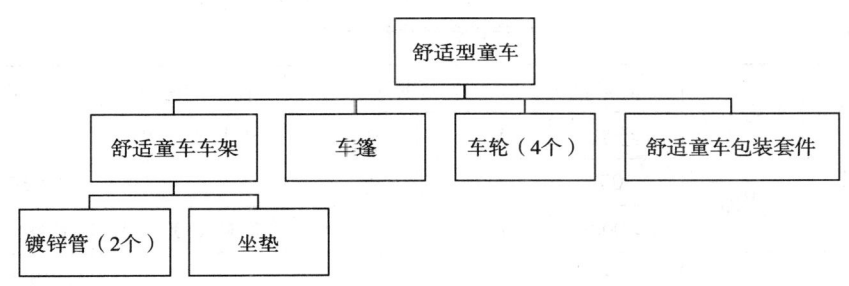

图1-2 舒适型童车组成清单

要生产1台豪华型童车，首先需要用镀锌管2根、坐垫1个进行机加工，加工出1个豪华型童车车架（半成品），再用加工出的豪华型童车车架1个、车棚1个、车轮4个、豪华童车包装套件1套、数控芯片1个进行组装，方能生产出成1台经济型童车（产成品），见图1-3。

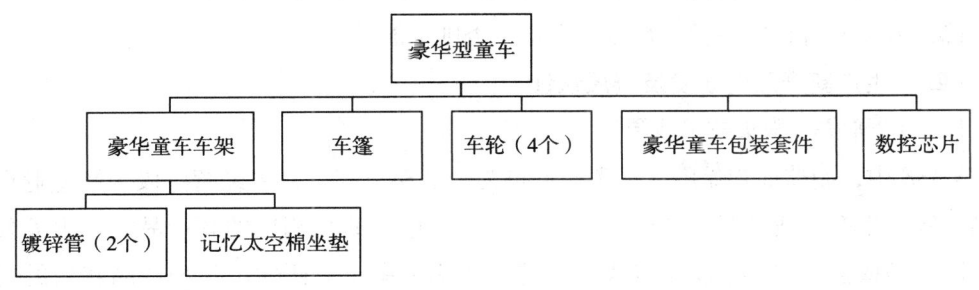

图1-3 豪华型童车组成清单

（三）设备生产能力

如前所述，期初交接之时，制造企业的大厂房内已经安装了 10 台普通机床和 1 条组装生产线，若制造企业拟改换生产线生产舒适型和豪华型童车，或扩大经济型童车生产线，需要购买新的生产设备，可随时向服务公司进行购买，但生产设备买回企业后，不能马上进行生产，需要经过虚拟 1 天的安装期才能投入使用；同样的，不再使用的生产设备可以出售给服务公司，出售价格按生产设备的账面价值计算。

制造企业向服务公司购买普通机床的购置费为 210 000 元/台，数控机床的购置费为 720 000 元/台，组装流水线的购置费为 720 000 元/条，使用年限均为 10 年。

制造企业的生产设备要依照税法规定按月计提折旧，当月增加的固定资产，当月不计提折旧，从下月起计提折旧；当月减少的固定资产，当月仍计提折旧，从下月起不计提折旧。税法规定，火车、轮船、机器、机械和其他生产设备，折旧年限为 10 年。生产设备的生产能力见表 1-18。

表 1-18　　　　　　　　　　生产设备的生产能力

生产设备	工艺工序	生产能力（个/1 台/虚拟 1 天）			耗电情况（电费 1.5 元/度）	对生产工人的配置要求
		经济	舒适	豪华		
普通机床	车架加工	500	500		1 478.4（度/月）	初级工人 2 名
数控机床		3 000	3 000	3 000	2 640（度/月）	高级工人 2 名
组装流水线	童车组装	7 000	7 000	6 000	4 329.6（度/月）	初级工人 5 名；中级工人 15 名

制造企业生产时应根据企业现有生产能力进行派工生产。派工生产时需注意：派工数量≤生产能力；一条生产线只允许生产一个品种的产品。例如，给一条组装流水线上安排生产 5000 台经济型童车，剩下的 2000 台产能不能用于生产舒适型童车与豪华型童车，必须等该资源产能全部释放后才允许安排不同种类的产品生产；派工前，务必要确认所需原材料的品种、数量都齐备，否则不能派工。

（四）生产新产品的研发及资质认证

1. 申请研发（购买技术成果）

VBSE 中，制造业初始默认的生产许可为经济型童车。自主经营阶段，制造业想要转型升级，生产舒适型童车或豪华型童车，必须申请研发相应的新产品，在服务公司购买舒适型或豪华型的生产技术成果（等同于实务中企业研发出新型产品花费的研发费用），购买成功后研发状态为"研发中"，经虚拟 1 天后状态为"研发完成"，此时方可进行相应新产品的生产工作。其中，购买舒适型童车的生产技术成果需支付

1 000 000 元,购买豪华型童车的生产技术成果需支付 1 500 000 元。

2. 资质认证

制造企业需要进行 ISO9000 和 3C 两项认证。

ISO9000 认证:制造企业在进行生产前,需由生产计划部前往服务公司进行办理,费用为 50 000 元/次,认证一次即可。

3C 认证:制造企业在进行销售出库前,需由生产计划部前往服务公司进行办理(初始默认的生产许可为经济型童车),三种童车的认证费用都为 22 000 元/次,认证一次即可。

Step7 了解物流运输规则

物流运输规则只针对工贸企业与制造企业间的购销业务、制造企业与经销商间的购销业务,其他类型组织的物流运输不走物流公司。物流费用由购货方支付,因此购货方需在采购合同签订好的同时去到物流公司签订采购合同,并在卖方通知发货后立即向物流企业下达采购通知。

物流企业与其他企业签订运输合同的年限为一年,费用结算以运单为依据,运费按货款金额的 5% 收取。

物流费用 = 货款(含税)×5%

运费分配率 = 运费/材料总数量

物流企业的车辆维护与保养每月需花费 60 000 元,物流公司车辆信息见表 1-19。

表 1-19 物流公司车辆信息

车型	最大载重(t)	最大容积(m³)	车厢尺寸(m)	数量(辆)
短途运输车	4	13	4×1.8×1.8	40
短途运输车	8	40	7×2.4×2.5	20
40 尺柜牵引车	20	75	12.5×2.5×2.5	20

项目二　团队组建

每个企业都是一个团队，团队是由员工和管理层组成的一个共同体，有共同理想目标，愿意共同承担责任，共享荣辱，在团队发展过程中，经过长期的学习、磨合、调整和创新，形成主动、高效、合作且有创意的团体，解决问题，达到共同的目标。

团队的构成需要几个重要的要素，总结为5P，分别是：目标（purpose）、人（people）、定位（place）、权限（power）、计划（plan）。在5P要素中，人是构成团队的最核心力量，2人及以上就可以构成团队。目标是通过人员具体实现的，所以人员的选择是团队中非常重要的一个部分。在一个团队中可能需要有人出主意，有人定计划，有人实施，有人协调不同的人一起去工作，还有人去监督团队工作的进展，评价团队最终的贡献。不同的人通过分工来共同完成团队的目标，在人员选择方面要考虑人员的能力如何，技能是否互补，人员的经验如何。

因此，在企业经营之前设置的第一个重要实训环节即为团队组建——企业选择合适的人员，人员选择适合的岗位。

任务一　进行岗位胜任力测评

职业测评是心理测验的一个分支，科学的职业测评以特定的理论为基础，经过设计问卷、抽样、统计分析、建立常模等程序编制，必须符合三个条件：效度、信度、常模。科学的职业测评是客观化、标准化的问卷，它的科学性、客观性、可比较的功能是其他自我了解的方法不具有的。

现代人力资源管理的基本原则是将合适的人放在合适的岗位上，人与职位的匹配除了人的知识、能力、技能与岗位要求相匹配，更重要的是人的性格、兴趣与岗位相适应。进行职业测评能够帮助个人通过对自己的性格类型、心态、动力特点的深入理解，了解自己的性格特质、适合的岗位特质、心态等对择业的影响，从而认识到更多的可能性，拓宽自己的思路和择业范围，更清晰地规划自己的职业生涯。

VBSE实训中，学生可以通过完成系统中的"培训测试"任务对自我进行简单测

项目二 团队组建

评,也可以借助其他一些更专业的职业测试全面了解自己。

Step1 系统"培训测试"任务

所有学生可以参加系统提供的"培训测试"任务,测试题目由系统自动抽题产生,题目考核内容包括基本素质、通用管理、营销、采购、生产、仓储、人力资源、行政管理、财务等各方面,测试做完提交后系统自动给出评价分数。实训教师可以通过此测试的结果,选出综合测试分数最高的同学作为CEO备选人选。

Step2 其他专业职业测评

除系统给出的测试外,学生还可以在实训教师的带领下通过进行其他职业测试以认清自己的性格特点,譬如MBTI职业性格测试、霍兰德SDS职业兴趣量表、GATB普通能力倾向成套测验等,通过诸如此类的测试,能尽量实现"人适其职,职得其人;人尽其才,才尽其用"的作用;同时,学生应结合平时的学习、生活等对自身具备的能力和技能做出一定程度的自我评估,比如沟通能力如何,应变能力如何,团队协作能力如何等;最后,全方位考虑自身性格、专业技能和职业兴趣来选择岗位,做好职业定位。

1. MBTI 职业性格测试

在心理学的类型论中,以瑞士心理学家荣格所提出的内倾型和外倾型性格最为著名。美国的凯恩琳·布里格斯和她的女儿伊莎贝尔·布里格斯·迈尔斯以荣格的类型论为基础,经过20多年的研究,研制出迈尔斯——布里格斯类型指标(MBTI),把荣格的类型论付诸实践。MBTI把类型论进行扩展形成四个维度,每个维度上的包含相互对立的两种偏好,因此四个维度如同四把标尺,每个人的性格都会落在标尺的某个点上,这个点靠近那个端点,就意味着个体就有哪方面的偏好,而且越接近端点,偏好越强。

【链接】

四维度图相关知识

在维度图中,第一维度(E or I)代表人们不同的精力来源,第二维度(S or N)代表人们在进行感知时的用脑偏好,第三维度(T or F)代表人们在进行判断时的用脑偏好,第四维度(J or P)代表人们适应外部环境的不同方式。四个维度组合起来就会构成一种特定的性格,一共存在16种不同性格类型,每种性格都具有独特的行为表现和价值取向,也都存在着优势与劣势,见表2-1和表2-2。

表 2-1　　　　　　　　　　　　内倾型性格类型

类型	主要性格特征	适合职业
ISTJ	安静、严肃，通过全面性和可靠性获得成功；实际，有责任感；决定有逻辑性，并一步步地朝着目标前进，不易分心；喜欢将工作、家庭和生活都安排得井井有条；重视传统和忠诚	首席信息系统执行官、天文学家、数据库管理、会计、侦探、行政管理、信用分析师
ISFJ	安静、友好、有责任感和良知；坚定地致力于完成他们的义务；全面、勤勉、精确，忠诚、体贴，留心和记得他们重视的人的小细节，关心他人的感受；努力把工作和家庭环境营造得有序而温馨	内科医生、营养师、档案管理员、室内装潢设计师、客户服务专员、酒店管理者
INFJ	寻求思想、关系、物质等之间的意义和联系；希望了解什么能够激励人，对人有很强的洞察力；有责任心，坚持自己的价值观。对于怎样更好地服务大众有清晰的远景。在对于目标的实现过程中有计划而且果断坚定	建筑设计师、培训师、职业策划咨询顾问、心理咨询师、网站编辑、作家、仲裁人
INTJ	在实现自己的想法和达成自己的目标时有创新的想法和非凡的动力；能很快洞察到外界事物间的规律并形成长期的远景计划；一旦决定做一件事就会开始规划并直到完成为止；多疑、独立，对于自己和他人能力和表现的要求都非常高	首席财政执行官、知识产权律师、设计工程师、精神分析师、媒体策划、网络管理员、建筑师
ISTP	灵活、忍耐力强，是个安静的观察者。知道有问题发生，就会马上行动，找到实用的解决方法；分析事物运作的原理，能从大量的信息中很快地找到关键的症结所在；对于原因和结果感兴趣，用逻辑的方式处理问题，重视效率	信息服务业经理、计算机程序员、警官、软件开发员、律师助理、消防员、私人侦探、药剂师
ISFP	安静、友好、敏感、和善；享受当前；喜欢有自己的空间，喜欢按照自己的时间表工作；对于自己的价值观和自己觉得重要的人非常忠诚，有责任心；不喜欢争论和冲突；不会将自己的观念和价值观强加到别人身上	室内装潢设计师、按摩师、客户服务专员、服装设计师、厨师、护士、牙医、旅游管理者
INFP	理想主义，对于自己的价值观和自己觉得重要的人非常忠诚；希望外部的生活和自己内心的价值观是统一的；好奇心重，很快能看到事情的可能性，能成为实现想法的催化剂；寻求理解别人和帮助他们实现潜能；适应力强，灵活，善于接受，除非是有悖于自己的价值观的	心理学家、人力资源管理、翻译、人文学科教师、社会工作者、图书管理员、服装设计师、网站设计师
INTP	对于自己感兴趣的任何事物都寻求找到合理的解释；喜欢理论性的和抽象的事物，热衷于思考而非社交活动；安静、内向、灵活、适应力强；对于自己感兴趣的领域有超凡的集中精力深度解决问题的能力；多疑，有时会有点挑剔，喜欢分析	软件设计师、风险投资家、法律仲裁人、金融分析师、经济学教师、音乐家、知识产权律师

项目二 团队组建

表 2-2　　　　　　　　　　　　　外倾型性格类型

类型	主要性格特征	适合职业
ESTJ	实际、现实主义；果断，一旦下决心就会马上行动；善于将项目和人组织起来将事情完成，并尽可能用最有效率的方法得到结果；注重日常的细节；有一套非常清晰的逻辑标准，有系统性地遵循，并希望他人也同样遵循；在实施计划时强而有力	公司首席执行官、军官、预算分析师、房地产经纪人、保险经纪人、管理学教师、物业管理者
ESFJ	热心肠、有责任心、合作；希望周边的环境温馨而和谐，并为此果断地执行；喜欢和他人一起精确并及时地完成任务；事无巨细都会保持忠诚；能体察到他人在日常生活中的所需并竭尽全力帮助；希望自己和自己的所为能受到他人的认可和赏识	房地产经纪人、零售商、护士、采购、按摩师、运动教练、饮食业管理者、旅游管理者
ENFJ	热情、为他人着想、易感应、有责任心；非常注重他人的感情、需求和动机；善于发现他人的潜能，并希望能帮助他们实现；能成为个人或群体成长和进步的催化剂；忠诚，对于赞扬和批评都会积极地回应；友善、好社交；在团体中能很好地帮助他人，并有鼓舞他人的领导能力	广告客户管理、杂志编辑、公司培训师、电视制片人、市场专员、作家、社会工作者、人力资源管理者
ENTJ	坦诚、果断，有天生的领导能力；能很快看到公司/组织程序和政策中的不合理性和低效能性，发展并实施有效和全面的系统来解决问题；善于做长期的计划和目标的设定；通常见多识广，博览群书，喜欢拓宽自己的知识面并将此分享给他人；在陈述自己的想法时非常强而有力	公司首席执行官、管理咨询顾问、政治家、房产开发商、教育咨询顾问、投资顾问、法官
ESTP	灵活、忍耐力强，实际，注重结果；觉得理论和抽象的解释非常无趣；喜欢积极地采取行动解决问题；注重当前，自然不做作，享受和他人在一起的时刻；喜欢物质享受和时尚；学习新事物最有效的方式是通过亲身感受和练习	企业家、股票经纪人、土木工程师、旅游管理、职业运动员、电子游戏开发员、房产开发商
ESFP	外向、友好、接受力强；热爱生活、人类和物质上的享受；喜欢和别人一起将事情做成功；在工作中讲究常识和实用性，并使工作显得有趣；灵活、自然不做作，对于新的任何事物都能很快地适应；学习新事物最有效的方式是和他人一起尝试	幼教老师、公关专员、职业策划咨询师、旅游管理、促销员、演员、海洋生物学家、销售
ENFP	热情洋溢、富有想象力；认为人生有很多的可能性；能很快地将事情和信息联系起来，然后很自信地根据自己的判断解决问题；总是需要得到别人的认可，也总是准备着给予他人赏识和帮助；灵活、自然不做作，有很强的即兴发挥的能力，言语流畅	广告客户管理、管理咨询顾问、演员、平面设计师、艺术指导、公司团队培训师、心理学家、人力资源管理

续表

类型	主要性格特征	适合职业
ENTP	反应快、睿智,有激励别人的能力,警觉性强、直言不讳;在解决新的、具有挑战性的问题时机智而有策略;善于找出理论上的可能性,然后再用战略的眼光分析;善于理解别人;不喜欢例行公事,很少会用相同的方法做相同的事情,倾向于一个接一个地发展新的爱好	企业家、投资银行家、广告创意总监、场管理咨询顾问、文案、主持人、演员、大学校长

MBTI 采用量表与自评相结合的方式揭示性格类型,是当今世界上应用最广泛的性格测试工具之一。对于职场人来说,MBTI 职业性格测评不完全等于性格测评,而是一个有力而便捷的工具,它最关键的意义在于让每个人方便地了解自己与别人,促进人与人之间的坦诚沟通。

2. 霍兰德 SDS 职业兴趣量表

约翰·霍兰德(John Holland)是美国约翰·霍普金斯大学心理学教授,美国著名的职业指导专家。他于 1959 年提出了具有广泛社会影响的职业兴趣理论,认为人的人格类型、兴趣与职业密切相关,兴趣是人们活动的巨大动力,凡是具有职业兴趣的职业,都可以提高人们的积极性,促使人们积极愉快地从事该职业,职业兴趣与人格之间存在很高的相关性。

霍兰德认为人格可分为现实型、研究型、艺术型、社会型、企业型和常规型六种类型,见表 2-3。

表 2-3　　　　　　　　　　　霍兰德的六种人格

类型	共同特点	典型职业特质	典型职业举例
社会型(S)	喜欢与人交往、不断结交新的朋友、善言谈、愿意教导别人;关心社会问题、渴望发挥自己的社会作用;寻求广泛的人际关系,比较看重社会义务和社会道德	喜欢与人打交道的工作,能够不断结交新的朋友,从事提供信息、启迪、帮助、培训、开发或治疗等事务,并具备相应能力	教育工作者(教师、教育行政人员),社会工作者(咨询人员、公关人员)
企业型(E)	追求权力、权威和物质财富,具有领导才能;喜欢竞争、敢冒风险、有野心、抱负;为人务实,习惯以利益得失、权利、地位、金钱等来衡量做事的价值,做事有较强的目的性	喜欢要求具备经营、管理、劝服、监督和领导才能,以实现机构、政治、社会及经济目标的工作,并具备相应的能力	项目经理、销售人员,营销管理人员、政府官员、企业领导、法官、律师

项目二 团队组建

续表

类型	共同特点	典型职业特质	典型职业举例
常规型（C）	尊重权威和规章制度，喜欢按计划办事，习惯接受他人的指挥和领导，自己不谋求领导职务；喜欢关注实际和细节情况，通常较为谨慎和保守，缺乏创造性，不喜欢冒险和竞争，富有自我牺牲精神	喜欢要求注意细节、精确度、有系统有条理，具有记录、归档、据特定要求或程序组织数据和文字信息的职业，并具备相应能力	秘书、办公室人员、记事员、会计、行政助理、图书馆管理员、出纳员、打字员、投资分析员
实际型（R）	愿意使用工具从事操作性工作，动手能力强，做事手脚灵活，动作协调。偏好于具体任务，不善言辞，做事保守，较为谦虚；缺乏社交能力，通常喜欢独立做事	喜欢使用工具、机器，需要基本操作技能的工作，对要求具备机械方面才能、体力或从事与物件、机器、工具、运动器材、植物、动物相关的职业有兴趣，并具备相应能力	技术性职业（计算机硬件人员、摄影师、制图员、机械装配工），技能性职业（木匠、厨师、技工、修理工、农民、一般劳动）
调研型（I）	思想家而非实干家，抽象思维能力强，求知欲强，肯动脑，善思考，不愿动手；喜欢独立的和富有创造性的工作；知识渊博，有学识才能，不善于领导他人；考虑问题理性，做事喜欢精确，喜欢逻辑分析和推理，不断探讨未知的领域	喜欢智力的、抽象的、分析的、独立的定向任务，要求具备智力或分析才能，并将其用于观察、估测、衡量、形成理论、最终解决问题的工作，并具备相应的能力	科学研究人员、教师、工程师、电脑编程人员、医生、系统分析员
艺术型（A）	有创造力，乐于创造新颖、与众不同的成果，渴望表现自己的个性，实现自身的价值；做事理想化，追求完美，不重实际；具有一定的艺术才能和个性。善于表达、怀旧、心态较为复杂	喜欢的工作要求具备艺术修养、创造力、表达能力和直觉，并将其用于语言、行为、声音、颜色和形式的审美、思索和感受，具备相应的能力；不善于事务性工作	艺术方面（演员、导演、雕刻家、建筑师、摄影家），音乐方面（歌唱家、作曲家、乐队指挥），文学方面（诗人、剧作家）

这六种人格性向并不是并列关系，也不存在明晰的边界。绝大多数人都不仅仅拥有某一种人格性向，而是同时包含着两种或两种以上人格性向。霍兰德认为，这些性向越相似，相容性越强，则一个人在选择职业时所面临的内在冲突和犹豫就会越少。为了帮助描述这种情况，他将这六种性向分别放在一个正六三角形的每一角。

六种性向中，拥有相邻关系两种性向的人之间共同点会比较多，拥有相隔关系两种性向的人之间共同点就稍少些，拥有相对关系两种性向的人之间共同点几乎不存在。比如，现实型（R）和研究型（I）为相邻性向，这两个性向的人格特点都不太偏好于人际交往，对应的职业环境也都很少存在与人交往的机会；而几乎很少会有人同时对艺术型（A）和常规型（C）相对应的两种职业环境兴趣浓厚。霍兰德职业兴趣量表在评价个体的兴趣类型时通常选择其在六大人格类型中得分最高的三个进行组合，依据分数的高低依次排列字母，构成其兴趣类型。

根据霍兰德的理论，个体的职业兴趣可以影响其对职业的满意程度。当个体所从事的职业和他的职业兴趣类型匹配时，个体的潜在能力可以得到最彻底的发挥，工作业绩也更加显著。因此，个体进行职业选择时应当参照自己的兴趣类型，结合社会的职业需求及获得职业的现实可能性，尽可能寻找适合自己人格类型的职业环境；对于企业来说，当员工的人格类型和职业环境相匹配时，也会产生最高的工作满意度和最低的流动率。

任务二 CEO候选人报名、竞选演讲和选举

Step1 CEO候选人报名

CEO 是 chief executive officer 的缩写，意思是"首席执行官"。CEO 是一个企业中负责日常事务的最高行政官员，主要负责企业的行政事务，在公司内部拥有最终的执行权力。在小型企业中，CEO 往往可能同时也是公司的董事会主席和公司的总裁。由于 CEO 对公司发展起到至关重要的作用，一个合格的 CEO 需要具备明确的目标，能对不断变化的环境做出及时反应；有冲劲，遭遇挑战时不畏缩、不害怕，敢于带领公司克服困难；富有创新精神，时刻保持活跃的思维；在自信的同时不自负，不断积累各种经验和技能；在出现问题时，勇于面对并分析局面，冷静地找出原因，总结经验，避免重蹈覆辙。VBSE 中，每个公司的总经理即为 CEO，虽然具体工作任务并不多，但要能把控整个公司，凝聚公司的所有员工，熟悉公司全部的业务流程，时刻关注公司经营的进度和情况，及时发现问题和解决问题，自主经营阶段还需要带领整个公司做出战略选择。

有意愿担任 CEO，或被推荐担任 CEO 的同学，通过系统进行报名。报名时，首先应确定要报名的机构类型（制造业、供应商或其他），然后在该类型下选择任意一个该公司的空缺岗位点击进入，注意先点击"刷新"按钮确认意向公司未被选满，防止与其他已报名人员冲突，最后点击"确认报名"，报名后不能再进行修改。

项目二　团队组建

Step2　CEO 候选人竞选演讲

1. 传统竞选演讲

CEO 候选人需要准备一份简历，写清自己的个人基本情况、个人经历以及个人能力和担任 CEO 的优势。然后依次在众人面前做竞选演讲，演讲时间控制在 3～5 分钟，要求主题明确，逻辑清晰，层次清楚，尤其要讲出对 CEO 这个岗位的见解，以及若有幸当选 CEO，未来有何工作上的设想和目标。

2. 规定主题演讲

也可以脱离传统的竞选演讲方式，实训教师确定竞选演讲主题，然后各位 CEO 根据主题展开演讲，譬如，若你当选了 CEO，在你带领的公司经营过程中，发现少数员工工作不积极不主动，工作时经常在上网或和别人聊天，你会如何解决发现的这个问题？

3. 演讲须知

演讲是一门生活、工作中应当掌握的学问，亦是一个双向沟通的过程。简单来说，完整的演讲应该由开场白、主体和结束语组成。

（1）开场白。好的开场白能够增强演讲者的可信度，并且让听众准备好倾听演讲的主体部分。开场白应当想办法激发听众的兴趣，特别是当他们兴趣低迷的时候，告诉听众你的讲话为什么与他们有关，获得听众的注意，并尽可能简单明了地提到你的成就，建立可信度。为了达到这些目的，可以考虑使用一些技巧来组织开场白，比如运用适合你的个性和风格并与演讲内容相关的幽默，或者谈些栩栩如生的形象、重要的统计数据等非同寻常之处，或者谈谈听众都比较熟悉的事情。

（2）主体。主体即演讲的核心部分，包括预览主要论点、明确阐述主要论点两个部分：

预览主要论点是在开始主要论点之前需要做的，目的是给听众一个关于将要讨论内容的轮廓，一个很概括的提纲，比如"我将从 a、b、c 几个方面谈谈××问题"。

在明确阐述主要论点的过程中，每个主要论点须与演讲预览完全一样，避免只讨论其中一部分或随意增加其他论点。由于听众能消化的信息量比读者要少，主要论点多于 3 个时，人们便不易领会，因此主要论点的个数不要设置得过多。另外，在每一主要部分结束时，注意做阶段性小结，并在主要部分之间使用清晰的承接词。

（3）结束语。结束语应使用应当使用语气比较强的、明显的过渡性短语，比如"总而言之"或"最后"来开始结束语。有效的结束语可以是总结一下主要论点来加强和巩固印象，或回到开场白中提到的形象或故事来前后呼应，或根据演讲内容以号召行动，或谈谈听众若听从了演讲中的建议会获得的益处。

在演讲过程中，演讲者需注意发音洪亮、吐字清晰、适当停顿、把握节奏，并可以根据听众的眼神、身体姿态等反馈信号判断与听众交际沟通的效果。

Step3　投票选举 CEO

所有同学进入此任务进行投票选举 CEO，在每个公司的两个 CEO 候选人中选择一个点击，即代表对该候选人进行投票。若存在某些公司只有一人竞选该公司 CEO，可无须投票，该候选人直接当选。所有公司都已确定投票后，每位同学点击"确认投票"按钮，即完成投票；若未点击该按钮，投票无效。投票结束后，通过点击"刷新"按钮可以查看实时的投票结果。在规定时间内未完成投票的，视为弃权。

由于跨专业综合实训每个教学班级人数众多，学生可能来自不同专业和不同班级，选择 CEO 时只能凭借 CEO 候选人所做的竞选演讲。但无论如何，当选 CEO 的同学应当注意，即使自己有些方面的能力可能还欠缺，也不该丧失自信，尽量在实训中去有意识地培养自己所欠缺的能力即可。要能带领出一个高效率、高效果的"双高"，CEO 必须学会果断决策、及时决策，切忌在缺乏足够的信息和统一意见的情况下，碍于情面，犹豫不决。CEO 可以学会努力引导及鼓励"良性冲突"，将被掩盖的问题和不同意见摆到桌面上，通过讨论和合理决策将其加以解决，否则的话，将对企业的发展造成巨大的影响。

任务三　组织招聘公司各岗位人员

Step1　招聘前准备

竞选投票完成，系统会显示各公司竞选成功的 CEO 名单。成功当选 CEO 的同学应即刻挑选一名合适的伙伴担任自己公司的人力资源管理部经理，帮助自己进行接下来的招贤纳士，组建好公司团队。各企业 CEO 及人力资源管理部经理应熟知本公司有哪些岗位，各岗位需要招聘人员的特质等。

其他同学应结合前面任务中的培训测试结果及自我认知与定位，来关注各组织岗位的招聘需求，考虑每个公司有哪些岗位，自己适合哪些岗位，做好应聘准备。适合哪些岗位，需要学生自行对各岗位进行一些分析，分析不同岗位对员工在各方面的要求是怎样的，譬如，营销管理、采购管理类岗位明显需要沟通表达能力最强的员工，但诸如行政管理、人力资源管理类岗位其实也一样需要在内部进行沟通协调，因此这些部门的员工一样需要一定的沟通表达能力，反之，财务管理类岗位可能对此类需求稍低，但却对思维缜密、具有细节把控能力、核算分析能力的员工尤为偏好。

项目二　团队组建

所有人必须注意的是，具有责任心是每个岗位对员工的基本要求，一个小环节的疏漏可能会导致满盘皆输，比如采购员采购原材料的数量出错，就会影响到后续生产可能无法正常进行，进而影响到无法及时交货；再比如财务一个小数点的错误，可能导致公司亏钱甚至现金流断裂破产。因此，无论选择哪个岗位或最终被安排在哪个岗位，都需要做到各司其职，做好自己的本职工作。

Step2　现场招聘

团队必须要发展一个完善的能力组合，比如财务管理类岗位的员工必须要细心，同时还要对财务相关知识有一定的了解，而担任 CEO 职务的人就应该具备比较强的协调能力和组织能力等，如若 CEO 认为自己在协调能力方面还有所欠缺，就可以给自己招聘一个协调能力较强的行政助理作为助手。

现场招聘团队组建模拟真实招聘流程，首先，由各公司 CEO 和人力资源管理部经理一起制作招聘海报或招聘信息，在海报上写出公司招聘人才的各个岗位的任职要求；其次，其他所有学生持有填好的应聘简历去到意向公司进行面试（注意应聘简历制作时无须过于花哨，在体现自己基本情况的同时突出自己的过人之处作为两点即可）；再次，可以进行简单的面试模拟环节，由应聘同学做简单的自我介绍，CEO 和人力资源管理部经理再进行提问；最后，根据面试结果确定每位同学归属的公司、部门及岗位，没有找到心仪公司和岗位的同学由实训教师进行调剂，分配岗位。

【链接】

应聘相关知识

1. 简历制作须知

简历的主要要素基本包括：个人信息、求职意向、教育背景、个人经历、获奖信息、技能证书和兴趣爱好等，其他的诸如个人评价、未来规划等方面，可根据应聘岗位和简历整体布局酌情安排。注意不要杜撰虚假信息，措辞尽量简洁。

个人经历在求职简历中可能是公司相对而言最看重的一个部分，包括工作或实习经历、校园活动与项目经历等。简历中应适当根据相关性原则，挑选与求职岗位最相关的 1~2 条经历稍微详细地阐述，可以选择运用"STAR"法则来展开。STAR 是情境（situation）、任务（task）、行动（action）、结果（result）四项的缩写，是一种讲述自己故事的方式，该方法从"事情在什么情况下发生""你是如何明确你的任务的""针对这样的情况你采用了什么行动方式""结果怎样，在这样的情况下你学习到了什么"几个方面有逻辑地阐述事件。合理、熟练运用此法则，能在一定程度上表现出自己分析阐述问题的清晰性、条理性和逻辑性。

简历一般1~2页，倘若内容空洞，简历制作得再华丽也是无用。另外，简历内容并非越多越好，最重要的是具有针对性，针对所应聘的公司和岗位将自己最大优势显示在简历之中，与所应聘岗位相关性较弱的内容可以选择性保留，完全不相关的内容做删减。简历中关于获奖经历或工作经验的部分，最好有具体事实或客观数据作为支撑，否则难以取信于人，同时也不够直观。

除了内容，简历外观也是需要注意的，简历外观设计的两大原则是简洁大方、配色合理。一般来说，黑白配最为通用，切忌使用具有强烈视觉冲击的配色，或过于暗沉的配色。

2. 面试须知

面试，是一种经过组织者精心设计，在特定场景下，以面试考官对面试者面对面交谈与观察为主要手段，由表及里测评考生的知识、能力、经验等有关素质的一种考试活动。

面试中，通常需要面试者首先做自我介绍。自我介绍时注意合理分配时间，安排在1~3分钟较为合理。若有工作经验，首先陈述个人的工作经验，再谈教育背景及学历，最后总结自己对于求职上的想法。

除自我介绍，面试考官会提出一些问题要求应聘者进行回答，回答问题时注意不要东扯西拉，比如考官问"你的优点是什么"，需要根据求职岗位的特点有针对性地进行回答，有条理地列举自己的优点中适宜处理工作问题的，进行详细阐明，证明自己适合求职岗位。若是叙述曾经发生的某事件，同样可以采取前面所说的"STAR"法则来进行描述。总的来说，可以学着站在公司的角度去想问题，思考公司究竟想在某个岗位招聘什么样的员工，从各个角度证明自己较为适合这个岗位，面试通过率就会较高了。

Step3　员工上岗

员工上岗需要在VBSE系统中完成。

当选CEO的同学中，一名同学由实训教师在教师端页面完成上岗，其他CEO在主界面点击"我要应聘"进入上岗页面，然后直接点击"下一步"，到个人信息维护页面进行上岗；其他同学在主界面点击"我要应聘"进入上岗页面，然后依次选择要上岗公司的企业类型、要上岗的公司、要上岗的岗位，点击"下一步"到个人信息维护页面维护个人信息后，点击提交，即完成上岗工作。

任务四　企业海报设计

任务内容：学生以公司为单位进行公司海报绘制，为企业做宣传、打广告，要求

项目二 团队组建

海报绘制图案与公司所在产业、经营范围等相关，需包含公司 LOGO、广告语、公司名等基本信息。

Step1 LOGO 设计

常见的 LOGO 形式包括文字形式、字母形式、具象图形、抽象图形四种。文字形式的 LOGO 通常是利用产品名称或者公司名称的文字作为主体元素进行设计；字母形式的 LOGO 以公司或者产品名称中的字母进行处理，通常对首字母进行设计；具象图形的 LOGO 提炼特征形态符号，来传达企业的关键信息。可以是用一种动物，也可以是一个符号，把企业的理想和气质含蓄地表达出来，是比较常见的设计方法；抽象图形的 LOGO 通过抽象的符号，例如几何图形、点线面、空间、肌理等组合来体现想要表达的意思，唤起人们对于某一抽象意义、观念或情绪的记忆。

LOGO 设计可以参考以下方面：（1）企业理念。企业理念包含企业宗旨、企业文化，可以将企业独特的经营理念和企业精神、企业文化，采用抽象化的图形或符号具体进行表达，一般可以运用象征、联想、借喻的手法来构思。（2）企业业务和产品。根据企业所在行业属性出发，主要作用是突出企业或品牌的核心业务或产品，强调企业品牌的重要性。（3）企业名称。以企业名称或品牌名称中的信息为基础，设计文字标识的 LOGO，直接传达企业的信息，强化品牌特征。（4）图文结合。将 LOGO 的图形设计与企业名称的字体设计相结合，以期达到图形加强记忆力，文字直接传达品牌信息，两者相辅相成的作用。

Step2 广告语设计

好的广告语，不仅可以向潜在购买者传达产品的独特卖点，展现品牌的个性魅力，激发购买欲望，而且往往还能引起社会大众的共鸣和认同，成为跨越时空的经典语言，深刻影响社会价值与行为规范。

广告语的设计应该注意以下原则：（1）尽量简短、意思明确。流行的广告语一般都是口语化、简单、迎合大众心理的。长的广告语包含的信息太多，涉及的记忆因素也多，容易找不到重点和被忘记。（2）与众不同。广告语要能在广告信息的海洋中脱颖而出，有个性才能格外地引人注意。（3）熟悉易懂。人都有趋利避害的心理，因此也更愿意接受与自身知识与经验吻合的熟悉的信息。

在广告创作过程中，可以按照产品属性、产品及品牌利益、附加价值、个性所在、品牌精髓、市场环境等方面寻找广告的诉求点。

项目三　期初建账

任务一　了解各岗位职责以及熟悉本企业规则

每个实习同学在企业中都扮演着不同的岗位角色，相应地具有不同的岗位职责。岗位职责明确规定了职工所在岗位的工作任务和责任范围。企业管理全景仿真中，每个角色定义了不同数量的关键任务，学会这些关键任务的处理即具备了该岗位的基本胜任能力。各岗位规则参见《岗位安排及主要职责》章节。

所有实训者在开始模拟企业经营之前需要了解虚拟商业社会环境及规则，才能在后续的正式经营环节做合法经营、合规经营、合理经营，以在激烈的竞争中将企业经营得更好。企业详细规则参见《虚拟商业社会环境及规则》章节。

任务二　分发办公用品并查看本企业办公用品清单

VBSE 中，实训教室已为每位员工配备了一台电脑，除此外，基于工作需要，各公司还需领用实训用到的各种单据、账表、企业证件公章、模拟货币等。

Step1　各企业和组织领取办公用品

分发办公用品这个任务由服务公司主导完成，先由服务公司总经理负责确定本次实训班级中的企业数量，然后对应整理每个企业应发放的办公用品，通知服务公司业务员准备进行分发。服务公司业务员接到总经理准备分发办公用品的指令后，按顺序通知各机构到服务公司处领取办公用品，然后回到服务公司将总经理分配好的办公用品分发给各企业领用人员，同时做好领用登记。

企业证件公章为公司经营必备品，因此注意务必发放到位。

项目三 期初建账

固定经营阶段各企业第一项任务即为各部门借款，因此需提前将模拟货币发至每个公司出纳手上，发放金额以各公司期初"库存现金"科目账面价值为准，具体数据可通知各公司出纳参看公司期初数据有关表格后告知，或询问实训教师获得。

实训中将用到的各种单据、账表纷杂繁多，可以选择先由服务公司保存和管理，在后续经营过程中，企业员工根据实际业务中要求用到的单据、账表，到服务公司处进行领取。

其他诸如印泥、胶棒、复写纸、别针、燕尾夹等也应及时进行发放，以便各公司后续能顺利展开工作。

Step2 查看本企业清单

各企业办公用品领用人核查从服务公司处领取的办公用品，与办公用品清单进行比对。各公司办公用品清单大同小异，可在系统中查看该资料，表3-1为制造企业办公用品清单内容。

表3-1　　　　　　　　　　制造企业办公用品清单

序号	类别	证章名称	标准用量（1家企业）
1	证章资质	公章	1
2		合同章专用章	1
3		法人印鉴	1
4		财务专用章	1
5		发票专用章	1
6		营业执照正、副本	各1
7		生产许可证	1
8	办公用品	印泥	1
9		胶棒	1
10		单据	1（套）

以制造企业办公用品清单为例，二贸企业（供应商）、商贸企业（经销商）等各类型企业的证章资质都为"五章两证"：公章、法人章、合同专用章、财务专用章、发票专用章（三个专用章）；营业执照（正副本）、生产许可证。

尤其要注意的是，VBSE中服务公司归属于服务大厅，担任角色特殊，因此与其他公司在证章资质方面有所差别，反倒是和政务、银行等趋同，皆无证，只有办业务所需的签章，服务公司的五个签章与前述企业相同，也是由公章、法人章和三大专用章构成。另外，银行的签章也一共五个，分别为：银行收讫章、银行付讫章、银行转讫章、汇票专用章以及银行合同章；政务的签章一共三个，分别为年检章、征税专用章、业务专用章。

任务三　工作交接

团队组建完成后，各公司 CEO 就可带领企业员工着手开始经营。但在经营前"上岗交接"工作务必做好，因为 VBSE 中各个公司并非从头开始经营，而是假设各公司已经是持续经营中的企业。上岗交接的主要目的是让各部门各岗位熟悉企业所处的外部市场环境，以及企业内部人、财、物的现状，后续经营活动皆在此基础上继续进行。

总体而言，各部门各岗位的"工作交接"任务多为熟悉岗位工作相关职责，同时也存在部分岗位需要完成对应的电子或纸质单据，本章将对各部门各岗位的"工作交接"任务做出简要说明。

（一）企业管理部

总经理在企业中想要真正做到统领全局，运筹帷幄，一方面，要掌握企业组织结构、各部门承担的主要职能、各员工所在岗位职责；另一方面，要对企业经营做好年度规划，即明确企业的经营方针、经营目标（如收入目标、利润目标），生产策略（如分析对设备、设施、原材料、生产工人的要求），销售策略（如分析产品市场需求量、市场定位、销售渠道、定价），财务策略（如掌握现金流状况、选择筹资方案）等。总经理的"工作交接"主要任务即是了解和掌握以上内容。

行政助理除了要清楚经营过程中企业管理部常用表单的用途，如《公章、印鉴使用申请表/登记表》是对企业资质、章证使用情况的审批、控制，此外，还需要根据系统给出的固定资产资料填写固定资产卡片以及固定资产登记簿。企业拥有的每项固定资产均应该登记在固定资产卡片上，固定资产卡片上需要填写内容包括固定资产类别、编号、名称、规格、型号、建造单位、年月、投产日期、原始价值、预计使用年限、折旧率、存放地点、使用单位、大修理日期和金额，以及有无停用、出售、转移、报废清理等。固定资产登记簿是对所有固定资产卡片统一记录、管理的表格，其中记录企业所有办公固定资产种类、购买时间、使用年限及折旧有关内容，目的是方便企业进行固定资产查找、管理。

（二）人力资源部

人力资源部"工作交接"主要任务为理解和熟悉以下内容：

人力资源管理是对"人"这一资源的管理，因此人力资源部门员工需要对企业组

项目三　期初建账

织结构、各部门岗位设置、各岗位工作职责做到心中有数。

人力资源部表单多数为企业自制表单，在格式、内容及规格等方面无标准要求，未统一印制的表单可以自行制作。

在人力资源部经理需要制作的所有表单中，尤其要掌握清楚的是涉及计算较多的薪酬及福利相关表格，譬如《职工薪酬统计表》为具体核算工资时填写，要注意全面考虑对员工岗位工资、考勤扣款、五险一金扣款、辞退福利等，计算基准及相应比例按照VBSE中的人力规则进行选取；此外要注意系统中导出的表格必须按原格式进行制作，否则可能导致系统操作发生错误，譬如VBSE中模拟现实，发放工资为银行代发，人力资源部要先与银行签订"工资代发协议"，委托银行代发工资，然后根据《职工薪酬统计表》制作《职工薪酬发放表》，将符合要求的《职工薪酬发放表》电子表格进行系统录盘，格式与内容均无误才能在系统中发放成功；另外还要注意制作《职工薪酬统计——部门汇总表》提交给财务部门，用于计提相关成本和费用。

在人力资源助理需要制作的所有表单中，主要注意《五险一金核算表》中按照VBSE中的人力规则五险一金部分的进行，另外，若企业出现辞退、新招聘人员时务必及时填写由社保中心定制的《北京市社会保险参保人员增加/减少表》《住房公积金变更汇缴清册》。

（三）财务部

财务部"工作交接"主要任务为了解财务规则，并根据系统中取得的企业期初科目余额表进行各账户的期初余额登记。

VBSE中，由于制造企业财务部设置了财务部经理、出纳、成本会计、财务会计四个岗位，因此将建账和登记工作进行分工，其中财务部经理负责总账，出纳负责现金、银行存款日记账，成本会计负责成本相关科目明细账，财务会计负责其他科目明细账。

总账及明细账是账簿按其反映经济业务的详略程度进行划分后的分类账簿，总账对所属明细账起统御作用，明细账对总账起补充作用。

总账也叫总分类账，是根据一级会计科目开设的账户，用以全面连续地记录和反映全部经济业务。总账可以提供经济活动和财务收支的全面情况，为编制会计报表提供依据，所有单位都必须设置总分类账。总账必须采用订本式账簿，一般按照会计科目的编码顺序设置，并为各个账户预留账页。总账的账页格式有三栏式和多栏式两种，VBSE中采用最常用的为三栏式，三栏分别为"借方""贷方""余额"。

明细账也叫明细分类账，是根据总分类科目设置，按照所属二级科目或明细科目开设账户，用以分类登记某一类经济业务，提供较为详细的核算资料的账簿。明细账可以提供经济活动和财务收支的详细情况，有利于企业加强财产物资的管理，监督往来款项的结算。各单位根据经营管理的实际需要，按照一级科目设置必要的明细账。

明细账一般采用活页式账簿和卡片式账簿（如固定资产明细账），VBSE 中主要采用活页式。根据各种明细分类账所记录经济业务的特点，明细分类账的常用格式主要有四种：

（1）三栏式。三栏式明细账设置"借方""贷方""余额"三个栏目，格式与三栏式总账相同，用以分类核算各项经济业务，提供详细核算资料，适用于只进行金额核算的资本、债权、债务明细账，如"应收账款""应付账款""实收资本"等账户的明细分类核算。

（2）多栏式。多栏式账页将属于同一个总账科目的各个明细科目合并在一张账页上进行登记，即在这种格式账页的借方或贷方金额栏内按照明细项目设若干专栏。这种格式适用于收入、成本、费用类科目的名字核算，如"生产成本""制造费用""主营业务收入"等账户的明细分类核算。对于只设有贷方的多栏式明细账，平时在贷方登记"主营业务收入""其他业务收入"等账户的发生额，借方登记月末将贷方发生额一次转出的数额，所以平时如果发生借方发生额，应用红字在多栏式账页的贷方栏中登记表示冲减；对于只设有借方的多栏式明细账，平时在借方登记"制造费用""主营业务成本"等账户的发生额，贷方登记月末将借方发生额一次转出的数额，所以平时如果发生贷方发生额，应用红字在多栏式账页的借方栏中登记表示冲减。

（3）数量金额式。数量金额式账页适用于既要进行金额核算又要进行数量核算的账户，如原材料、库存商品等存货账户，其借方（收入）、贷方（发出）和余额（结存）都分别设有"数量""单价""金额"三个栏目。数量金额式账页提供了企业有关财产物资的数量和金额收、发、存的详细资料，从而能加强财产物资的实务管理和使用监督，保证这些财产物资的安全完整。

（4）横线登记式。横线登记式明细账是采用横线登记，即将每一相关的业务登记在一行，从而可依据每一行各个栏目的登记是否齐全来判断该项业务的进展情况。该明细账适用于登记材料采购业务、应收票据和一次性备用金业务。

日记账也叫序时账，是按照经济业务发生时间的先后顺序逐日、逐笔登记的账簿。设置日记账的目的是使经纪业务的时间顺序清晰地反映在账簿记录当中，企业一般只设置库存现金日记账和银行存款日记账。日记账有三栏式和多栏式两种，多用三栏式。

期初余额登记的前提即为根据上面各类账簿的适用范围及系统所给资料进行选择，登记时注意：填写虚拟日期的年、月、日；摘要为"上月结转"；根据科目余额表将一级科目余额登记在总账对应账户的"余额"栏，将二级或者三级科目余额登记在明细账对应账户的"余额"栏，并写清楚余额方向"借"或"贷"，若无余额的账户无须进行登记。

项目三 期初建账

(四) 仓储部

仓储部"工作交接"主要任务为了解仓储规则，并根据系统中取得的企业期初物料和成品清单表等资料建立期初库存台账和物料卡。

库存台账是用来核算、监督库存物料和成品的。所以需将各种物品分别设账，以便能把该物品的进、销、存清晰地反映出来。仓储部经理根据系统给出的期初资料建库存台账，一物一账，将物料的库存期初数量填入库存台账。

物料卡是一种实物标签，是仓管员管理物品的"耳目"，能够直接反映物料的品名、型号、规格、数量、单位及进出动态和库存数量。仓管员根据系统给出的期初资料，填写物料卡，一物一卡。

建期初库存台账和物料卡时注意：填写虚拟日期的年、月、日；库存台账摘要为"上月结转"，物料卡备注"上月结转"；数量填入"结存（余）"栏。

(五) 采购部

采购部"工作交接"主要任务为了解采购规则，以及掌握和理解采购部期初明细情况。

采购部期初明细中，采购部需找出前期已经签订、卖方还未发货的采购订单，前期已经签订已经收货尚未付款的采购订单，可通过采购合同执行情况表来辅助完成。此外，采购部还应清楚生产各类型童车产成品、半成品需要的原材料，期初各类原材料、半成品的库存情况，生产车间的产能情况，企业供应商信息，为后面正式展开经营时的采购活动做准备。

(六) 营销部

营销部"工作交接"主要任务为了解营销规则，以及掌握和理解营销部期初明细情况。

采购部期初明细中，营销部要关注系统给出的销售预测数据、市场预测数据。除市场专员外，营销部经理和销售专员还要关注企业销售发货明细表等资料查找出前期已经签订、还未发货的销售订单，已经签订已经发货、还未收款的订单，清楚各种成品的期初库存情况，生产车间的产能情况，以及企业客户信息，为后面正式展开经营时的销售活动做准备。

(七) 生产计划部

生产计划部"工作交接"主要任务为了解企业生产计划规则，以及掌握和理解生产计划部在生产前需要填列的各种计划表，生产时需要填列的各种表格和单据。

由于生产计划部后面正式展开经营时需要填列的单据较多，生产计划部不同岗位员工需弄清自己应负责的单据种类和填写要求，涉及计算的还需提前明确计算方法。生产计划部经理主要负责主生产计划表、主生产计划计算表、生产设备需求计划表、派工单，生产管理员主要负责生产执行情况表、派工单、领料单、完工单、送检单，生产计划员主要负责物料净需求计划表、物料净需求计划计算表、送检单，另外，三个岗位同时负责 MRP 物料需求计划计算表。

任务四　收集各企业基本存款账户和银行预留签章

银行柜员负责到各企业处收集，或通知各企业行政管理人员至银行处提供各企业基本存款账户和银行预留签章。

企业基本存款账户是办理转账结算和现金收付的主账户，经营活动的日常资金收付以及工资、奖金和现金的支取均可通过该账户办理。根据规定，每个公司只能在银行开立一个基本存款账户。各公司员工可在主界面"关于我们"中找到"银行账号"，该账号即为各企业的基本存款账户。

银行预留签章是企业在银行开设账户，开户时需要在银行预留的印章，该印章要在企业开设银行账户时盖在一张卡片纸上，留存银行。当企业需要通过银行对外支付时，先填写对外支付申请，申请必须有此预留签章才行。银行经过核对，确认对外支付申请上的签章与预留签章相符，即可代企业进行支付。一般来讲，预留签章是由财务章和法人章组成，缺一不可。

任务五　学习公司注册流程

在 VBSE 中，由于设置的背景为制造企业、工贸企业（供应商）、商贸企业（经销商）等各类型企业之前就已处于经营过程中，唯一设置需要从头开始设立企业登记的为招投标公司，也即是招投标公司必须完成到工商局办理工商注册这一任务流程，其他企业需要对此任务流程进行学习和了解，无须进行操作。

以招投标公司为例介绍一下 VBSE 中工商注册的业务流程。

Step 1　招投标公司总经理填写企业设立登记

招投标公司总经理在单据、账表中找到《企业设立登记申请表》，填写事先确定好的公司名称，完成企业名称预先核准申请表。

Step 2　招投标公司总经理到工商局办理审核

招投标公司总经理携带《企业设立登记申请表》《公司章程》等工商注册要求提

供的资料到工商局进行企业设立登记，等待工商局人员进行审核。

Step 3　工商局工商专员审核设立登记

工商局工商专员接收企业申请的《企业设立登记申请表》，审核《企业设立登记申请表》并发放公司营业执照。

任务六　虚拟商业各种制度的编制（工商局）

如果想要在虚拟的商业环境中顺利地将运营进行下去，就必须对各种制度进行编制和讲解，因此在运营之初，就需要有关部门制定制度，并进行公示。

Step1　工商局编制行政管理制度

虚拟商业社会行政管理制度编制为工商局工商专员的单线任务，主要内容是学习VBSE 虚拟商业社会运营规则、工商知识，在此基础上结合自己的认识和理解，制定出工商行政管理暂行规定条款文件，与实训教师沟通确认讲解方式、时间，是否需要做PPT 文稿等，确认后，对全体实训的成员进行简单讲解。若其他成员提出疑问，工商专员可先将疑问记录在册，查找资料确认后再给予当事人回复。

这一任务是企业开展经营的前置任务之一，需线下进行任务，做好后在系统线上点击完成。

Step2　人社局编制虚拟商业社会社会保障制度

虚拟商业社会社会保障制度编制为人社局社保公积金专员的单线任务，主要内容是学习 VBSE 虚拟商业社会运营规则、五险一金知识，在此基础上结合自己的认识和理解，制定出社会保障制度条款文件，与实训教师沟通确认讲解方式、时间，是否需要做 PPT 文稿等，确认后，对全体实训的成员进行简单讲解。若其他成员提出疑问，工商专员可先将疑问记录在册，查找资料确认后再给予当事人回复。

这一任务是企业开展经营的前置任务之一，需线下进行任务，做好后在系统线上点击完成。

Step3　税务局讲解税务知识

税务知识讲解为税务局税务专员的单线任务，主要内容是学习 VBSE 虚拟商业社会运营规则、税务基本知识，在此基础上结合自己的认识和理解，制定出税收条款文件，与实训教师沟通确认讲解方式、时间，是否需要做 PPT 文稿等，确认后，对全体实训的成员进行简单讲解。若其他成员提出疑问，工商专员可先将疑问记录在册，查找资料确认后再给予当事人回复。

这一任务是企业开展经营的前置任务之一，需线下进行任务，做好后在系统线上点击完成。

项目四　固定经营制造企业经营准备阶段工作

在上一项目已经将各个类型企业的期初数据进行了梳理，也就是说后续的企业模拟经营实训是以正在运营的企业为基础，实训的学生首先做的就是各个岗位的交接工作，读懂岗位职责、了解本部门的期初数据显得尤为重要。接手这个企业后，就要开始进行固定经营准备阶段的工作。

该阶段的业务主要分为五个主题。第一个是财务主题，通过各部门的借款使学生熟悉业务流程以及系统操作界面。第二个是销售主题，围绕与商贸企业签订销售合同展开实训任务。第三个是采购主题，围绕与工贸企业签订采购合同展开实训任务。第四个主题是生产主题，因为是经营准备阶段，因此分为两类任务，一个是申请办理ISO9000认证，另一个是根据销售需求编制物料净需求计划，为后续采购打下基础。第五个主题是人力资源管理主题，包括与员工相关的业务，例如发放薪酬、办理五险一金及个人所得税委托收款的协议等。

该阶段起到一个承前启后的作用，为后续固定经营的顺利进行打下基础，同时又是实训中最先遇到的业务流程，实训中因为学生从未接触企业经营，因此也会遇到很多问题。因此该项目不论是对整个实训过程，还是对老师授课来讲，都是尤为重要的一环。

任务一　各部门向财务部借款

主要内容：各个部门助理为开展业务，前去财务部借备用金，并依据公司流程办理相关手续。这一任务的设置主要是熟悉业务流程。本任务需要线上线下同时操作，不可只在线上操作。具体任务流程见图4-1。

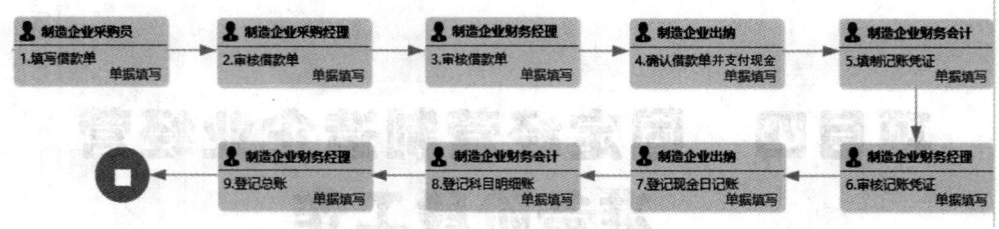

图 4-1 借备用金流程

任务步骤：

Step1　各部门助理发起任务并填写借款单

任务发起人为各部门助理，在 VBSE 平台系统中发起任务，并完成线下工作，填写借款单。借款的用途是作为部门备用金。借款单中需要填写借款日期、部门、借款用途以及借款金额。另外还需要勾选借款支付方式，一共有三种方式可供选择：现金、支票和电汇。

在本业务中，借款用途均为部门准备金。借款金额需用到人民币大写，常用大写文字分别是：壹、贰、叁、肆、伍、陆、柒、捌、玖、拾、佰、仟、万。人民币的阿拉伯数字前面必须加人民币"￥"符号，并精确到小数点后两位。在单据的借款人那里应该由各部门助理签字，签字完毕即可拿借款单找部门经理（总经理）审核。

Step2　各部门经理（总经理）审核借款单

各部门经理（总经理）分别在系统中对借款用途、金额、付款条款进行审核，审核无误后，在本部门借款单的部门经理处签字确认。如果是企划部的借款单据，则不需要部门经理签字，而是总经理签字确认。其他部门的借款单只需部门经理签字，不需要总经理签字确认。

Step3　财务部经理审核借款单

财务部经理需要在系统中对借款用途、金额、付款条款进行审核，审核无误，在借款单财务部经理处签字确认。财务部经理签字后，将借款单交给出纳进行下一步操作。

Sept4　出纳确认借款单并支付现金

出纳接收财务部经理交给的已审核过的借款单，支付现金给借款人，同时在借款

项目四 固定经营制造企业经营准备阶段工作

单上签字盖章并将借款单交给财务会计做凭证。

Step5 财务会计填制记账凭证

财务会计接收到出纳交给的借款单，并填制记账凭证，将借款单粘贴在后面作为附件。再送财务部经理审核。记账凭证格式见图4-2。

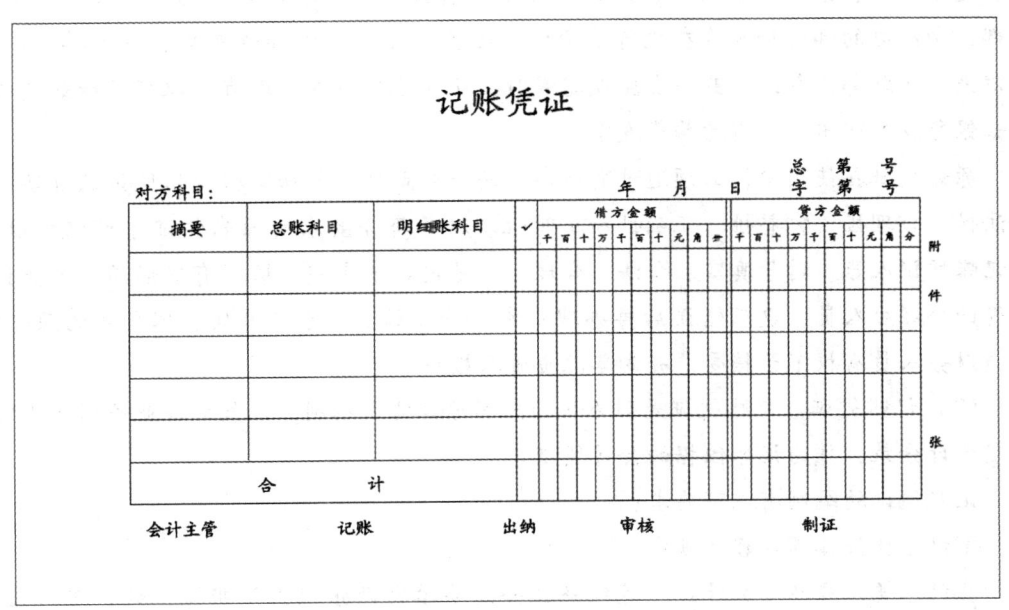

图4-2 记账凭证

其中摘要应填写某部门准备金借款，会计分录为：

借：其他应收款——某部门　　　　（金额）
　　贷：库存现金　　　　　　　　　　（金额）

另外，财务会计填写完凭证后，需要在"制证"处签字，并提交给财务部经理审核。

【链接】

会计凭证的相关知识

1. 会计凭证的概念和种类

会计凭证是记录经济业务事项发生或完成情况的书面说明，是登记账簿的依据。填制和审核会计凭证是会计工作的起点和关键。企业在处理经济业务时，必须办理会计凭证手续，由执行和完成该项经济业务的有关部门和人员取得或填制会计凭证，记录经济业务内容、数量、金额，并在凭证上签名或盖章。所有的会计凭证都需要由财务部门审核无误后，才能作为经济业务的证明，进而登记账簿。

会计凭证按照填制程序和用途不同，分为原始凭证和记账凭证。

（1）原始凭证。原始凭证是指在经济业务发生或完成时，所取得的或者是填制的，用以记录或证明经济业务发生和完成情况的文字证据。常用的原始凭证包括：现金收据、支票存根、银行业务回单、产品入库单、借款单等。原始凭证既可以来源于企业内部，由经办的部门和人员在执行某项经济业务时填写，例如借款单、领料单等；也可以来源于外部，在经济业务发生或完成时，从其他单位或个人直接取得的原始凭证，例如银行业务回单、取得的购货发票等。

原始凭证在使用中，必须通过财务部门的严格审核，包括审核原始凭证的真实性、合法性、合理性、完整性、正确性和及时性。对于符合要求的原始凭证才可以据以编制记账凭证入账。对于真实、合法、合理，但是内容不完整、填写有错误的原始凭证，应退回给经办人员，更正错误后再办理正常会计手续。对于不真实、不合法的原始凭证，财务人员有权不予接受，并向单位负责人报告。

（2）记账凭证。记账凭证是财务部门根据原始凭证填制，记载经济业务简要内容，确定会计分录，作为记账依据的会计凭证。

记账凭证的编制有以下要求：

①记账凭证各项内容必须完整。

②记账凭证应连续编号。一笔经济业务需要填写两张以上记账凭证的，可以采用分数编号法编号。例如某一个经济业务需要填写三张记账凭证，则三张凭证的编号需要用分数表示，分别为 $1/3$、$2/3$、$3/3$。

③记账凭证的书写应清楚规范。

④记账凭证可以根据每一张原始凭证填制，也可以根据若干张相同类型的原始凭证汇总编制，或者根据原始凭证汇总表填制；但是不能将不同类、不同内容的原始凭证编制在一张记账凭证上。

⑤记账凭证必须附有原始凭证，一般做法是将原始凭证粘贴在记账凭证后边，但是结账和更正错误的记账凭证可以不附原始凭证。

⑥填制记账凭证时，如果发生了错误，必须重新填制。对于已经登记入账的记账凭证，如果在当年发现填写错误，则可以用红字填写一张与原内容相同的记账凭证，摘要处注明"注销某月某日某号凭证"，同时用蓝字重新填制一张正确的记账凭证，摘要处注明"订正某月某日某号凭证"。

⑦记账凭证填制完相应的经济业务事项后，如果还有空行，应当自金额栏最后一笔金额数字下的空行处至合计数上的空行处，画向上倾斜的直线注销，以防有人改动记账凭证。

项目四　固定经营制造企业经营准备阶段工作

另外,记账凭证的最下方,都需要有相关人员签字。"制证"处应该由制作记账凭证的人员签字;"审核"处应该由审核记账凭证的人员签字;"记账"处应该由登记明细账的人员签字;而"会计主管"处应由登记总分类账的人员签字。

Step6　财务部经理审核记账凭证

财务部经理接收到财务会计的记账凭证,对内容进行审核,审核无误后在记账凭证上的"审核"处签字,再交由出纳登记现金日记账。

Step7　出纳登记现金日记账

出纳接收财务部经理审核后的记账凭证,在记账凭证上的"出纳"处签字。根据记账凭证的内容登记现金日记账。填写完现金日记账后,将记账凭证交财务会计登记科目明细账。

现金日记账的内页格式见图4-3。

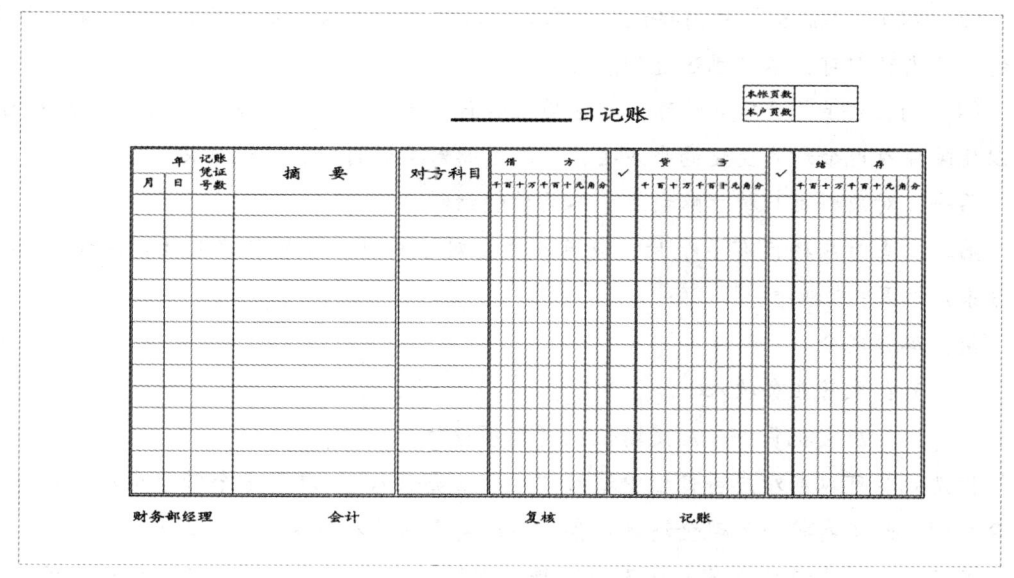

图4-3　现金日记账内页

【链接】

现金日记账相关知识

现金日记账是专门记录现金收付业务的特种日记账,它一般由出纳人员负责填写。现金日记账既可以做明细账,也可以用于过账媒介。现金日记账可以设置成三栏式和多栏式,但是无论采用哪种形式的日记账,都必须使用订本账。

图4-3为一个较常见的三栏式现金明细账，其账页格式采用"收入"（借方）、"支出"（贷方）和"余额"三栏式。现金日记账通常由出纳人员根据审核的现金收款凭证和现金付款凭证，逐日逐笔顺序登记。每日业务终了时，应计算、登记当日现金收入和支出合计数，以及账面结余额，同时要将现金日记账的账面余额与库存现金实有数核对，检查每日现金收入支出和结存情况。

登记现金日记账时，除了遵循账簿登记的基本要求之外，还应注意以下栏目的填写方法：

（1）日期。"日期"栏中填入的应为据以登记账簿的会计凭证上的日期，现金日记账一般是依据记账凭证登记。因此，此处日期为编制该记账凭证的日期，不能填写原始凭证上记载的发生经济业务的日期，也不是实际登记该账簿的日期。

（2）凭证编号。"凭证字号"栏中应填入据以登账的会计凭证类型及编号。如：企业采用通用凭证格式，根据记账凭证登记现金日记账时，填入"记"；企业采用专用凭证格式，根据现金收款凭证登记现金日记账时，填入"收×号"，根据现金付款凭证登记现金日记账时，填入"付×号"。

（3）摘要。"摘要"栏简要说明入账的经济业务的内容，务必简单扼要，能概括大概的业务内容即可，不可描述过细。

（4）对应科目。"对应科目"栏应填入会计分录中"库存现金"科目的对应科目，用以反映库存现金增减变化的来龙去脉。在填写对应科目时，应注意以下三点：

第一，对应科目只填总账科目，不需填明细科目；

第二，当对应科目有多个时，应填入主要对应科目，如销售产品收到现金，那会计分录应该是：

借：库存现金
　　贷：主营业务收入
　　　　应交税费——应交增值税（销项税额）

但是此时可以在对应科目栏中填入"主营业务收入"，在借方金额栏中填入取得的现金总额，而不能将一笔现金增加业务拆分成两个对应科目金额填入两行。

第三，当对应科目有多个且不能从科目上划分出主次时，可在对应科目中填入其中金额较大的科目，并在其后加上"等"字。例如用现金1 000元购买零星办公用品，其中300元由生产部门负担，300元由销售部门负担，400元由行政管理部门负担，则在现金日记账"对应科目"栏中填入"管理费用等"，在贷方金额栏中填入支出的现金总额1 000元。

（5）借方、贷方。"借方金额"栏、"贷方金额"栏应根据相关凭证中记录的"库存现金"科目的借贷方向及金额记入。

（6）余额。"余额"栏应根据"本行余额＝上行余额＋本行借方－本行贷方"公

项目四 固定经营制造企业经营准备阶段工作

式计算填入。

正常情况下，库存现金不允许出现贷方余额，因此现金日记账余额栏前未印有借贷方向，其余额方向默认为借方。如果在登记现金日记账过程中，由于登账顺序等特殊原因出现了贷方余额，则在余额栏用红字登记，表示贷方余额。

由于出纳管理现金和银行存款，而且现金日记账和银行日记账都是根据记账凭证来登记的，因此出纳人员不可以插手会计工作，做好不相容职务分离控制，现金的收支、保管、稽核与会计账簿的登记要严格分离，由两人或以上人员分工掌管。填制收款原始凭证（收据或发票）与收款的职责分开，由两个经手人分工办理，其目的是使开票人和收款人之间相互牵制。

Step8 财务会计登记科目明细账

财务会计接收出纳交给的记账凭证，在记账凭证上签字或盖章，并根据记账凭证上的内容登记科目明细账。登记完毕将记账凭证交给财务部经理。科目明细账格式见图4-4。

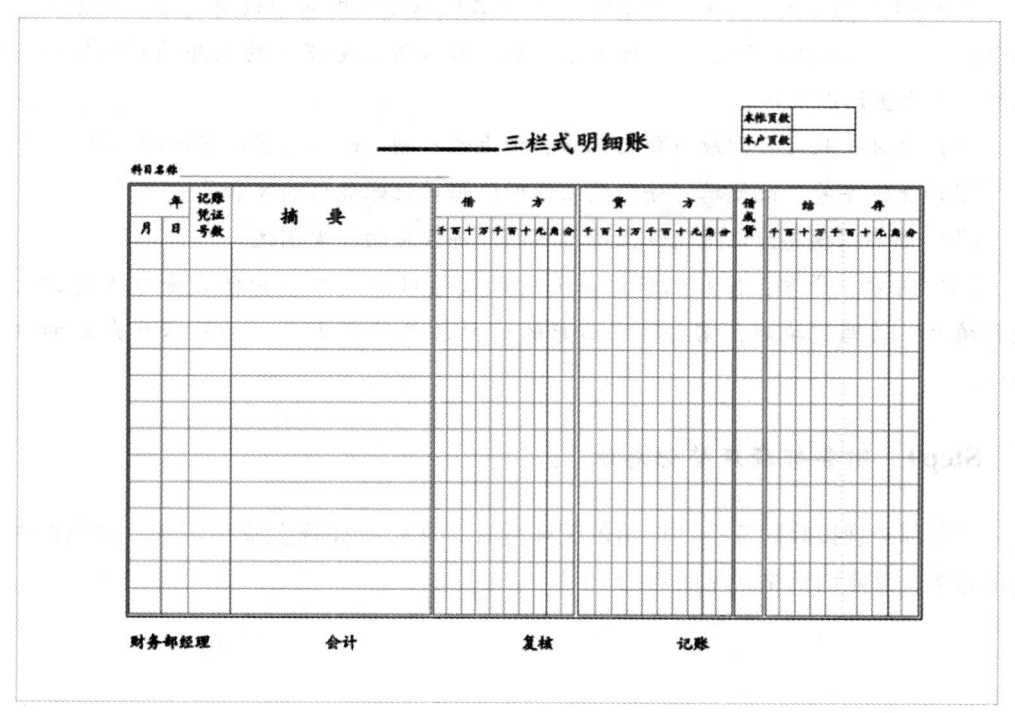

图4-4 三栏式明细账内页

【链接】

明细分类账簿的格式和登记方法

1. 明细分类账簿的概念和格式种类

（1）概念：明细分类账簿，也称作明细账，是根据各单位的实际需要，按照总分类科目的二级科目或三级科目分类设置并登记全部经济业务的会计账簿。明细账是总分类账的明细记录，他是按照总分类账的核算内容，按照更加详细的分类，反映某一具体类别经济活动的财务收支情况，对总账起到补充说明的作用。

（2）格式种类：根据经济管理的需要和各明细分类账记录内容的不同，明细账可以采用三栏式、多栏式和数量金额式等三种格式。三栏式明细账适用于只进行金额核算的实收资本、应收账款、应付账款等资本、债权、债务的明细核算；多栏式明细账适用于收入、成本、费用、利润和利润分配的明细核算；数量金额式明细账适用于既要进行金额核算又要进行数量核算的存货账户。

在本次任务中，涉及的是三栏式明细账的填写，因此以下只介绍三栏式明细账。

2. 三栏式明细账的登记方法

图4-4所列示的为三栏式明细账。三栏式明细账在账页中设有借方、贷方和余额三个金额栏。三栏式明细账是根据记账凭证，按经济业务发生的顺序逐日逐笔进行登记的。需要登记以下内容：

（1）日期：此处日期应当登记记账凭证上的日期，而不是登记账簿的日期。

（2）凭证字号：此处填写登记明细账所依据的记账凭证的字和号。

（3）摘要：摘要为记账凭证上所记载的经济业务的简单阐述。

（4）借方、贷方：按照记账凭证上所记载的账户发生额的借方金额或贷方金额进行填写，填写完毕后，需要将明细账的账户余额结算出来，并将账户余额的方向写清。

Step9　财务部经理登记总账

财务部经理接收财务会计交给的记账凭证，在记账凭证上签字盖章，并根据内容登记总账。总账内页格式见图4-5。

项目四 固定经营制造企业经营准备阶段工作

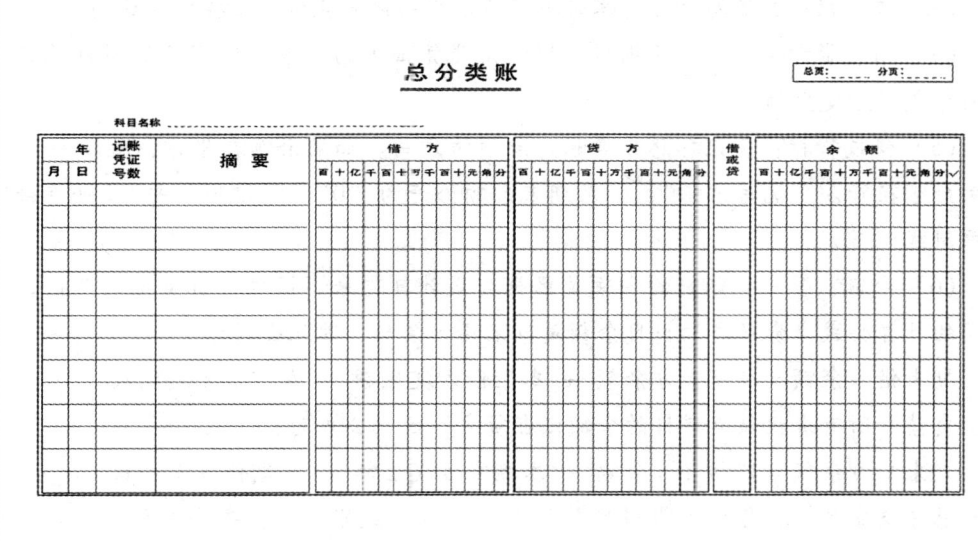

图 4-5 总分类账

【链接】

总分类账的相关知识

总分类账是按照总分类账户分类登记以提供总括会计信息的账簿，简称总账。它能全面、总括地反映各会计要素具体内容的增减变动和变动结果，同时可以对明细账起到统驭和控制的作用。另外，编制会计报表就是以这些总分类账所提供的资料为依据的。总账一般采用三栏式账页格式，且常采用订本式账簿。

总分类账的登记方法有很多。一般来讲，如果企业的经济业务比较少，则可以根据各种记账凭证逐笔登记；如果经济业务较多，则可以先把各种记账凭证汇总编制成科目汇总表或汇总记账凭证，再据以登记总分类账。本实训中采用的是第一种方式，即根据记账凭证逐笔登记总账，下面也将对此方法进行阐述：

总账一般采用订本账，根据记账凭证登记发生额、摘要、本期发生额，并据此结算出当月发生额和余额，总账账户的余额与各明细账要进行核对。具体填写说明如下：

（1）日期栏：这一栏根据公司采用的会计核算方式和登记总分类账的方法来填写。如，如果公司采用的方法是依据各种记账凭证填写总分类账的话，那么在日期栏中就应当填写记账凭证的日期。

（2）凭证字号栏：根据总账编写的依据，填写登记总账所依据的凭证的字号。在依据记账凭证的情况下填写记账凭证的字、号"记×××号"。

(3) 摘要栏：在填写总分类账时根据所依据的记账凭证的摘要内容填写。

(4) 借、贷方金额栏：根据所依据的记账凭证上的记录，填写各类科目总账账户的借方或贷方发生额。

(5) 借或贷栏：登记各总分类账户余额的方向。如果余额在借方，就填写"借"；如果余额在贷方，就写"贷"；如果期末余额恰好为"0"，就记为"平"，并在余额栏中画斜线"/"。

(6) 余额：每一个账户的余额是根据公式计算得来，根据科目类型的不同，使用不同的计算公式。资产类的科目余额是期末借方余额，因此公式为：

期末借方余额＝期初借方余额 ＋ 本期借方发生额 － 本期贷方发生额

负债和所有者权益类科目的余额记在贷方，因此公式为：

期末贷方余额＝期初贷方余额 ＋ 本期贷方发生额 － 本期借方发生额

总分类账可以把各个总账科目登记在一本订本式账簿上，每个月记录完毕，就可以结出每月余额，下个月要在下一行连续登记，不能空行。

本实训是手工做账，因此在记账过程中，可能总会由于一些原因，使得账簿记录发生错误。对于账簿记录错误的情况，应该采用正确、规范的方法予以更正。不允许出现涂改、挖补、刮擦或者用药水消除字迹的情况，也不允许重新抄写。错账的更正方法有以下三种：

(1) 划线更正法。在结账之前发现账簿记录有文字或者数字错误，而记账凭证没有错误的，采用划线更正法。更正方法是：在账簿中错误的文字或者数字上划一条红线，以示注销，然后在错误文字上方空白处，用蓝字写上正确的文字或数字，并由记账及相关人员在更正处盖章以示负责。划线时，必须将错误数字全部划销，不能只划其中个别数字，并应该保持原有错误记录仍可辨认，以备查验。

(2) 补充登记法。记账后发现记账凭证填写的会计科目无误，只是所记载的金额小于应计金额时，采用补充登记法更正。更正方法是：按照少记的金额用蓝字填制一张与原记账凭证应借、应贷科目完全相同的记账凭证，摘要处需要注明"更正某某凭证"，并用蓝字据以过账。

(3) 红字更正法。红字更正法一般适用于以下两种情况：

第一，记账后在当年内发现记账凭证会计科目无误而所记金额大于应记金额，从而引起记账错误。更正方法是：用红字按多记的金额填制一张会计科目与原错误凭证相同的记账凭证，在"摘要"处注明"冲销某某凭证多记金额"，并据以用红字登记入账，以冲销多记的金额。

第二，记账后在当年内发现记账凭证所记的会计科目错误从而引起记账错误。更正方法是：先用红字填制一张与原错误凭证相同的记账凭证，摘要处应该填写"冲销某某凭证"，并据以用红字登记入账，冲销原来的错误记录；然后用蓝字填制

项目四 固定经营制造企业经营准备阶段工作

一张正确的记账凭证,"摘要"处需要注明"更正某某凭证",并用蓝字据以登记入账。

任务二 发放薪酬

该任务主要内容是人力资源部经理依据本企业的员工在职状况,核算本企业的员工薪酬,并按月做出薪酬发放表,由财务部依据此表发放员工薪酬。本任务不是计提工资薪金,而是将上个月已计提的工资薪金进行发放。因为一般企业都会将上个月的工资在本月初进行发放,因此工资薪金的发放也就成了企业期初必做的一项任务。任务流程图见图4-6。

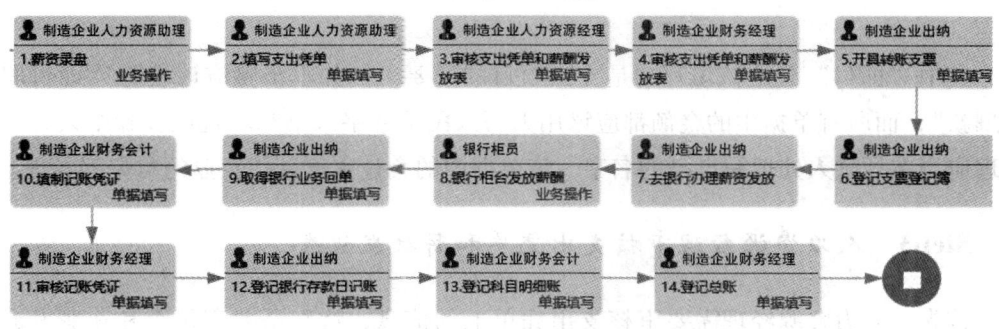

图4-6 薪酬发放业务流程

Step1 人力资源助理进行薪资录盘

人力资源助理需要在 VBSE 系统里打开"薪资录盘"界面,检查员工的相关信息、工资等内容。并根据职工薪酬发放表在系统中修改并保存职工基本工资。在系统中修改完相关信息后,点击导出按钮,将导出的工资表拷贝至 U 盘。

Step2 人力资源助理填写支出凭单

人力资源助理根据职工薪酬发放表中的数据,填写支出凭单。同时将拷贝的工资表的 U 盘交人力资源经理和财务部经理进行审核。支出凭单中需要填写支出日期、申请部门以及支出的内容和金额。支出凭单具体格式见图4-7。

支 出 凭 单

```
部门：_____          年   月   日      预算项目：_____

    即 付：_____
          _____款

    计人民币
    （大写）：_____  ￥_____

    领款人：_____            | 会计   |  | 出纳 |
                                | 主管   |  |      |

部门经理：_____     财务部经理：_____     总经理：_____
```

图 4-7 支出凭单

其中"即付"处应该填写的是支出项目的摘要，例如本步骤应该填写"即付职工薪酬款"，而所有单据中的金额都应该用大写人民币数字来书写。且该步骤中人力资源助理应当在领款人处填写自己的名字。该单据中的会计主管是指企业的财务部经理。

Step3　人力资源经理审核支出凭单和薪酬发放表

首先，人力资源经理需要审核支出凭单上的信息，特别是数字是否和薪酬发放表中的保持一致，格式内容是否正确；其次，审核支出凭单的日期、金额、支出方式、支出用途及金额大小写是否正确；最后，审核完毕，在支出凭单上签字确认。确认后，由人力资源助理去找财务部经理进行审核。

Step4　财务部经理审核支出凭单及薪酬发放表

首先，财务部经理同样要审核支出凭单上的金额与薪酬发放表中的信息是否一致、正确；其次，审核支出凭单的日期、金额、支出方式、支出用途及金额大小写是否正确；最后，审核完成后在支出凭单上签字并确认。确认完毕将单据交由出纳进行支付。

Step5　出纳开具转账支票并登记支票使用登记簿

第一步，根据支出凭单的信息开具转账支票，检查支票填写无误后加盖公司财务章和法人章。盖章后将转账支票沿虚线撕开，将存根联保存，留待记账时使用。支票联则用于去银行办理业务时使用。转账支票样式见图 4-8。

项目四 固定经营制造企业经营准备阶段工作

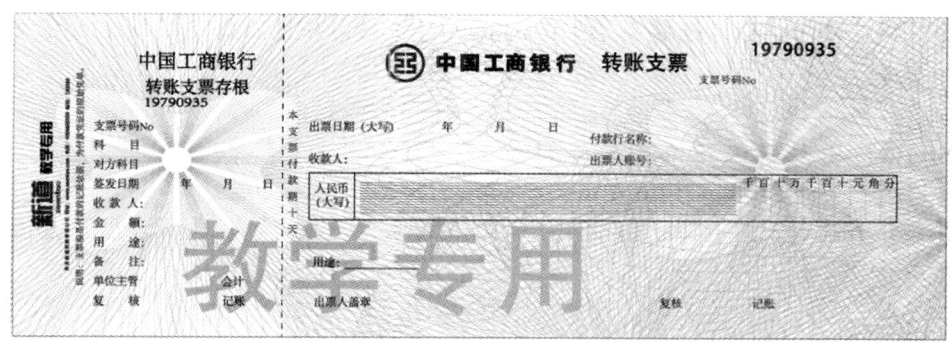

图 4-8 转账支票

转账支票填写规则如下:

(1) 数字必须大小写,不仅是金额,包括日期也需要大写。例如 2019 年 6 月 7 日,则应写成"贰零壹玖年陆月柒日"。

①1 月和 2 月前必须写零字(如 1 月要写成零壹月),3~9 月前零字可写可不写。10~12 月必须写成壹拾月、壹拾壹月、壹拾贰月(前面多写了"零"字也是可以的,比如零壹拾月)。②1~9 日前必须写零字,10~19 日必须写成壹拾日或壹拾 X 日(前面多写了"零"字也认可,如零壹拾伍日)。

(2) 所有内容均不允许有涂改痕迹。其中单位也必须是全称,不可以是缩写或者简写。如果填写错误,必须在支票上写上"作废"两字。填写完毕后,将转账支票沿虚线撕下,存根由财务部留存以待记账,另一部分交给领用人去银行办理转账业务。

第二步,出纳根据签发的支票在支票登记簿上进行登记。支票登记簿见图 4-9。

支 票 登 记 簿

编制日期: 年   月

日 期	用 途	金 额	支票号	部 门	领用人

图 4-9 支票登记簿

其中各个部分信息均按照支票上的内容进行填写，并且需要支票领用人在支票登记簿上签字。

Step6　出纳去银行办理薪资发放

出纳带齐薪资发放资料（包括职工薪酬发放表、转账支票、薪资录盘）去银行办理工资发放。

Step7　银行柜员发放薪酬

收到出纳的职工薪酬发放表，将其导入系统，并在系统中发放薪酬。同时银行柜员将业务回单打印后交给出纳。

Step8　财务会计填写记账凭证

出纳将银行业务回单、转账支票存根、支出凭单交给财务会计，财务会计再根据内容填制记账凭证。本业务为支付工资薪酬，因此会计分录为：

借：应付职工薪酬
　　贷：银行存款

编制完记账凭证后，将原始单据作为附件粘贴在记账凭证的后面，制作完成后将相关单据和记账凭证交给财务部经理审核。

Step9　财务部经理审核记账凭证

财务部经理首先审核财务会计提交的记账凭证，主要是核对记账凭证与原始凭证一致性，待审核无误后在"审核"处签字，然后将审核后的记账凭证交给出纳登记银行日记账。

Step10　出纳登记银行存款日记账

出纳根据审核后的记账凭证登记银行存款日记账，记账后在记账凭证上签字或盖章，将记账凭证交回财务会计登记科目明细账。银行存款日记账与现金日记账格式相同，在此不再赘述。

Step11　财务会计登记科目明细账

财务会计接收出纳交还的记账凭证，根据记账凭证登记科目明细账，记账后在记账凭证上签字或盖章。

项目四 固定经营制造企业经营准备阶段工作

Step12 财务部经理登记总账

财务部经理接收到财务会计交绥的记账凭证,在记账凭证上签字,并根据记账凭证登记科目总账。

【链接】

账务处理程序

账务处理程序也称为会计核算组织程序或会计核算形式,是指会计凭证、会计账簿、会计报表相结合的方式,包括账簿组织和记账程序。不同的企业,采用不同的账簿组织和记账程序,构成不同的账务处理程序。在我国会计核算工作中,常用的账务处理程序主要有:记账凭证账务处理程序、汇总记账凭证账务处理程序、科目汇总表账务处理程序。其中最基本的是记账凭证账务处理程序,其余两种都是在记账凭证账务处理程序基础上发展演变起来的。本实训所涉及的账务处理程序采用的是记账凭证账务处理程序。

采用记账凭证账务处理程序,进行会计核算,其一般步骤见图4-10。

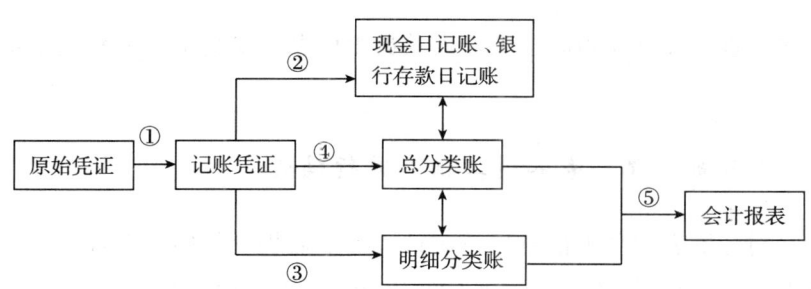

图4-10 记账凭证账务处理程序

第一步:根据原始凭证编制收款凭证、付款凭证和转账凭证;
第二步:根据收款凭证、付款凭证逐笔登记现金日记账和银行存款日记账;
第三步:根据原始凭证和记账凭证,登记各种明细分类账;
第四步:根据记账凭证逐笔登记总分类账;
第五步:期末,现金日记账、银行存款日记账和明细分类账的余额与有关总分类账的余额核对相符。同时根据总分类账和明细分类账的记录,编制会计报表。

在本实训过程中,所有涉及财务处理的任务,都会使用到这一系列账务处理程序。

任务三 个人所得税申报

任务内容：人力资源部需要提交个人所得税申报表，财务部根据相关资料做财务处理，并且代替员工进行个人所得税的网上申报。业务流程见图4-11。

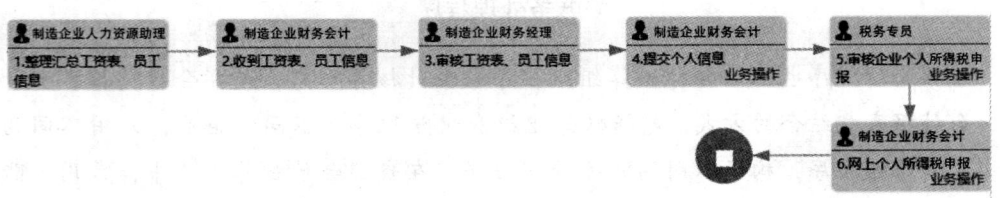

图4-11 个人所得税申报流程

任务步骤：

Step1 人力资源助理整理、汇总工资表及员工信息

人力资源助理需要整理和汇总工资表及员工信息，提交工资表和员工信息给财务会计。

Step2 财务部对工资表和员工信息进行确认

财务会计对工资表和员工信息进行确认，确认后提交给财务部经理。财务部经理收到工资表和员工信息后，审核个人所得税金额，并交给财务会计。

Step3 财务会计提交个人信息

财务会计根据员工信息在VBSE系统中下载导入模板，根据员工信息填写"个人所得税基础信息模板"，并将填好的"个人所得税基础信息模板"导入系统中并提交税务局。

Step4 税务专员审核企业个人所得税申报

税务专员在VBSE系统中审核企业提交的个人所得税申报。

项目四　固定经营制造企业经营准备阶段工作

Step5　财务会计在网上进行个人所得税申报

财务会计在 VBSE 系统中下载"扣缴个人所得税报告表模板",根据工资表和员工信息填写"扣缴个人所得税报告表模板",将填好的扣缴个人所得税报告表模板导入系统中并扣缴个人所得税。

任务四　申报企业增值税

任务内容:财务部经理根据业务流程办理增值税申报。

任务步骤:

Step1　财务部经理填写增值税纳税申报表并在网上申报

财务部经理准备上期的进项税额和销项税额,对其进行汇总和整理。整理完毕在 VBSE 系统中根据确认的金额进行增值税纳税申报。

【链接】

增值税的相关知识

1. 增值税概念:

增值税是以商品(含应税劳务)在流转过程中产生的增值额作为计税依据而征收的一种流转税。从计税原理上说,增值税是对商品生产、流通、劳务服务中多个环节的新增价值或商品的附加值征收的一种流转税。

2. 增值税纳税人

增值税纳税人是指在我国境内销售、进口货物或者提供加工、修理、修配劳务以及应税服务的单位和个人。按照经营规模的大小和会计核算健全与否等标准,增值税纳税人可分为一般纳税人和小规模纳税人。

一般纳税人和小规模纳税人的增值税额计算方式不尽相同,而本实训中的企业都属于一般纳税人,因此在此不再介绍小规模纳税的增值税额计算。

3. 增值税的计算

目前我国增值税纳税人分为两种,分别是一般纳税人和小规模纳税人。两者在经营规模和会计制度建设方面存在一定差异,因此增值税的计算方式也不相同。

一般纳税人当期应纳税额的计算公式如下：

当期应纳增值税＝当期销项税额－当期进项税额

（1）销项税额是指纳税人销售货物或者提供应税服务，按照销售额和增值税税率计算的增值税额。计算公式为：

当期销项税额＝当期不含税销售额×税率

增值税是价外税，因此销售额中不应包含增值税，当销售额为含税销售额时，需要将含税销售额换算成不含税销售额，具体公式为：

不含税销售额＝含税销售额／（1＋增值税税率）

在一般销售行为下，可以按照以上方法确定销售额，但是还有以下8种行为在增值税法中被视同销售行为，也需要征收增值税：①将货物交给他人代销；②代替他人销售货物；③将货物从一地移送至另一地销售（同一县市除外）；④将自产或委托加工的货物用于非应税项目；⑤将资产、委托加工或购买的货物作为对其他单位的投资；⑥将资产、委托加工或购买的货物分配给股东或投资者；⑦将资产、委托加工的货物用于职工福利或个人消费；⑧将自产、委托加工或购买的货物无偿赠送他人。

（2）进项税额是指纳税人购进货物或者接受加工修理修配劳务和应税服务，支付或者负担的增值税税额。

根据税法规定，准予从销项税额当中抵扣的进项税额限于下列增值税扣税凭证上注明的增值税税款和按规定的扣除率计算的进项税额，但是纳税人出现下列情况的，不得抵扣进项税额：①用于非应税项目的购进货物或应税劳务；②用于免税项目的购进货物或应税劳务；③用于集体福利或者个人消费的购进货物或应税劳务；④非正常损失的购进货物；⑤非正常损失的在产品、产成品所耗用的购进货物或应税劳务；⑥税法规定的其他情形。

进项税额的计算分为凭票抵扣和计算抵扣。所谓凭票抵扣，是指可以凭据增值税专用发票的抵扣联，或者用海关专用缴款书上所记载的进项税额进行申报抵扣。计算抵扣是指增值税法规定按照一定方法计算出的进项税额准予抵扣。例如，纳税人购进免税农产品所支付给农业生产者或者小规模纳税人的价款，取得经税务机关批准使用的收购凭证上注明的价款按10%抵扣进项税额。

4. 增值税计算举例

A公司是增值税一般纳税人，适用的税率是13%。6月份A公司购买甲产品支付货款20 000元，增值税发票上显示进项税额2 600元，取得增值税专用发票。销售甲产品含税销售额为33 900元。

进项税额＝2 600元

销项税额＝33 900／（1＋13%）×13%＝3 900（元）

项目四 固定经营制造企业经营准备阶段工作

当期应纳增值税额 = 3 900 - 2 600 = 1 300（元）

在本实训中，财务部经理需要准备本企业当期销售额以及进项税额等资料，并根据收集的资料进行税务申报。

Step2 税务专员审核企业增值税申报

税务专员需要在 VBSE 系统中审核企业提交的增值税申报。

任务五 申请办理 ISO9000 认证

任务内容：生产计划部经理为了开发公司产品，符合产品在市场销售中的要求，提高产品在市场中的竞争能力，需要向服务公司进行 ISO9000 认证申请。制造企业收到服务公司开具的 ISO9000 认证发票后，对付款进行审核并做相关的账务处理。具体流程图见图 4-12。

图 4-12 申请办理 ISO9000 认证流程

任务步骤：

Step1 生产计划部经理填写 ISO9000 认证申请

生产计划部经理根据公司的经营策略，填写办理 ISO9000 认证申请，并将认证申请表交给总经理审核。ISO9000 申请表见图 4-13。

其中公司信息据实填写，生产计划部经理还需填写主要产品的名称、用途和年产量等信息。填写完毕后交企管部进行审核。

Step2 企管部对 ISO9000 认证申请表进行审核并盖章

总经理收到申请后，对照公司的经营计划、产品发展方向及产品规格，审核办理 ISO9000 认证的合理性。审核认证申请表上的信息是否正确，审核无误后签字确认，并交由行政助理盖章。

ISO9000/ISO14000 质量/环境管理体系认证申请表

表格编号：

受审核方	组织名称				
	地址				
	管理者代表		电话		
	组织性质		行业类型/组织机构代码		
	联系人		部门		
	电话		传真		
	邮编		E-mail		
	员工总数	（人）	厂区面积	DJ0216	（平方米）
	总投资	（万元）	环保投资		（万元）
受审核方基本信息	主要产品名称，用途，年产量				

申请认证范围：	
希望何时开始审核：	
是否有多个认证地点：	○是　　○否

声明：　本人郑重声明：对于以上所填内容全部认可，并保证所提供的认证申请资料是真实可靠的。

受审核方代表　　　　　　　　　　　　　　　年　月　日

图 4-13　认证申请表格式

行政助理收到总经理发送的认证申请表后，查看总经理的审核批复及签字。查看无误后在认证申请表上盖公司公章。

Step3　生产计划部经理办理 ISO9000 认证

接收到行政助理发送的认证申请表后，到服务公司通知服务公司办理生产许可证。

Step4　服务公司为公司办理认证

服务公司业务员收到制造企业生产计划部经理提交的 ISO9000 认证申请单，接收申请，并为企业办理 ISO9000 认证。

Step5　生产计划员去服务公司领取 ISO9000 认证发票

生产计划员要去服务公司那里签订 ISO9000 委托认证合同，并经过认证后，领取

项目四　固定经营制造企业经营准备阶段工作

服务公司开来的 ISO9000 认证的发票。

Step6　服务公司业务员开具 ISO9000 认证发票

服务公司业务员根据 ISO9000 认证的金额和制造业生产计划员提供的企业信息开具增值税专用发票。将增值税专用发票发票联和抵扣联交给生产计划员，最后将增值税专用发票记账联备案留档。

【链接】

增值税发票

增值税专用发票是由国家税务总局监制印制的，只限于增值税一般纳税人领购使用的，既作为纳税人反映经济活动中的重要会计凭证，又是兼记销货方纳税义务和购货方进项税额的合法证明；是增值税计算和管理中重要的决定性的合法的专用发票。增值税专用发票见图 4-14。

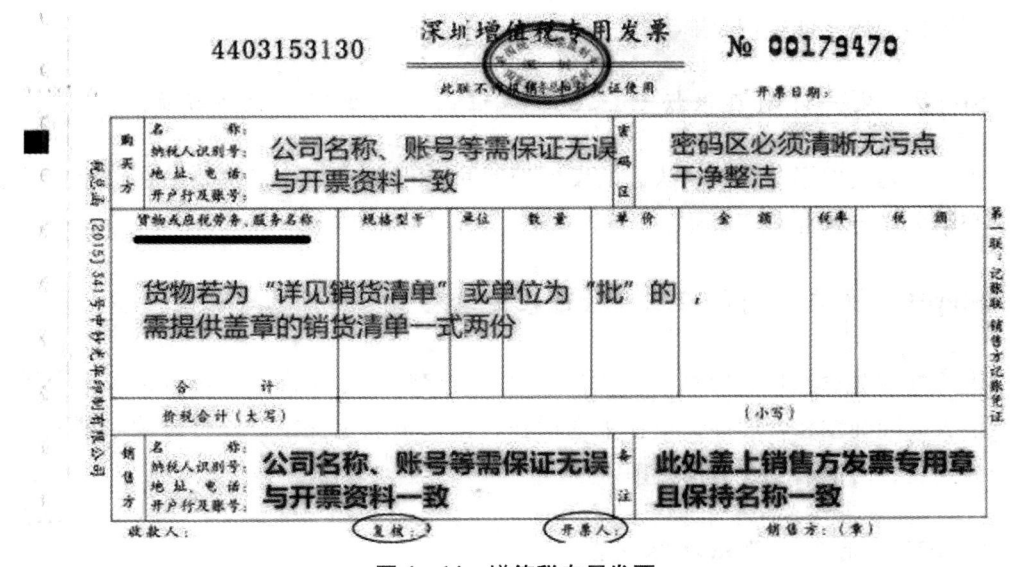

图 4-14　增值税专用发票

增值税专用发票基本由三联组成：

第一联：记账联。记账联是销货方发票联，是销货方的记账凭证，也就是销售方作为销售货物的原始凭证，在票面上的"金额"指的是销售货物的"不含税销售额"，"税额"指的是"销项税额"，销项税额是按照不含税销售额乘以税率计算得出的。

第二联：抵扣联。抵扣联是购买方用来进行抵扣税额的，属于购买方的进项税额。

第三联：发票联。购货方用来记账。

发票三联是具有复写功能的，因此销售方只需要填写一次，将抵扣联和发票联一起交给购买方就可以了。同时每一联的名字都列在专用发票的最右侧。

Step7　生产计划员收取ISO9000认证发票

生产计划员从服务公司收取ISO9000认证费用专用发票并登记备案。再将ISO9000认证费用专用发票送到本企业的财务会计处并登记发票。

Step8　财务部对发票进行会计处理

财务会计收到生产计划员提交的ISO9000认证费用专用发票后，根据专用发票填制记账凭证。记账凭证制作完成后交给财务部经理进行审核。财务部经理审核记账凭证并对照相关附件检查是否正确，审核无误后在记账凭证上签字盖章，将记账凭证交由财务会计登记科目明细账，并在记账凭证上签字盖章。再交给财务部经理，由财务部经理根据记账凭证登记总账。

Step9　生产计划员根据ISO9000认证的发票填写付款申请表

生产计划员根据ISO9000认证的发票填写付款申请表，并将发票粘在付款申请表后，交给生产计划部经理审核。

Step10　生产计划部经理审核付款申请表

生产计划部经理收到付款申请表后，查看ISO9000认证合同的执行情况，审核付款申请表的准确性和合理性，审核无误后在付款申请表上签字，并将付款申请表交给生产计划员，由他送交财务部经理审核。

Step11　财务部开出转账支票

财务部经理收到经过生产计划部经理审核过的付款申请表，对申请表中的准确性和合理性进行审核，审核无误后在付款申请表上签字，再交给出纳填写支票。出纳依据审核通过的付款申请单填写转账支票。支票填写格式见图4-15。

项目四 固定经营制造企业经营准备阶段工作

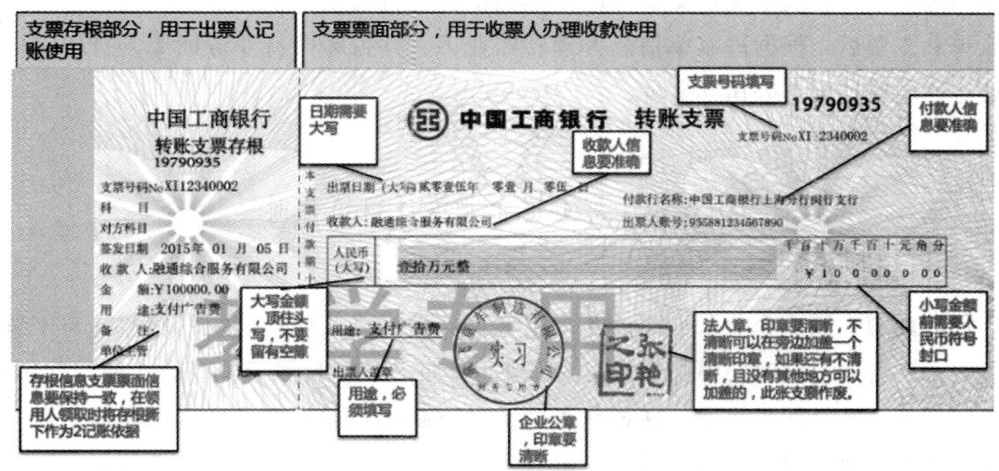

图 4-15 支票填写格式

值得注意的是，如果支票填写错误之后，是不能进行涂改的，需要重新填一张新支票；填写错误的支票，需要在票面上写上"作废"两个字，且要保持支票的完整性，存根与票面最好保留在一起。

出纳填写完支票后，交由财务部经理审核，主要审核 ISO9000 认证发票和支票填写的内容是否正确，确认无误后加盖财务专用章和法人章，并将转账支票交给出纳，出纳填写支票登记簿，将支票正联交给生产计划员，存根留待进行财务处理。同时让生产计划员在支票登记簿上签收。

Step12　财务部做账务处理

财务部接收到出纳交来的 ISO9000 认证发票的付款申请单，与 ISO9000 认证发票进行核对，再根据付款申请表及支票金额编制记账凭证，编制完成后，将记账凭证送财务部经理审核。财务部经理审核无误后，在记账凭证上签字并将其交给出纳，作为记账依据。出纳根据记账凭证登记银行存款日记账，同时在记账凭证上签字，再将记账凭证交财务会计登账。

财务会计根据记账凭证登记科目明细账，在记账凭证上签字后交财务部经理登记总账。财务部经理收到记账凭证后，根据信息登记科目总账，并在记账凭证上签字。最后将记账凭证归档。

Step13　生产计划员支付转账支票

生产计划员将转账支票送至服务公司，服务公司总经理收到支票后，根据转账支票填写进账单，并携带转账支票与进账单到银行进行转账。银行柜员收到服务公司的进账单和支票后，根据进账单信息办理转账业务，并打印银行业务回单，打印完毕后将业务回单交给服务公司办事员。

任务六 与工贸企业签订购销合同

任务内容：制造企业采购部为了规范商业经营活动，保证公司的利益，与工贸企业签订采购合同，同时要根据公司的流程进行审批。该项目属于少有的几种交互任务，即一项任务会涉及两个企业。在该任务中，对于制造企业来讲是采购原材料，而对于工贸企业来说属于销售货物。因此一定注意在任务进行操作过程中，必须保证制造企业的采购部和工贸企业的销售部做一定的任务交流，否则埋头只看本公司任务栏的话，有可能会出现无法将任务进行下去的现象。

需要注意的是，在实训中，这件项目并没出现在同一件任务中，而是涉及四个任务，每一个任务的发起人并不完全相同，因此任务的先后顺序很重要，要具有逻辑关系，不能将实训任务的操作顺序搞混，具体流程图见图4-16。

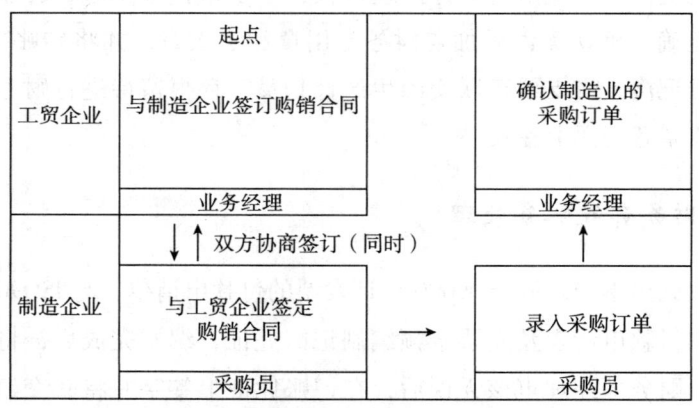

图4-16 签订购销合同流程

Step1 制造企业采购员填写购销合同和会签单

采购员先根据采购计划选择合适的工贸企业，沟通采购细节的内容；然后根据细节内容填写购销合同，一式两份；同时填写合同会签单。

需要强调的是，在本虚拟实训中，所有的购销合同都是由采购方填写合同，在合同上签字盖章后再送给销售方签字盖章。另外，合同需要一式两份，填写完合同后，还要根据相关信息填写合同会签单。

项目四　固定经营制造企业经营准备阶段工作

Step2　制造企业各部门在合同会签单上签字

采购部经理收到采购员提交的购销合同及合同会签单,对购销合同内容的准确性和合理性进行审核,审核无误后在合同会签单上签字确认,同时将购销合同和合同会签单发送给财务部经理。

财务部经理同样也是对购销合同进行审核,无误后在合同会签单上签字,同时将购销合同及合同会签单交到总经理。总经理再次进行审核审核无误后,在合同会签单上和购销合同上签字,并将其交给行政助理在合同上盖公司公章。

注意:购销合同只有总经理需要签字,其他部门只需要在合同会签单上签字就可以了。

Step3　制造企业行政助理在购销合同上盖章

行政助理收到总经理发送的购销合同和合同会签单后,检查合同会签单总经理是否签字,确认无误后给合同盖章。需要注意的是,合同在盖章时需要注意:第一,合同盖章可以是单位的公章,也可以是合同专用章,但是不能加盖单位的内部职能科室的印章,只有公章和合同专用章才能对外。第二,盖章时要注意不能将领导的签字盖住。最重要的是日期、签名、名称,都需要盖章。第三,要盖上骑缝章。所谓的骑缝章,是指当需要盖章的文件有许多页纸的时候,为了避免有人换掉其中几页纸,但又不想每页都去盖章,就可以把文件几页纸章的边缝连在一起盖章。盖章完毕后将购销合同发送给采购员。

Step4　制造企业采购员登记采购合同执行情况表

采购员收到行政助理发送的购销合同后,根据与工贸企业签订好的购销合同,登记采购合同执行情况表。再将购销合同送交工贸企业。由工贸企业盖章后,一份由合同工贸企业自己留存,另外一份由制造企业采购员带回制造企业留存。

Step5　工贸企业业务经理收到购销合同,填制合同会签单

工贸企业业务经理依据收到的购销合同,填写合同会签单,填好后交给财务部经理审核。财务部经理审核合同的准确性和合理性,审核无误后在会签单上签字,并交给总经理审核。总经理进一步审核购销合同内容,无误后在会签单上签字,交给行政经理。行政经理检查合同会签单上的签字是否完整,检查无误后在购销合同上盖章,并在公章印鉴使用登记表上登记并签字,同时要更新购销合同管理表。所签订的一式两份的购销合同,将其中一份购销合同与合同会签单一并进行归档,另外一份交给制

造企业采购员。

Step6 制造企业采购员在系统中录入采购订单

采购员根据制造企业与工贸企业签订好的购销合同，将采购订单信息录入 VBSE 系统，并通知供货方确认订单。注意在实训过程中，采购员录入完毕后，需要去找到供货方告知其确认订单。

Step7 制造企业录入采购订单

制造企业采购员收到与工贸企业签订好的购销合同，将采购订单信息录入 VBSE 系统中，并通知供货方确认订单。

Step8 工贸企业确认制造企业的采购订单

工贸企业的业务经理在系统中确认制造企业的采购订单，并根据订单信息填写销售订单。

任务七 编制需求表

任务内容：该内容根据公司目前已经收到的订单和对未来销售的预测，整理未来的一个销售数量。再根据销售需求，再编制主生产计划来安排产品的生产，最后还要编制物料净需求计划，也就是生产产品过程中所需要购买的原材料的种类和数量。这项任务的目的主要是为了保证企业后续可以顺利交货。该任务包括几项分任务，分别是整理销售需求、编制主生产计划和物料净需求计划。具体流程见图 4-17。

图 4-17 编制需求

Step1 销售专员编制销售订单汇总表

销售专员根据销售订单和销售预测整理编制销售订单汇总表（一式两份，分别由生产计划部和营销部留存）。编制完成后交由销售部经理审核。销售订单汇总表具体格式见图 4-18，其中每一栏信息都在购销合同中有，必须要仔细填写，因为后边的物料需求表的编制都需要用到此表中的信息。

项目四 固定经营制造企业经营准备阶段工作

销售订单汇总表

编制日期：　　年　月　日

产品名称	数量	单位	合同约定交货日期	货品型号

第一联：营销部留存

图4-18 销售订单汇总表

Step2 销售部经理审核销售订单汇总表

销售部经理收到销售专员编制的销售订单汇总表后，根据市场状况进行审核，检查无误后签字并返回给销售专员。

Step3 销售专员下发销售订单汇总表

销售专员将销售经理审核过的销售订单汇总表中的生产计划部留存联送至生产计划部生产计划员并签收，因为主生产计划表的编制主要依靠的就是销售数量，所以必须要在生产计划部进行留存。同时为了作为采购部的编制采购计划的整体指导，销售专员再将销售部经理审核过的销售订单汇总表送到采购部的采购员并签收。

Step4 生产计划员编制主生产计划

生产计划员依据接收的销售订单汇总表，结合各车间的生产能力、产品库存状况编制主生产计划表。编制完成后将主生产计划表交车间管理员核验，然后交由生产计划部经理审批。

【链接】

主生产计划表编制

主生产计划是计划系统的一个部分。主生产计划的实质是保证销售规划和生产规划对规定的需求（需求什么、需求多少和什么时候需求）与所使用的资源取得一致。主生产计划考虑了经营规划和销售规划，使生产规划同它们相协调。它着眼于销售什么和能制造什么，这就能为车间制订一个合适的"主生产进度计划"，并且以主能力数据调整这个计划，直到负荷平衡。

在本实训中，编制主生产计划是难点。在这里着重解析一下编制主生产计划的步骤，主生产计划计算表的编制步骤见图 4-19。

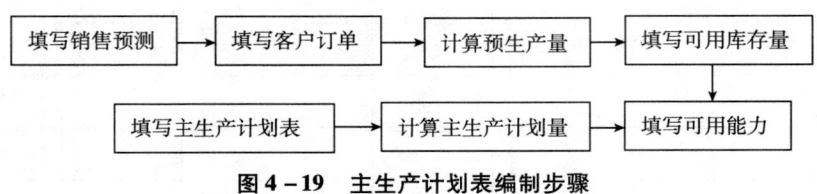

图 4-19　主生产计划表编制步骤

第一步：销售预测。这一部分数据来源于营销部市场专员读懂期初数据中的销售预测表，我们以图 4-20 中的数据作为例子，来讲解主生产计划表的填写步骤。

年份产品	2011 年						2012 年		
	7月	8月	9月	10月	11月	12月	1月	2月	3月
经济童车				4 000	5 000	5 000	6 000	5 000	7 000
舒适童车									
豪华童车									

图 4-20　销售预测表

依据图 4-20 中的数据，主生产计划计算表的销售预测行就可以填制了，见图 4-21。

项目四　固定经营制造企业经营准备阶段工作

主生产计划计算表

制表部门：生产计划部　　　安全库存：2 000 辆
产品名称：经济童车　　　　期初库存：2 000 辆

月份	1	2	3	4	5	6	7	8	9	10	11	12	1	2	3
销售预测										4 000	5 000	5 000	6 000	5 000	7 000
客户订单															
预生产量															
期初库存															
安全库存															
可用库存															
可用能力															
主生产计划量															

图 4 – 21　主生产计划计算表（1）

第二步：填写客户订单。销售部与旭日贸易公司、华晨商贸城签订购销合同后，营销部将合同内容填写在销售订单汇总表中，见图 4 – 22。

产品名称	数　量	交货日期
经济童车	4 000	2011 – 10 – 28
经济童车	5 000	2011 – 11 – 28
经济童车	6 000	2011 – 12 – 28

图 4 – 22　销售订单汇总表

依据销售订单汇总表，填写主生产计划计算表，见图 4 – 23。

主生产计划计算表

制表部门：生产计划部　　　　安全库存：2 000 辆

产品名称：经济童车　　　　　　期初库存：2 000 辆

月份	1	2	3	4	5	6	7	8	9	10	11	12	1	2	3
销售预测										4 000	5 000	5 000	6 000	5 000	7 000
客户订单										4 000	5 000	6 000			
预生产量															
期初库存															
安全库存															
可用库存															
可用能力															
主生产计划量															

图 4-23　主生产计划计算表（2）

第三步：计算预生产量。预生产量需要取销售预测和客户订单中较大者，所以主生产计划计算表预生产量填制见图 4-24。

主生产计划计算表

制表部门：生产计划部　　　　安全库存：2 000 辆

产品名称：经济童车　　　　　　期初库存：2 000 辆

月份	1	2	3	4	5	6	7	8	9	10	11	12	1	2	3
销售预测										4 000	5 000	5 000	6 000	5 000	7 000
客户订单										4 000	5 000	6 000			
预生产量										4 000	5 000	6 000	6 000	5 000	7 000
期初库存															
安全库存															
可用库存															
可用能力															
主生产计划量															

图 4-24　主生产计划计算表（3）

项目四 固定经营制造企业经营准备阶段工作

第四步：填写可用库存量。可用库存量＝期初库存－安全库存，所以填制主生产计划计算表见图4-25。

主生产计划计算表

制表部门：生产计划部　　　　　安全库存：2 000 辆
产品名称：经济童车　　　　　　期初库存：2 000 辆

月份	1	2	3	4	5	6	7	8	9	10	11	12	1	2	3
销售预测										4 000	5 000	5 000	6 000	5 000	7 000
客户订单										4 000	5 000	6 000			
预生产量										4 000	5 000	6 000	6 000	5 000	7 000
期初库存										2 000	2 000	2 000	1 000	2 000	2 000
安全库存										2 000	2 000	2 000	2 000	2 000	2 000
可用库存															
可用能力															
主生产计划量															

注意：表中1月份的期初库存是1 000，是因为12月份客户订单是6 000，但是制造企业的可用能力是5 000，因此导致使用期初库存为1 000。

图4-25　主生产计划计算表（4）

第五步：根据生产可用能力填写主生产计划计算表，见图4-26。

主生产计划计算表

制表部门：生产计划部　　　　　安全库存：2 000 辆
产品名称：经济童车　　　　　　期初库存：2 000 辆

月份	1	2	3	4	5	6	7	8	9	10	11	12	1	2	3
销售预测										4 000	5 000	5 000	6 000	5 000	7 000
客户订单										4 000	5 000	6 000			
预生产量										4 000	5 000	6 000	6 000	5 000	7 000
期初库存										2 000	2 000	2 000	1 000	2 000	2 000
安全库存										2 000	2 000	2 000	2 000	2 000	2 000
可用库存										0	0	0	-1 000	0	0
可用能力										5 000	5 000	5 000	7 000	7 000	7 000
主生产计划量										4 000	5 000	5 000	7 000	5 000	7 000

图4-26　主生产计划计算表（5）

第六步：填制主生产计划表。将主生产计划计算表中的主生产计划量填制在主生产计划表中。主生产计划表见图4-27。

月份	7	8	9	10	11	12	1	2	3
经济童车				4 000	5 000	5 000	7 000	5 000	7 000
舒适童车									
豪华童车									

图4-27 主生产计划表

Step5　车间管理员核验主生产计划表

车间管理员根据车间产能检查主生产计划是否可行，因为系统里对于产能是有限制的，如果生产计划超过了产能，是不能保证按时交付订单的，因此生产计划必须和产能相匹配。车间管理员核对准确后签字交还给生产计划员。

Step6　生产部经理审批主生产计划

生产管理员将车间管理员核验过的主生产计划交给生产部经理，生产部经理审批该生产计划，检查无误后签字并交还给生产计划员。

Step7　生产计划员编制物料净需求计划

生产计划员根据主生产计划、物料库存和物料清单（BOM），通过填制物料需求计算表进行物料净需求计算。物料需求计算表见图4-28。

项目	月份		8	9	10	11	12	1	2	3
童车	净需求=主生产计划表									
	下达生产订单									
车架	总需求=童车生产订单 下达量物料用量									
	减:可用库存	期初库存								
		减:安全库存								
		等于:可用库存								
	净需求									

项目四 固定经营制造企业经营准备阶段工作

续表

项目	月份		8	9	10	11	12	1	2	3
车篷	总需求 = 童车生产订单下达量物料用量									
	减:可用库存	期初库存								
		减:安全库存								
		等于:可用库存								
	净需求									
车轮	总需求 = 童车生产订单下达量物料用量									
	减:可用库存	期初库存								
		减:安全库存								
		等于:可用库存								
	净需求									
包装套件	总需求 = 童车生产订单下达量物料用量									
	减:可用库存	期初库存								
		减:安全库存								
		等于:可用库存								
	净需求									
车架	生产订单完工									
钢管	总需求 = 童车生产订单下达量物料用量									
	减:可用库存	期初库存								
		减:安全库存								
		等于:可用库存								
	净需求									
坐垫	总需求 = 童车生产订单下达量物料用量									
	减:可用库存	期初库存								
		减:安全库存								
		等于:可用库存								
	净需求									

图 4-28 物料需求计划计算表

在教材的项目二中就介绍过企业的产成品所需要的原材料,以及一辆经济型童车需要的原材料。这些原材料的名称以及他们之间的数量关系见图4-29。

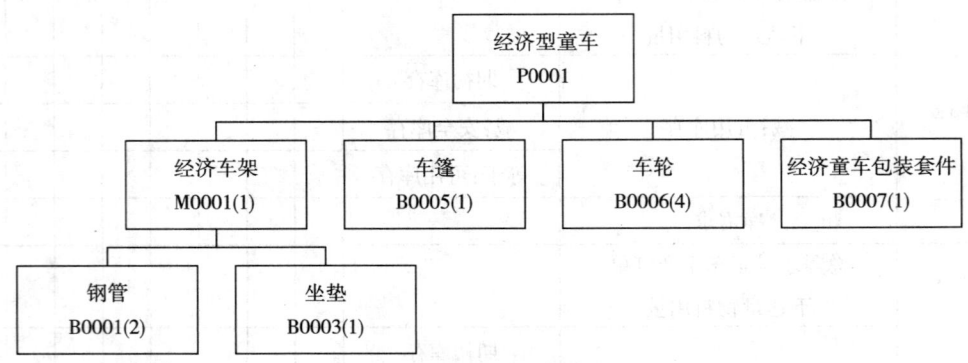

图4-29 经济型童车原材料

需要按照这种数量关系来计算生产产品所需要的原材料。例如,如果需要生产经济型童车100台,那就需要100台经济型车架、车篷、包装套件以及400个车轮。而100台经济型车架需要200根钢管和100个坐垫。按照这种数量关系就可以填写出表里每个物料的总需求。总需求填写完毕以后,还需要再进一步计算各种物料的净需求。公式为:

净需求 = 总需求 - 可用库存

按照以上的逻辑关系编制了物料计划计算表后,就可以进一步编制物料净需求计划表了,格式见图4-30。

指标部门:
单据编号:

物料名称	8月	9月	10月	11月	12月	1月	2月	3月

图4-30 物料净需求计划表

这张表完全可以按照物料需求计划计算表中的结果填制完成。填制完成后将物料净需求计划表送车间管理员校对,再送生产计划部经理审批。注意这张表共有两联,第一联是生产计划部留存,第二联是采购部留存。

Step8 生产计划部经理审核物料净需求计划

生产计划部经理收到生产计划员的物料净需求计划后,核对计算是否正确,审核物料净需求计划中物料需求时间与数量是否与主生产计划一致。确认后批准交还给生产计划员。

Step9 生产计划员将物料净需求计划送交相关部门

生产计划员拿到物料净需求计划表后,将第一联留下为生产计划员用来安排生产,第二联送采购部经理以便其安排采购。

【链接】

预算编制的相关知识

预算是企业在预测、决策的基础上,以数量和金额的形式反映企业未来一定时期内经营、投资、财务等活动的具体计划,是为实现企业目标而对各种资源和企业活动的详细安排。

企业对于预算的编制要从年度预算目标开始确立。预算目标源于战略规划、受制于年度经营计划,是运用财务指标对企业及下属单位预算年度经营活动目标的全面、综合的表述。作为预算管理工作的起点,预算目标是预算机制发挥作用的关键。

通过目标利润预算确定利润目标以后,就可以此为基础,编制全面预算。全面预算的编制应当以销售预算为起点,根据各种预算之间的勾稽关系,按照顺序从前往后逐步进行,直至编制出预计财务报表。本任务中所编制的就与预算相类似,但是并没有全面预算,只是对销售和生产、材料采购做了预算编制。

(1) 销售预算。销售预算是在销售预测的基础上,根据企业年度目标利润确定的预计销售量、销售单价和销售收入等参数编制的,用于规划预算期销售活动的一种业务预算。在编制过程中,应根据年度内各季度市场预测的销售量和单价,确定预计销售收入。因此根据销售预测确定的销售量和销售单价确定各期销售收入,是销售预算的核心问题之一。由于企业其他预算的编制都必须以销售预算为基础,因此,销售预算是编制全面预算的起点。

(2) 生产预算。生产预算是规划预算期生产数量而编制的一种业务预算,它是在销售预算的基础上编制的,可以作为编制材料采购预算的依据。编制生产预算的主要依据是预算期各种产品的预计销售数量及存货期初期末资料。具体计算公式为:

预计生产量＝预计销售量＋预计期末结存量－预计期初结存量

生产预算的要点是确定预算期的产品生产量和期末结存产品数量，前者为编制材料预算、人工预算、制造费用预算等提供基础，后者是编制期末存货预算和预计资产负债表的基础。

（3）材料采购预算。材料采购预算是为了规划预算期材料消耗情况及采购活动而编制的，用于反映预算期各种材料消耗量、采购量、材料消耗成本和材料采购成本等计划信息的一种业务预算。依据预计产品生产量和材料单位耗用量，确定生产需要耗用量，再根据材料的期初期末结存数量，确定材料采购量，最后根据采购材料的付款，确定现金支出情况。

某种材料耗用量＝产品预计生产量×单位产品定额耗用量

某种材料采购量＝某种材料耗用量 ＋ 该种材料期末结存量－该种材料期初结存量

材料采购预算的要点是反映预算期材料消耗量、采购量和期末结存数量，并确定各预算期材料采购现金支出。材料期末结存量的确定可以为编制期末存货预算提供依据，现金支出可以为编制现金预算提供数据。

在本实训中只需要做到物料净需求计划表，即材料采购预算，但是企业中的全面预算还应当包括直接人工预算、制造费用预算、单位生产成本预算、销售及管理费用预算、专门决策、现金预算和预计利润表、资产负债表。

任务八　签订代发工资协议

任务内容：制造企业、工贸企业或者商贸企业与银行签订代发工资合作协议，由银行按照双方约定的时间统一发放工资给本企业的各个员工。具体流程见图4-31。

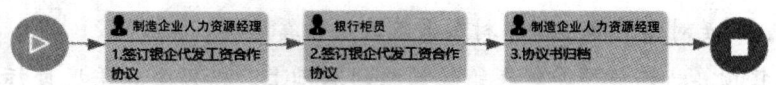

图4-31　签订代发工资协议流程

Step1　人力资源经理签订银行代发工资合作协议

人力资源经理整理资料，需要带齐营业执照、公章准备签订银企代发工资合作协议。到银行签订银企代发工资合作协议，并加盖单位公章。合作协议一式两份，均需盖单位公章。

项目四 固定经营制造企业经营准备阶段工作

Step2 银行柜员签订银企代发工资合作协议

银行柜员核对协议内容是否填写完整、规范，检查无误后要在合作协议上签字盖章。将一份交给客户，另一份银行留存。

Step3 人力资源经理将协议书归档

人力资源经理收到银行签字盖章的银企代发工资合作协议后，进行归档。

注意以上步骤是以制造企业来进行举例，如果是工贸企业或商贸企业的话，就应该由行政经理去银行办理相关业务。

任务九　签订社保公积金委托收款及同城委托扣税协议

任务内容：各公司与银行签订委托银行代收社保公积金协议，同时财务部经理与银行签订授权划缴税款协议，代理本企业缴纳税款；具体流程见图4-32。

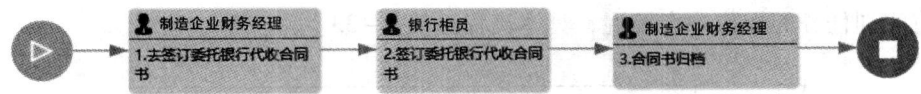

图4-32　签订委托银行代收合同流程

Step1 制造企业财务部经理签订委托银行代收合同书

财务部经理去银行领取《委托银行代收合同书》和《授权划缴税款协议书》，合同书与协议书分别是一式三份。领取合同与协议书后按照要求进行填写，并加盖单位公章。由行政助理加盖公章时，要复习合同盖章的相关注意事项。盖章后财务部经理将合同书和协议书送交银行办理委托收款和授权扣缴税款的业务。

Step2 银行柜员签订委托银行代收合同书及授权划缴税款协议书

银行柜员收到《委托银行代收合同书》和《授权划缴税款协议书》后，核对内容是否填写完整、规范，审核无误后在合同书和协议书上签字盖章。将委托银行代收合同一份交还给制造企业财务部经理，一份自己留存，一份交给人社局，将授权划缴税款协议书一份交还给制造企业财务部经理，一份自己留存，一份交给税务局。

Step3 财务部经理收到银行签字盖章的委托银行代收合同书和授权划缴税款协议书后,将其归档。

以上业务是以制造企业为例编写的,而工贸企业和商贸企业也有同样的业务要求,但是不是由财务部经理发起任务,而是行政助理开始发起任务,增加了申请使用公司印章的实训任务。

任务十 制造企业销售货物给商贸企业

任务内容:销售部为了开展商业活动,保护公司利益,与经销商签订购销合同,完成销售订单的确认。这项任务是制造企业与商贸企业之间的交互任务,需要两类企业互相沟通,在实训过程中,尤其注意不能各自为政,只关心本企业的业务,因为这项任务如果不与对方合作,那就无法将任务顺利进行下去。

需要注意的是,在实训中,这件项目并没出现在同一件任务中,而是涉及四个任务,每一个任务的发起人并不完全相同,因此任务的先后顺序很重要,具有逻辑关系,不能将实训任务的操作顺序搞混,具体流程见图4-33。

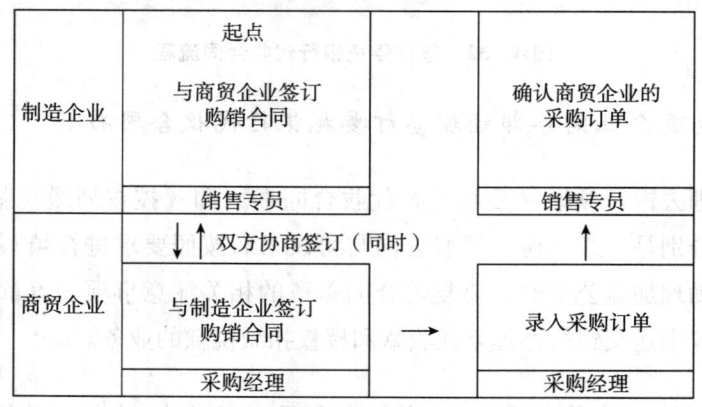

图 4-33 签订购销合同流程

Step1 商贸企业采购经理填写购销合同、合同会签单

制造企业销售货物给商贸企业,这一项任务的发起人是商贸企业的采购经理,因为从商贸企业的角度来看这项行为,是属于购入货物。值得注意的是,这份购销合同虽然是商贸企业填写的,但是需要事先与制造企业达成共识才可以进行填写。商贸企业采购经理根据固定数据填写购销合同以及合同会签单,并将其送交财务部经理审核。

项目四　固定经营制造企业经营准备阶段工作

注意，购销合同一式两份。

Step2　商贸企业财务部经理审核文件

商贸企业经理收到采购经理交给的购销合同及合同会签单，审核合同内容的准确性和采购数量的合理性，审核无误后在合同会签单上签字，并将购销合同与会签单送至总经理审核。

Step3　商贸企业总经理审核文件并盖章

商贸企业总经理审核购销合同的条款、期限、付款信息等是否符合公司要求，若符合要求则在合同会签单上签字，签字完毕将审核通过后的购销合同和合同会签单一同送至行政经理处盖章。行政经理接到审核过的合同会签单，在购销合同上加盖公章，同时在公章印鉴使用登记表上登记并签字。行政经理更新合同管理表——购销合同，更新完毕将合同交给采购经理。

Step4　商贸企业采购经理进行合同登记

商贸企业采购经理将盖章的购销合同登记，并将购销合同交给制造企业的销售专员。采购经理同时更新采购合同执行情况表。

Step5　制造企业与商贸企业（经销商）签订购销合同

制造企业销售专员收到商贸企业的购销合同，同时根据合同填写合同会签单，并将购销合同与合同会签单送交销售部经理审核。销售部经理接收到销售专员交给的购销合同和会签单后，审核合同内容填写的准确性和合理性，并在会签单上签字确认。财务部经理接收到销售经理交给的购销合同及会签单后，审核合同内容无误后在会签单上签字确认，再转交给总经理。总经理同样进行最后的内容审核，检查无误后在会签单上签字确认，并交给行政助理。行政助理将合同会签单归档，并在两份购销合同上加盖公章，然后一份合同与会签单一起归档，另一份交给销售专员，由销售专员转交给商贸企业。销售专员还需要对购销合同进行登记并更新销售合同执行情况表。

Step6　商贸企业录入采购订单

商贸企业采购经理根据与制造企业签订好的购销合同，在 VBSE 系统中填写采购订单。

Step7 制造企业确认商贸企业的采购订单

制造企业销售专员根据与商贸企业签订好的购销合同，在系统中确认经销商的采购订单，并根据系统中的采购订单信息填写销售订单。

对于这一项任务，商贸企业和制造企业签订购销合同，站在不同企业角度来看这件事情是不一样的业务。对于制造企业来说，这是一笔销售业务；对于商贸企业来说，这是一笔采购业务。因此我们在这里统一写购销合同，但是对于参与实训的人员来说，需要明白到底对于本企业是销售还是采购。否则很容易搞乱。

项目五　固定经营月初经营阶段实务训练

在上一项目已经将制造企业的月初经营准备工作进行了介绍，并且已经进行了固定经营准备阶段的工作，在这一项目中，就可以进行月初经营了。

该阶段的业务主要分为五个主题。第一个是采购主题。在准备阶段，制造企业已经和工贸企业签订了购销合同，制造企业向工贸企业购买原材料。在月初经营阶段，工贸企业通过物流公司向制造企业发货，并开具出发票。第二个是销售主题。在准备阶段，已经和商贸企业签订了购销合同，也就是制造企业销售货物给商贸企业。因此，在月初经营阶段，制造企业需要通过物流公司给商贸企业发货，同时开具发票。第三个是生产主题。在月初生产计划部已经根据销售预测编制了物料净需求计划，因此在月初经营阶段需要进行生产，也就是派工领料生产车架和童车的实训任务。第四个是人力资源管理主题。在这一阶段人力资源部涉及的任务并不多，仅有缴纳个人所得税以及扣缴制造企业五险一金的两个任务。第五个是财务主题。财务部门的任务一般集中在月初和月末，因此在经营阶段任务并不多，仅有缴纳企业增值税的实训任务。

该阶段是一个开始经营的一个阶段，在这一阶段里需要重点注意的任务是生产计划部开始投产，以及销售主题和采购主题中的任务，因为销售主题和采购主题中的任务是需要与物流企业和工贸企业、商贸企业进行合作完成，因此交互任务在操作中要格外注意流程的逻辑顺序。

任务一　工贸企业给制造企业发货

任务内容：在准备阶段，制造企业和工贸企业签订了采购合同。到月初后，制造企业就要和工贸企业就采购行为进行下一步业务。也就是工贸企业要根据订单准备向制造企业发货。该任务想要完成会涉及工贸企业、制造企业和物流公司。在 VBSE 系统中，工贸企业给制造业发出货物并不是一个任务，而是分成了八个独立任务，并且这八个任务的发起人都不太相同。同时每一个人任务之间还存在着一些逻辑顺序，比如物流公司与制造企业必须要先签订运输合同，然后物流公司才可以承担运输的业务。

因此这些业务虽然是归属于不同的企业，但都是围绕着工贸企业为制造企业发货这一主题进行的，因此万万不可单独完成任务。这八项任务的逻辑关系见图 5-1。

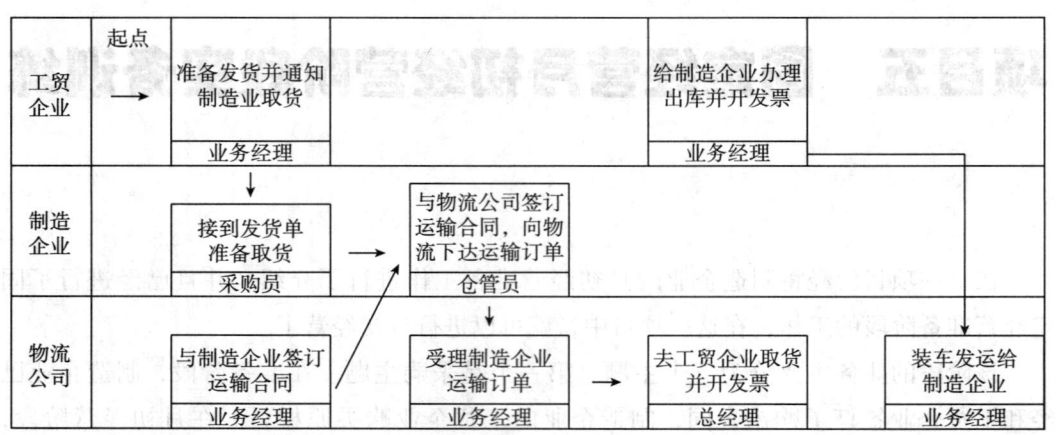

图 5-1　八项任务的逻辑关系

Step1　工贸企业准备发货并通知制造企业取货

工贸企业业务经理根据销售发货计划和仓库现状填制发货单（一式四联），并将发货单财务部留存联交给财务部经理。财务部经理收到业务经理传过来的销售发货单后，检查本企业的应收账款额度是否过高，如果过高则通知业务经理限制发货，反之则对发货单进行确认并交还给业务经理。业务经理将财务部经理确认过的发货单送至客户处。

Step2　制造企业接到发货单并准备取货

制造企业采购员按照购销合同约定的到货日期，工贸企业具备发货条件后通知采购员，采购员收到发货通知后，将发货通知单发送给仓管员。仓管员接收到采购员发送的工贸企业发货通知后，准备采购收货。

Step3a　物流公司与制造企业签订运输合同

物流业务经理根据运输计划与客户沟通运输合同细节内容，起草约束合同，一式两份。

物流业务经理将合同起草完毕后，填写合同会签单，并将运输合同和合同会签单提交给物流总经理审核。

物流总经理接收物流业务经理送来的运输合同及合同会签单，审核运输合同的准确性和合理性。审核无误后在合同会签单和运输合同上签字，签字完毕后返还给物流业务经理。

物流业务经理接收物流总经理返还的合同会签单及运输合同,在运输合同上盖章,并将运输合同送给制造企业。

Step3b 制造企业与物流公司签订购销合同

制造企业仓管员根据采购计划等信息选择合适的物流公司,沟通运输细节方面的内容(比如送货地、包装方式、运输方式、价格、保险、付款方式等)。接收与物流公司拟定并盖有物流公司公章的运输合同,一式两份。

仓管员填写合同会签单,将运输合同和会签单一并交给仓储部经理,仓储经理对合同内容的准确性和合理性进行审核,审核无误后在合同会签单上签字确认,并将运输合同和会签单发送给财务部经理进行审核,财务部经理审核无误后签字确认并转交给总经理,总经理检查仓储部和财务部经理是否都已经审核签字,检查无误后在合同会签单和运输合同上签字,并将合同和会签单一并交给行政助理。

行政助理接到运输合同和会签单后,将运输合同加盖公章,并将其中一份运输合同发送给仓管员,另外一份留本公司存档,并更新合同管理表,登记后把运输合同留存备案。

仓管员接到行政助理发送的运输合同,确定双方盖章、签字均完整后,将合同返回物流公司。

以上两个任务是交互式任务,在实训过程中,一定需要注意先后顺序,必须是制造企业和物流企业对运输合同的细节先进行商议,然后由物流企业填写运输合同,签字盖章后再转交给制造企业签字盖章。因此这两个任务是有很紧密的联系的,两个企业不能各自进行业务操作。

Step4 制造企业向物流下达运输订单

制造企业仓管员收到采购员转交的工贸企业发货通知后,按照购销合同约定的到货日期、发货计划和运输方式等要求,联系物流公司。同时仓管员要手工填制运输订单,并提交仓储部经理审核。

仓储部经理审核运输订单内容的准确性和合理性,确认运输订单并签字。

Step5 物流企业受理制造企业运输订单

任务一中工贸企业通知制造企业收货,就需要物流公司为制造企业运货,本任务从物流企业出发,来完成此项任务。

物流企业业务经理接收制造企业的运输订单,确认运输订单并签字,再根据运输订单安排线路。

Step6 工贸企业给制造企业办理出库并开发票

工贸企业业务经理根据发货单填制销售出库单（一式三联），办理出库业务，根据销售出库单的数量发货给客户，再根据销售出库单登记库存台账，并更新销售发货明细表。业务经理再根据销售发货明细表和销售订单的信息，填写开具增值税专用发票申请。填写完毕后将开票申请单提交财务部经理审核。

财务部经理审核业务经理提交的开票申请，审核无误后提交总经理审核。总经理审核开票申请，审核通过后送至财务部经理处开具增值税发票。财务部经理收到经过审核的开票申请后，开具增值税专用发票。开票完成后，业务经理在发票领用表上登记并签字。财务部经理将增值税专用发票记账联保留后，将发票联和抵扣联交给业务经理送给客户。

财务部经理根据发票记账联填制记账凭证，将发票记账联和销售出库单粘贴到记账凭证后作为附件，再将记账凭证交总经理审核。总经理收到记账凭证后对内容进行审核，审核无误后在记账凭证上签字，再交给财务部经理。财务部经理根据记账凭证后所附销售出库单填写数量金额明细账，根据记账凭证登记科目明细账和总账，记账后在记账凭证上签字。

Step7 物流企业去工贸企业取货并开发票

物流总经理根据运输订单下达取货命令，并将取货命令下达给物流业务经理。物流业务经理接收物流总经理取货命令后根据运输订单填写运单。物流业务经理根据运输单据填制增值税专用发票，并带齐单据，发车取货。

Step8 物流企业装车发货运给制造企业

物流业务经理与工贸企业进行货物交接，点验托运货物，并请工贸企业确定运单信息，确定无误后签字。运单信息经过工贸企业签字确认后，物流业务经理开始安排装卸工对货物进行装车，运单签字后根据规划好的线路运输送货。

任务二 制造企业给商贸企业发货

任务内容：该任务是经营准备阶段的后续操作。在准备阶段已经与商贸企业签订了销售合同。现在所做的任务就是将货物发给商贸企业。同样这个业务也涉及制造企业、商贸企业和物流公司，也属于交互业务，需要各个企业之间交接好。具体业务流程见图5-2。

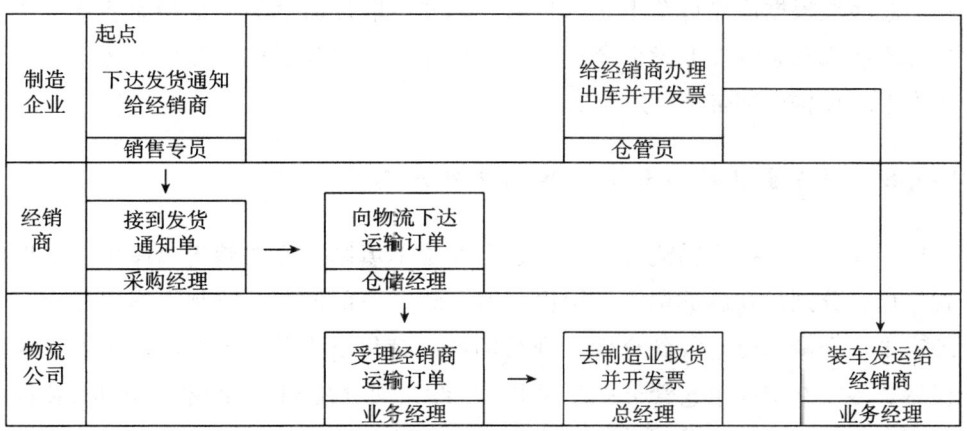

图5-2 制造企业给商贸企业发货流程

Step1 制造企业下达发货通知给经销商

制造企业销售专员填写发货单。发货单一式四联，分别是销售部留存、仓储留存、客户留存和财务留存。销售专员将填写完整的发货单送交销售部经理审核。销售部经理接收到发货单后进行审核，检查无误后签字交给销售专员。销售专员将销售留存联保留后，将剩下的仓储留存联、客户留存联、财务留存联一并送至仓储部。最后通知商贸企业采购经理接收发货通知，同时将发货单发送给商贸企业。

Step2 商贸企业接到发货单

商贸企业采购经理收到制造企业的发货单，将发货单发送给仓储部经理，仓储经理依据发货单准备采购收货。

Step3 商贸企业向物流企业下达运输订单

商贸企业仓储经理收到采购经理发来的制造企业的发货单后，根据发货通知单填写业务运输订单并进行审核，审核无误后将运输订单传至物流公司。

Step4 物流企业受理商贸企业的运输订单

物流企业业务经理接收商贸企业提交的运输订单，并确认运输订单并签字。再根据运输订单安排线路，调配车辆。

Step5　物流企业去制造企业取货并开具发票

物流总经理根据运输订单下达取货命令，并将取货命令下达给物流业务经理。物流业务经理接收到总经理取货命令后，根据运输订单填写运单，并根据运单填制增值税专用发票。单据全部带齐后发车取货。

Step6　制造企业给经销商办理出库及开票

制造企业仓管员接收物流运单，并根据发货单填制产品的销售出库单。销售出库单一式三份，分别是仓储部留存、销售部留存和财务部留存。填制完毕后提交至仓储部经理审批。仓储部经理收到仓管员开具的产品销售出库单，审核填写是否正确。确认无误后，签字并交还给仓管员去办理出库手续，同时在VBSE的系统里办理出库。仓管员办理完以上任务后，将销售出库单中的仓储部留存联留存备案，发货单的客户、销售部和财务部留存联以及销售出库单中的剩下两联传至销售专员。

销售专员根据仓管员送至发货单的客户留存联、营销部留存联、财务留存联和销售出库单其他两联，核对出库数量无误后分别签字确认，将销售出库单销售部留存联留存。将签字确认的发货单客户留存联交给物流，由物流带给客户。销售专员再根据发货单财务留存联、销售出库单财务留存联填写开具增值税发票申请单，将发货单财务留存联、销售出库单财务留存联和开具增值税发票申请单一并交至财务部出纳处，由出纳开具增值税专用发票。

出纳根据销售专员提交的开票申请单、发货单财务留存联、销售出库单财务留存联开具增值税专用发票。销售专员在发票领用表登记并签字。出纳将开具好的增值税专用发票的发票联、抵扣联交给销售专员，再将发货单的财务留存联、销售出库单的财务留存联、增值税专员发票的记账联统一送至财务会计处。

销售专员将增值税专用发票的发票联和抵扣联以及发货单的客户留存联一并交给物流公司，由物流公司送给商贸企业。

Step7　制造企业对销售行为进行账务处理

制造企业财务会计根据开具的发票、销售出库单填制记账凭证，并将记账凭证交给财务部经理审核。财务部经理审核无误后在记账凭证上签字，交由财务会计登记科目明细账。财务会计接收财务部经理交给的记账凭证后，根据审核后的记账凭证登记科目明细账，登账后将记账凭证交给财务部经理。财务部经理根据记账凭证登记科目总账，记账完毕后在记账凭证上签字。

项目五　固定经营月初经营阶段实务训练

Step8　物流企业装车将货物发送给商贸企业

物流公司业务经理与制造企业进行货物交接，点验托运货物，并请制造企业确定运单信息并签字。制造企业签字后安排装卸工进行装车，并根据规划好的线路运输送货。

任务三　制造企业安排车架派工领料任务

在月初生产计划部需要完成的任务就是按照生产计划，开始进行派工生产。生产计划部计划员进行车架派工，车间管理员填写领料单去库房领取生产所需物料，仓库管理员按领料单发放并登记库存台账。

Step1　生产计划员填写派工单

生产计划员根据主生产计划表编制车架派工单，车架派工单一式两份，填写完毕后将其中一份车架派工单下达给车间管理员，另一份派工单自己留存。

Step2　车间管理员填写领料单

车间管理员根据派工单和 BOM（物料清单）填写一式两联领料单，将填制好的领料单送仓库管理员办理领料。

Step3　仓管员核对生产用料

仓管员收到领料单后，核对领料单上物料的库存情况，确认可以满足后在领料单上签字。再根据领料单填写材料出库单。

Step4　仓管员办理材料出库

仓管员在 VBSE 系统上办理材料出库，车间管理员在材料出库单上签字确认。材料出库单的生产计划部联交给车间管理员随同材料一起带走。

Step5　仓储部经理登记库存台账

仓储部经理接收到仓管员送来的材料出库单，根据材料出库单登记库存台账，登记完毕后交仓管员留存备案。

Step6　机加车间开工

车间管理员在 VBSE 系统中办理派工。车间依据物料、人员、设备的齐全状况开始生产。

任务四　制造企业安排整车派工领料任务

生产计划部安排车间领料生产整车，车间管理员领取物料，库房依据领料单发出原材料并变更库存台账。

Step1　生产计划员填写派工单

生产计划员根据主生产计划表编制整车派工单。整车派工单一式两份，将其中一份整车派工单给车间管理员，另外一份自己留存。

Step2　车间管理员填写领料单

车间管理员根据派工单和 BOM（物料清单）填写一式两联的领料单，并送仓库管理员办理领料。

Step3　仓库管理员核对生产用料

仓管员接到车间管理员的领料单后，核对领料单上物料的库存情况，确认可以满足生产后在领料单上签字，并根据领料单填写材料出库单，材料出库单一式三联，分别是仓储部留存联、财务部留存联和生产计划部留存联。

Step4　仓管员办理材料出库

仓管员在 VBSE 系统上办理材料出库，车间管理员在材料出库单上签字确认，并将材料出库单中的生产计划部联连同其他材料一起带走。仓管员将材料出库单财务联交给成本会计，将仓储部留存联交给仓储部经理登记库存台账。

Step5　仓储部经理登记库存台账

仓储部经理收到仓管员送来的材料出库单，根据出库单中的信息登记库存台账，登记完毕后交仓管员留存备案。

项目五 固定经营月初经营阶段实务训练

Step6 组装车间开工

车间管理员根据人员、物料、设备的状况是否齐全，确定后开始生产。

任务五 个人所得税缴纳

对于人力资源部来讲，每个月月初都需要做的工作是替公司员工申报缴纳个人所得税。本企业的个税申报规则为：每月月初（每月 5 日）扣缴上一个月的个税，月末（每月 25 日）申报下个月的个税。因此在月初的时候，需要将上一个月的个人所得税进行缴纳。

Step1 人力资源部助理整理信息

人力资源部助理整理汇总工资表和员工信息，整理完毕后将工资表和员工信息交给财务会计。

Step2 财务会计收到工资表和员工信息

财务会计收到人力资源助理提交的工资表和员工信息后，对内容进行确认，确认无误后提交给财务部经理。

Step3 财务部经理审核工资表和员工信息

财务部经理收到工资表和员工信息后，审核个人所得税金额，审核无误后交给财务会计，由财务会计提交税务局。

Step4 财务会计提交个人信息

财务会计根据员工信息在 VBSE 系统中下载导入模板，根据员工信息填写"个人所得税基础信息模板"，填好后将其导入系统中并提交税务局。

Step5 税务专员审核个人所得税申报

税务专员在 VBSE 系统中对企业提交的个人所得税申报进行审核。

Step6 财务会计在网上进行个人所得税申报

财务会计在 VBSE 系统中下载"扣缴个人所得税报告表模板",根据工资表和员工信息填写"扣缴个人所得税报告表",将填好的表格导入系统中并据此进行个人所得税的扣缴。

任务六　制造企业扣缴五险一金

任务内容:在月初准备阶段,制造企业和银行、人社局签订了代扣五险一金的协议,在月初的时候银行会代扣制造企业的五险一金。本任务中制造企业取回银行代扣五险一金的回单,并交回办理相关的财务处理。

任务步骤如下。

Step1 制造业出纳领取五险一金扣缴回单

制造企业出纳到银行领取五险一金银行扣款回单。

Step2 银行柜员代扣社会保险和公积金

银行柜员为企业代理扣缴社会保险和公积金。

Step3 银行柜员打印五险一金扣款回单

银行柜员接到制造企业出纳打印请求,查询相关交易记录。确认交易记录存在后,就可以为客户打印回单,打印后将回单交于制造企业出纳。

Step4 财务会计编制记账凭证

出纳将银行回单交给财务会计,财务会计依据银行回单填制记账凭证,将银行扣款凭证和五险一金扣款通知粘贴在记账凭证后作为附件,填写完毕后在记账凭证上的"制证"上签字,再将记账凭证传递给财务部经理审核。

Step5 财务部经理审核记账凭证

财务部经理接收财务会计送来的记账凭证,审核记账凭证。审核无误后,在记账凭证上的"审核"处签字或盖章,并将记账凭证交给出纳登记银行存款日记账。

Step6 出纳登记银行存款日记账

出纳接收财务部经理交给的审核后的记账凭证,根据记账凭证登记银行存款日记账,记账后在记账凭证上的"出纳"处签字或盖章,再将记账凭证交财务会计登记科目明细账。

Step7 财务会计登记科目明细账

财务会计接收出纳交给的记账凭证,根据记账凭证登记科目明细账,并在记账凭证上的"记账"处签字或盖章。

Step8 财务部经理登记总分类账

财务部经理接收财务会计交给的记账凭证,根据记账凭证登记科目总账,并在记账凭证上的"会计主管"处签字或盖章,最后将记账凭证存档。

任务七 制造企业财务部缴纳企业增值税

企业一般都是在月初进行企业增值税的申报并进行缴纳。出纳收到增值税扣款通知后,并将取回的税收缴款书按照公司财务的工作流程在财务部内,依次办理财务处理。具体流程图见图5-3。

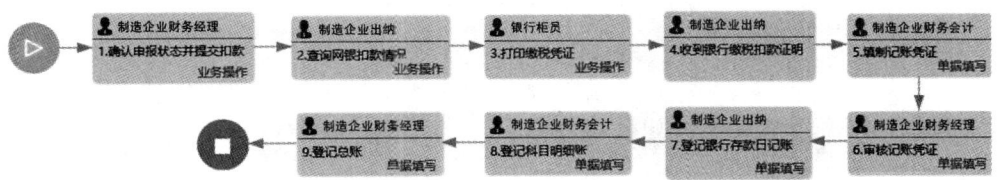

图5-3 缴纳企业增值税流程

Step1 财务部经理确认申报状态并提交扣款

财务部经理在 VBSE 系统中查看申报状态并对内容进行审核,审核无误后在系统上点击"扣款"按钮。

Step2 出纳查询网银扣款情况

出纳查询网银,确认增值税是否已经扣款成功,成功后到银行打印税收缴税证明。

Step3　银行柜员打印缴税凭证

银行柜员查询转账记录，确认转账成功后，为企业打印缴税证明。

Step4　出纳收到银行缴税扣款证明

出纳收到银行的缴税扣款证明后交给财务会计。

Step5　财务部做会计处理

财务会计收到缴税证明后，根据缴税证明编制记账凭证，将银行税收缴款单和税收缴税证明粘贴在记账凭证后面作为附件，再将记账凭证交给财务部经理审核。

财务部经理收到记账凭证和缴款书后，审核记账凭证填写是否正确，审核无误后在记账凭证上签字，再交给出纳登记银行存款日记账。

出纳依据审核的记账凭证登记银行存款日记账，登记后在记账凭证上签字，然后再返还给财务会计。

财务会计根据审核过的记账凭证登记科目明细账，记账后在记账凭证上签字，再交给财务部经理。财务部经理根据记账凭证登记科目总账，记账后在记账凭证上签字并存档。

项目六　固定经营月末实务训练

在上一项目已经将制造企业的月初经营业务进行了介绍，在这一项中将讲解制造企业在月末会发生的一些业务。

该阶段的业务同样分为五个主题。第一个是销售主题。在月初制造企业已经委托物流企业为其运输货物给商贸企业，因此在期末商贸企业收到制造企业的发货办理入库，并且支付货款。第二个是采购主题。在月初经营阶段，工贸企业通过物流公司给制造企业发货。因此在月末制造企业需要收货，并且支付货款以及运输费用。第三个是生产主题。在月末，生产部门需要做的任务比较少，仅包括车架和整车的完工入库以及需要支付车间电费。第四个主题是人力资源管理主题。在这一阶段人力资源部涉及的任务并不多，仅需要完成薪酬核算以及申报个人所得税两个任务。第五个主题是财务主题。财务部门的任务一般是集中在月初和月末，因此在月末财务部的任务较多，包括了计提折旧、计算产品销售成本、结转收入和费用以及利润分配和财务报表的制作等实训任务。

该阶段是固定经营中的最后一个阶段，在这一阶段里需要重点注意的任务是财务部期末的结账任务，尤其是销售成本的核算成本费用的归集和分配是一大难点。另外，销售主题和采购主题中的任务依然需要与物流企业和工贸企业、商贸企业进行合作完成，因此交互任务在操作中要格外注意流程的逻辑顺序。

以下任务一～任务五都是围绕着销售主题来进行的；任务六～任务十都是围绕着采购主题来进行的；任务十一～任务十四是在介绍生产计划部完工入库和缴纳车间水电费进行的；任务十五和任务十六是属于人力资源部的任务。剩下的都是财务部在做月末的账务处理。

任务一　商贸企业收到货办理入库

在月初阶段，制造企业已经通过物流企业将货物运输给商贸企业，现在到月末后，商贸企业要收取货物并进行入库处理。

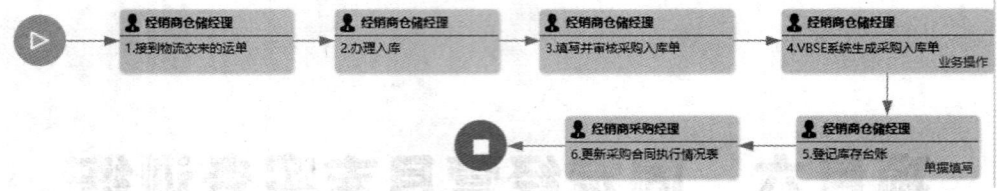

Step1　物流企业送货到商贸企业

车辆到达商贸企业后，物流业务经理要在卸车前对车辆进行检查。

Step2　物流业务经理安排卸货货物交接

物流业务经理安排装卸工卸货，与经销商进行货物交接，请经销商清点货物数量，检查货物质量，检查均合格后经销商在运单上签字确认，物流企业将其留存。物流业务经理将增值税专用发票交给商贸企业。

Step3　商贸企业到货并办理入库手续

商贸企业仓储经理接收到物流企业交来的运单（一式三联）后，对照货物进行检查，无误后签字确认，并留下运单中的存根联和记账联。再依据采购订单、制造业发货单和物流运单办理入库业务。仓储经理填写审核采购入库单，并将入库信息传递给营销部经理，并在 VBSE 系统中生成采购入库单。下一步，仓储经理根据入库单（存根联）信息登记到库存台账中，并将采购入库单传递给采购经理和财务部经理登记相关账表。

采购经理接收到仓储部传递的采购入库单，根据信息更新采购合同执行情况表。

任务二　商贸企业收到制造企业发票并完成货款支付

任务内容：商贸企业采购经理收到制造企业的销售增值税专用发票后，依据增值税发票信息提交付款申请，财务部对货款进行支付并记账。

Step1　商贸企业采购经理收到制造企业销售发票

商贸企业采购经理收到供应商开具的增值税专用发票后，将发票信息登记到发票记录表上，包括发票号、开票单位、金额、日期、到期日等信息。

项目六　固定经营月末实务训练

Step2　商贸企业采购经理填写付款申请单

采购经理查看发票记录表，确认未支付的制造企业增值税专用发票信息，并对照记录表上的未支付发票信息填写付款申请单，填制完成后交给财务部经理审核。

Step3　商贸企业财务部经理审核付款申请

财务部经理收到增值税专用发票后，与相关的采购入库单进行对比，确定发票上的数量金额与入库单是否相符。将发票抵扣联留档，将付款申请交采购经理传递给总经理审核。

Step4　总经理审核付款申请

商贸企业总经理审核付款申请单，确认无误后在申请单上签字，并将付款申请单交给采购经理传递给出纳安排付款。

Step5　出纳支付货款并填制记账凭证

出纳收到采购经理转交的批复后的付款申请单并确认后，在 VBSE 系统中办理网银支付，转账成功后到银行打印回单作为转账支付凭证。收到打印回单后，出纳根据审核的付款申请单和银行回单填制记账凭证，并将银行回单和付款申请单粘贴在记账凭证后作为附件，再将记账凭证传递给财务部经理审核。

Step6　财务部做账务处理

财务部经理审核出纳编制的记账凭证并对照原始凭证相关附件检查是否正确，审核无误后在记账凭证上签字，并将签字后的记账凭证传递给出纳登记日记账。

出纳根据记账凭证登记银行存款日记账，记账后在记账凭证上签字，再转给财务部经理登记科目明细账。

财务部经理根据记账凭证登记科目明细账和总账，记账完毕后需要在记账凭证上签字，最后将记账凭证存档。

任务三　制造企业收到经销商货款

任务内容：商贸企业收到货物，验收入库后，给制造企业转账，制造企业出纳要去银行取回商贸企业货款的电汇凭单，并交由财务部依据公司流程进行账务处理。

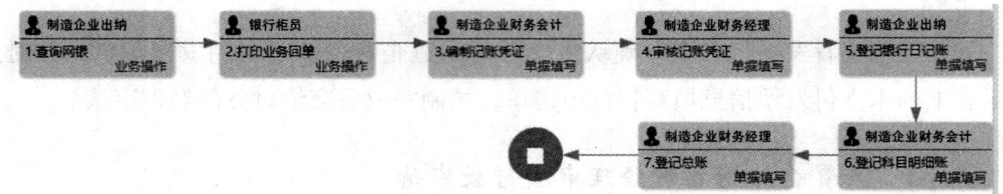

Step1　制造企业出纳查询网银

出纳接收到商贸企业的付款通知后，查询网银，确认已收到货款后，到银行打印此款项的银行回单。

Step2　银行柜员打印业务回单

银行柜员根据出纳提供的信息查询转账记录，查询到以后打印回单。将打印好的业务回单交给出纳。出纳将回单带回来交给财务会计。

Step3　财务部对货款进行账务处理

财务会计收到出纳送来的银行进账单回单后，根据回单内容编制记账凭证，并将回单粘贴到记账凭证后面作为附件，在记账凭证上的"制证"处签字或盖章，再将制作好的记账凭证交财务部经理审核。

财务部经理收到记账凭证后审核记账凭证的附件是否齐全正确，检查记账凭证的编制是否正确。审核无误后在记账凭证上的"审核"处签字，转交出纳登记银行存款日记账。

出纳收到审核过的记账凭证后，根据记账凭证登记银行存款日记账，记账完毕后在记账凭证上的"出纳"处签字，再转交给财务会计登记明细账。

财务会计接到出纳送来的记账凭证后，根据记账凭证登记科目明细账，并在记账凭证上签字，再转交给财务部经理。

财务部经理根据记账凭证登记总分类账，并在记账凭证上签字，最后将记账凭证存档。

任务四　商贸企业收到运输费发票并支付

任务内容：商贸企业仓储经理接到物流公司的运费增值税专用发票后，根据增值

项目六　固定经营月末实务训练

税发票信息提交付款申请，并通知财务部付款，财务部进行相关的账务处理。

Step1　商贸企业仓储经理收到此次的运输专用发票

商贸企业采购经理收到物流公司开具的运输专用发票后，将发票信息登记到发票记录表上，包括发票号、开票单位、金额、日期、到期日等信息。确认发票信息无误后交给财务部经理审核。

Step2　财务部经理审核运输发票

财务部经理审核收到的运输费用发票，将发票抵扣联留档，将发票记账联传递给出纳填制记账凭证。

Step3　出纳填制记账凭证

出纳接收到运输费用发票记账联后，根据发票金额填制记账凭证，将发票记账联粘在记账凭证后边作为附件，将记账凭证交给财务部经理审核。

Step4　财务部经理审核并记账

财务部经理审核出纳填制的记账凭证并对照相关附件检查填写是否正确，审核无误后在记账凭证上签字，并根据记账凭证登记科目明细账和总分类账，最后签字并存档。

Step5　商贸企业仓储经理填写付款申请单

仓储经理查看发票记录表，确认未支付的运输费增值税专用发票信息，并对照记录表上的未支付发票信息填写付款申请单，填制完成后交给财务部经理审核。

Step6　商贸企业财务部经理审核付款申请

财务部经理收到运输费增值税专用发票后，确定付款申请单和发票上的运输金额是否相符。确认无误后将付款申请交采购经理传递给总经理审核。

Step7　总经理审核付款申请

商贸企业总经理审核付款申请单，确认无误后在申请单上签字，并将付款申请单交给仓储经理传递给出纳安排付款。

Step8　出纳支付货款并填制记账凭证

出纳收到仓储经理转交的批复后的付款申请单并确认后，在 VBSE 系统中办理网银支付，转账成功后到银行打印回单作为转账支付凭证。收到打印回单后，出纳根据审核的付款申请单和银行回单填制记账凭证，并将银行回单和付款申请单粘贴在记账凭证后作为附件，再将记账凭证传递给财务部经理审核。

Step9　财务部做账务处理

财务部经理审核出纳编制的记账凭证并对照原始凭证相关附件检查是否正确，审核无误后在记账凭证上签字，并将签字后的记账凭证传递给出纳登记日记账。

出纳根据记账凭证登记银行存款日记账，记账后在记账凭证上签字，再转给财务部经理登记科目明细账。

财务部经理根据记账凭证登记科目明细账和总账，记账完毕后需要在记账凭证上签字，最后将记账凭证存档。

任务五　物流企业收到商贸企业运费

物流企业收到商贸企业支付的运费，所需要做的一些业务流程。

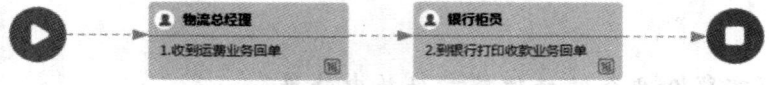

Step1　物流总经理收到运费业务回单

物流总经理查询网银确认收到商贸企业支付的运费后，到银行打印业务回单。

Step2　银行柜员打印收款业务回单

银行柜员根据物流总经理提供的信息查询银行流水，查询到收款信息后，打印回单并交给物流总经理。

项目六 固定经营月末实务训练

任务六 制造企业采购材料到货并办理入库

任务内容： 物流企业送货到制造企业并卸货，将增值税专用发票交给制造企业，增值税专用发票包括工贸企业所开具的销售货物发票以及物流企业开具的运输费增值税专用发票。制造企业收到货物后进行检查并验收，办理入库手续。

Step1 物流企业送货到制造企业

车辆到达制造企业后，物流业务经理在卸车前检查车辆，再安排装卸工卸货，与制造企业进行货物交接，请制造企业清点货物数量，检查货物质量，合格后制造企业仓管员在运单上签字确认并留存。物流企业业务经理再将增值税专用发票交给制造企业，包括运输费增值税专用发票和工贸企业开具的增值税销售发票的发票联和抵扣联。

Step2 运输车辆到达，收到物流企业的运单

制造企业仓管员接收供应商发来的原材料，随同原材料的还有物流运单和实物。仓管员接收到运输费发票和工贸企业开具的销售发票，将运输费发票金额记录下来准备支付运输费，再将运输费和工贸企业开具的销售发票交给采购员。

Step3 仓管员对物料进行验收并办理入库

仓管员根据发货单和质量检查标准进行质量、数量和包装等方面的检测，再根据检验结果填写物料检验单，并签字确认。检查无误后在发货单上签字收货，并在 VBSE 系统中办理采购入库。

Step4 仓管员填写入库单并登记库存台账

仓管员根据物料检验单填写采购入库单（一式三联，分别是仓储部留存联、采购部留存联和财务部留存联），填写完毕后交给仓储部经理审核，审核无误后将入库单自留一份，另外两联交给采购部的采购员。根据采购入库单登记库存台账。

Step5 采购员登记采购合同执行情况表

采购员接收到仓管员发送的采购入库单、运输费发票和工贸企业发票，登记采购合同执行情况表，记录工贸企业发票金额并准备支付工贸企业货款，再将运输费发票、

工贸企业发票（发票联和抵扣联）和对应的采购入库单的财务联送交财务部。

Step6　财务部进行账务处理

成本会计根据发票记账联填制记账凭证，将发票记账联和销售出库单粘贴在记账凭证后面作为附件，再将记账凭证交给财务部经理审核。

财务部经理接收到成本会计交来的记账凭证，对凭证内容进行审核，审核无误后在记账凭证签字后，交还给成本会计登记数量金额明细账。

数量金额明细账格式见图6-1。

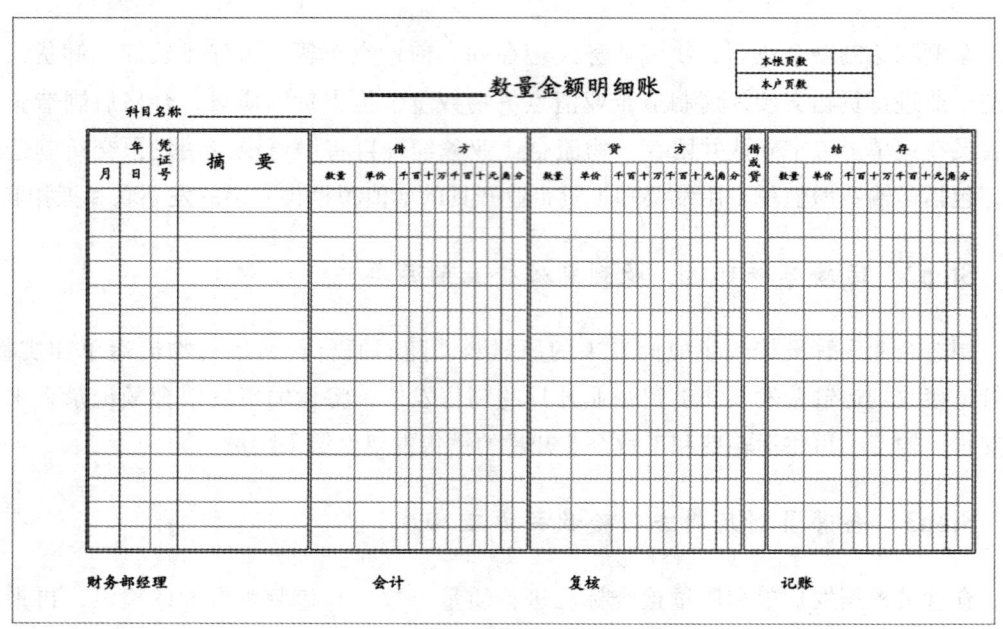

图6-1　数量金额明细账格式

数量金额式明细分类账其借方（收入）、贷方（发出）和余额（结存）都分别设有数量、单价和金额三个专栏。适用于既要进行金额核算，又要进行数量核算的账户。数量金额式明细账适用于既要进行金额核算，又要进行数量核算的各种财产物资类科目的明细分类核算。例如对"原材料""产成品"等总账科目的明细分类核算，可采用数量金额式明细账。

成本会计登记完账后将记账凭证交给财务会计登记科目明细账，记账后在凭证上签字，再交给财务部经理登记科目总账，记账后在记账凭证上签字并留存。

项目六　固定经营月末实务训练

任务七　制造企业支付原材料货款

采购员根据工贸企业开具的增值税专用发票,填写付款申请单后交给采购部经理审批,审批后交财务部办理付款手续。

Step1　制造企业采购员根据工贸企业发票填写付款申请表

采购员根据工贸企业发票在系统中录入付款申请表,并提交采购部经理审核。

Step2　采购部经理审核付款申请表

采购部经理收到采购员提交的付款申请表后,审核付款申请要求是否合理,确认合理以后,签字并交还给采购员。采购员收到付款申请表后交给财务部经理。

Step3　财务部经理审核付款申请表

财务部经理收到采购部经理审核同意的付款申请表后,根据工贸企业发票审核付款申请表的准确性和合理性,确认无误后在付款申请表上签字,再还给采购员。

Step4　出纳利用网银办理转账付款

出纳收到采购员转交的财务部经理和采购部经理批复的申请付款表,检查财务部经理是否签字,确认后对照付款申请办理网银付款。付款成功后将付款申请表转交财务会计做相关账务处理。

Step5　财务部做账务处理

财务会计接收到出纳提交的经过采购部、财务部经理签字的付款申请表后,根据内容填制记账凭证,并将付款申请表、发票粘贴在记账凭证后边,作为凭证附件提交给财务部经理审核。

财务部经理接收到财务会计提交的记账凭证和发票,审核记账凭证填写的准确性、合法性和真实性,审核资金使用的合理性,检查无误后在记账凭证上签字并将记账凭证交给出纳登记银行日记账。

出纳根据记账凭证的信息登记银行存款日记账,记账后在记账凭证上签字,再将记账凭证交给财务会计登账。

财务会计接到出纳交给的记账凭证,在记账凭证上签字,并根据凭证内容登记科目明细账,再将科目明细表发送给成本会计,将记账凭证交给财务部经理。

财务部经理接收到财务会计传递的记账凭证后,根据记账凭证登记科目总账并签字,最后将记账凭证存档。

任务八　工贸企业收到制造业货款

任务内容:工贸企业收到制造业支付的货款,做相关账务处理。

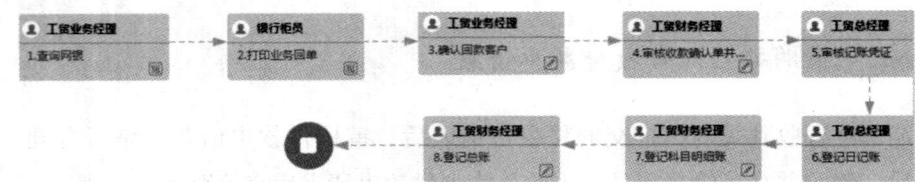

任务步骤:

Step1　工贸企业业务经理查询网银

业务经理接收到制造企业的付款通知后,通知总经查询网银,确认已经收到货款后,通知财务部经理到银行打印该项货款的银行回单。

Step2　银行柜员打印业务回单

银行柜员根据财务部经理提供的信息查询工贸企业的转账记录,查询出来以后打印回单,将打印好的业务回单交给财务部经理。

Step3　确认回款客户

因为工贸企业有可能会给不同的制造企业销售货物,因此需要确认回款的客户是哪一家。业务经理到财务部经理处确认收到货款,在系统中填写收款确认单,对银行回单进行确认,确认是哪个制造企业支付的货款,再将收款确认单传至财务部经理处审核。

Step4　财务部经理审核收款确认单并填制记账凭证

财务部经理审核收款确认单中的内容,无误后依据收款确认单填制记账凭证,将银行业务回单粘贴在记账凭证背面作为原始凭证,并提交总经理审核。

Step5　总经理审核记账凭证并登记日记账

总经理审核财务部经理填制的记账凭证并对照相关附件，检查记账凭证填写的内容是否正确，审核无误后在记账凭证上签字，再按照记账凭证上的内容登记银行日记账，记账完毕后在记账凭证上签字。注意，在本步骤总经理要进行两次签字，但是签字所代表的意思是不一样的，我们以图6-2中的记账凭证为例。

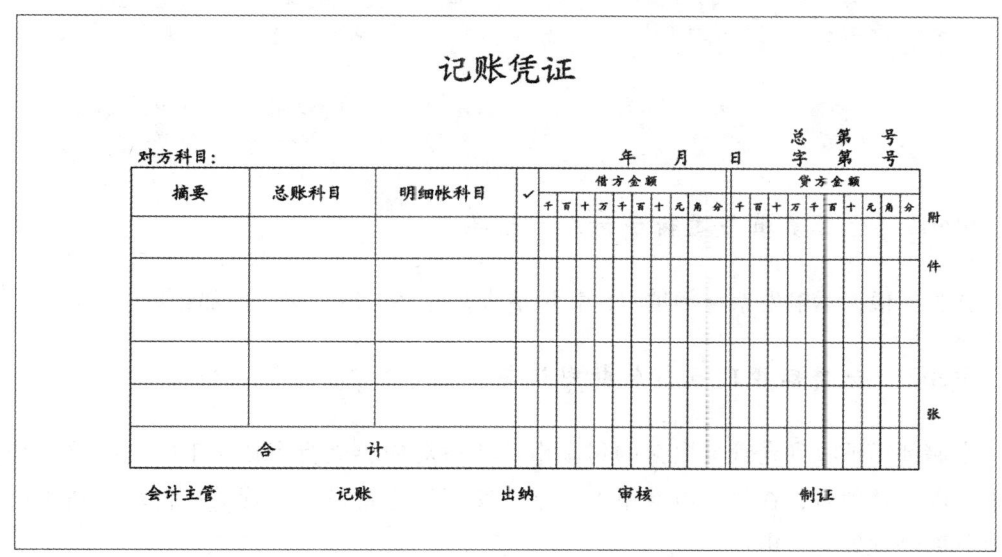

图6-2　记账凭证

图6-2中需要签字的地方有以下几个：会计主管、记账、出纳、审核、制证。其中制证处应该由制作记账凭证的会计人员签字。记账凭证编制完成后，应由另外一人进行审核，审核完毕在凭证的"审核"处签字。经过审核后，如果涉及现金或者银行存款，则需要登记日记账后，在"出纳"处签字。"记账"处则是由负责登记科目明细账的人员签字。而"会计主管"处则是由登记总分类账的人员签字，一般是财务部经理。

在该任务中，总经理第一次签字，是作为审核记账凭证的人员进行的签字，应当签在"审核"处，而第二次做的事情是登记银行存款日记账，因此应当签在"出纳"处。

Step6　财务部经理登记科目明细账及总账

财务部经理根据记账凭证登记科目明细账，记账后在记账凭证的"记账"处签字，再根据记账凭证登记总分类账，记账后在凭证的"会计主管"处签字，最后将记账凭证存档。

任务九　制造企业给物流公司支付运输费用

任务内容：制造企业收到采购的原材料后，仓管员根据运输费发票，填写付款申请单并交给仓储部经理审批，审批后交给财务部管理付款手续。

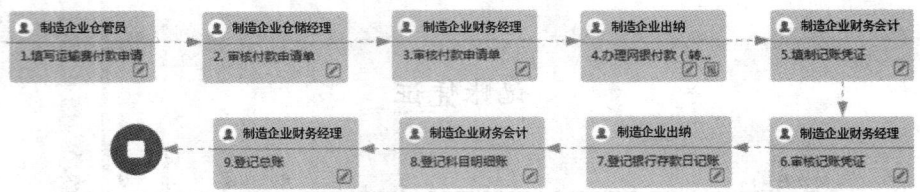

Step1　仓管员填写运输费付款申请单

仓管员根据运输发票金额填写付款申请表，并将申请表交仓储部经理审核。

Step2　仓储部经理审核付款申请单

仓储部经理收到仓管员提交的付款申请单后对内容进行审核，审核付款要求是否合理，确认合理后，在付款申请单上签字并交还给仓管员。仓管员将付款申请单再带到财务部经理处进行审核。

Step3　财务部经理审核付款单

财务部经理收到仓储部经理审核同意的付款单，根据运输费发票审核付款单的准确性和合理性，确认后在付款申请单上签字，并交由出纳进行付款。

Step4　出纳通过网银办理转账付款

出纳收到仓管员转交的财务部经理和仓储部经理批复的付款申请单后，检查财务部经理是否签字，确认后对照付款申请办理网银付款。最后将付款申请单交给财务会计。

Step5　财务部进行账务处理

财务会计接收出纳提交的仓储部、财务部经理签字的付款申请单，根据付款单内容编制记账凭证，在记账凭证的"制证"处签字后，将记账凭证、发票提交给财务部经理审核。

项目六　固定经营月末实务训练

财务部经理接收财务会计提交的记账凭证和发票后审核记账凭证填写的准确性、合法性和真实性，审核资金使用的合理性。审核无误后，在记账凭证上的"审核"处签字，再将记账凭证交给出纳登记银行存款日记账。

出纳根据记账凭证登记银行存款日记账，记账后在记账凭证上的"出纳"处签字，再将记账凭证交财务会计登账。

财务会计接收到记账凭证后，登记科目明细账，登账完毕在记账凭证的"记账"处签字，再将记账凭证转交给财务部经理。

财务部经理根据记账凭证登记总分类账，并在记账凭证的"会计主管"处签字，最后将记账凭证存档。

任务十　物流企业收到制造企业运费

任务内容：上一个任务中，制造企业将运输费用银行转账的方式支付给了物流企业，此项任务中物流企业将对收到的这笔运费进行处理。

Step1　物流总经理查询网银

物流总经理查询网银确认收到运费后，去银行打印业务回单。

Step2　银行柜员打印收款业务回单

根据物流总经理提供的信息查询流水，并打印回单交给物流总经理。

任务十一　车架完工入库

任务内容：生产计划部在期初经营的时候，进行了车架的派工生产业务，到期末的时候，车架生产完成，由生产计划部经理审核后办理入库，仓管员收货并登记库存台账。

Step1 车间管理员生产完工单

机加工车间车架生产完工,车间管理员根据派工单填写完工单,完工单一式两联。将派工单及填写的完工单交给生产计划部经理审核。

Step2 生产计划部经理审核完工单并签字

生产计划部经理接收到车间管理员送来派工单和完工单,依据派工单内容,审核完工单所填写的产品是否已经完工,审核无误后签字,将完工单第一联留存车间管理员,并由车间管理员将车架完工单第二联和完工的车架(完工车架是虚拟的,不需要实物操作)交给仓管员。

Step3 仓管员填写生产入库单并办理入库

仓管员接收到生产计划部传过来的完工单后,核对完工单上的信息和实际入库的车架是否相符,再根据车架完工单填写一式三联的生产入库单,要求车间管理员在入库单上签字确认。仓管员收到车间管理员确认的生产入库单后,根据内容登记办理入库手续,仓管员把审核完的生产入库单的财务联交给财务部,生产部联交给生产部,仓库联自留。最后仓管员需要在VBSE系统中办理车架完工入库的工作。

Step4 仓管员登记库存台账

仓管员根据生产入库单登记库存台账。

任务十二 整车完工入库

任务内容:生产计划部在期初经营的时候,进行了整车的派工生产业务,到期末的时候,车架生产完成,车间管理员填写完工送检单并交由生产计划部经理代为检验,合格后送到仓库,由仓储部仓管员办理入库,并登记库存台账。

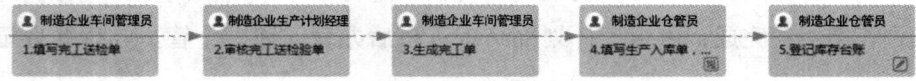

Step1 车间管理员填写完工送检单

车间管理员根据整车生产计划完成生产任务,并填写完工送检单(一式三联,分别是生产计划部留存、质检员留存和仓储部留存联），填好后送生产计划部经理进行审核及质检。

Step2　生产计划部经理审核完工送检单

生产计划部经理接到车间管理员送来的完工送检单，对整车进行检验，并将结果填入完工送检单中。但是因为本课程是模拟实训，产品检验的环节就只能省略不再实际进行操作，但是在实际企业经营中，对产品进行质检是保证商品质量非常重要的一环。生产计划部经理将填写好的完工送检单其中的质检员留存联留下，把剩下两联交还给车间管理员。

Step3　车间管理员生产完工单

车间管理员根据生产计划部经理批复的完工送检单，将其中的生产计划部留存联保留，同时生成与之数量相同的整车生产完工单，生产完工单一式两联。车间管理员再根据完工单和完工送检单填写生产执行情况表，再将生产完工单的生产计划部留存联自行留存。最后车间管理员将完工送检单的仓储部留存联和生产完工单中的仓储部留存联全部交给仓管员。

Step4　仓管员填写生产入库单并办理入库

仓管员收到完工单和完工送检单后，与实物进行核对，根据完工单填写一式三联的生产入库单，车间管理员在生产入库单上签字确认，仓管员在 VBSE 系统中办理组装完工入库，仓管员把审核完的生产入库单的财务联给财务部，生产部联给生产部，仓储部联自留。最后根据生产入库单登记库存台账。

任务十三　报送车间电费并收到服务公司开具的发票

任务内容：车间管理员统计机加车与组装车间电费并交到服务公司，服务公司开具电费发票，车间管理员收到发票，按照制造业公司财务相关流程做处理。

Step1　车间管理员报送电费

车间管理员统计机加车间和组装车间电费，并填写水电缴费单，再将电费送交给服务公司。

Step2　服务公司业务员查看电费单

服务公司收到企业提交的《水电费缴费单》后，核准单据，并通知企业找服务公司总经理领取发票。

Step3　服务公司总经理开具发票

服务公司总经理与业务员确定电费的金额，根据金额为经销商开具发票。

Step4　车间管理员收取电费发票并交经理审核

车间管理员从服务公司收取电费专用发票并登记备案，也就是将发票信息登记到发票记录表上（发票号、开票单位、金额、日期、到期日等），确认发票信息无误后，将发票提交给生产计划部经理审核。

Step5　生产计划经理审核电费发票

生产计划部经理收到车间管理员提交的电费用发票后，审核发票是否与合同规定的金额一致，确认无误以后，将电费专用发票送至财务会计处。

Step6　财务部对电费进行账务处理

成本会计收到生产计划经理送过来的电费专用发票，根据电费专用发票填制记账凭证，并在"制证"处签字，再将其转交给财务部经理审核。

财务部经理审核记账凭证并对照相关附件检查是否正确，审核无误后，在记账凭证上的"审核"处签字。审核通过后交成本会计登记数量金额明细账。

成本会计根据记账凭证登记填写数量金额明细账，记账后在记账凭证上签字或盖章，再将记账凭证交财务会计登记科目明细账。

财务会计根据记账凭证登记科目明细账，记账完成后在记账凭证上的"记账"处签字，登记完成后将记账凭证交给财务部经理登记总分类账。

财务部经理根据记账凭证登记总分类账，记账后在凭证上的"会计主管"处签字，并将记账凭证存档。

任务十四　支付车间电费

任务内容：车间管理员收到电费发票后，交由财务部出纳进行支付，由财务部做

项目六　固定经营月末实务训练

相关账务处理。

Step1　车间管理员填写付款申请单

车间管理员查看发票记录表，登记未支付的发票信息，再对照发票记录表上的未支付发票信息填写付款申请单，填写完毕后将其提交给生产计划经理审核。

生产计划经理审核付款申请单和发票金额是否一致，确认无误后在付款申请上签字，并将付款申请单交给车间管理员传递给财务部经理审核。

Step2　财务部经理审核付款申请

财务部经理审核付款申请单，确认无误后在申请单上签字，并将付款申请单交还给出纳人员安排付款。

Step3　出纳填写转账支票并登记支票登记簿

出纳收到财务部经理转交的批复后的付款申请，确认后对照付款申请单金额开具转账支票。出纳登记支票登记簿，支票领用人签字，并将支票正联交给财务部经理审核盖章。

Step4　财务部经理审核支票

财务部经理审核支票内容和金额填写的是否正确；确认无误后在支票上签字，再加盖公司财务章和法人章，将支票正联交给车间管理员支付给服务公司。

Step5　车间管理员将支票送至服务公司

车间管理员将支票登记在支票登记簿上，然后将支票交给服务公司完成支付。

Step6　服务公司业务员收到支票并入账

服务公司业务员收到制造业支付电费的转账支票，根据转账支票填写进账单，并携带转账支票与进账单到银行进行转账。

Step7　银行柜员进行转账

银行柜员收到服务公司提交的进账单和转账支票后，根据进账单信息办理转账业务，并打印银行业务回单，通知企业到银行领取回单。

Step8 制造企业财务部对支付电费业务进行账务处理

财务会计根据审核的付款申请单和支票存根联填制记账凭证，将支票存根和付款申请单粘贴在记账凭证后作为附件，在记账凭证上的"制证"处签字，再将记账凭证传递给财务部经理审核。

财务部经理审核财务会计填制的记账凭证并对照相关附件检查是否正确，审核无误后在记账凭证的"审核"处签字，再将审核后的记账凭证传递给出纳登记银行日记账。

出纳根据记账凭证登记银行存款日记账，记账后在记账凭证上的"出纳"处签字，再将记账凭证传递给财务会计登记科目明细账。

财务会计接收到出纳交还的记账凭证后，根据记账凭证登记科目明细账，记账后在"记账"处签字，再交给财务部经理登记总账。

财务部经理接收到财务会计交给的记账凭证，根据记账凭证登记科目总账并在"会计主管"处签字，最后将记账凭证存档。

任务十五 核算薪酬并进行个人所得税申报

制造企业在月底核算职工薪酬，并制作工资表，再根据工资表申报个人所得税。

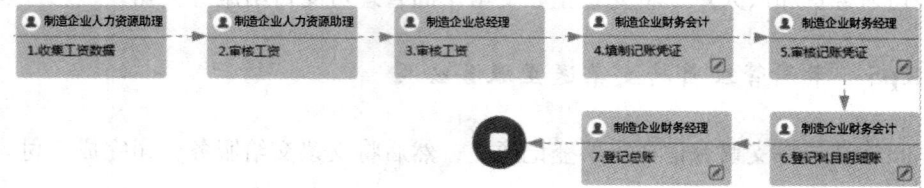

Step1 人力资源助理收集工资数据

依据期初数据查找当月入职人员记录，收集整理新增数据；依据期初数据查找当月离职人员记录，收集整理减少数据；依据期初数据查找当月晋升、调动及工资调整记录，收集整理变更数据；依据期初数据查找当月考勤信息，整理汇总当月考勤数据；依据期初数据查找当期绩效考核评价评分资料，整理汇总绩效考核结果；依据期初数据查找当月奖励、处罚记录，并做汇总整理；依据期初数据查找当月五险一金增减、缴费数据，计算五险一金。

根据以上信息编制工资表，并提交人力资源经理审核。

项目六 固定经营月末实务训练

Step2 人力资源经理审核工资

人力资源部经理审核薪酬核算金额，重点对人员变动的正确性进行核查，审核完成所有表单后，在表单对应位置签字，将签字完成的表单返还人力资源助理。人力资源助理将薪金发放表交给总经理审核。

Step3 总经理审核工资

总经理收到人力资源助理交给的薪酬发放表后，审核薪酬核算金额，重点对人员变动的正确性进行核查，审核完成后在表单对应位置签字，将签字完成的表单返还人力资源助理。人力资源助理再交给财务部做账务处理。

Step4 财务会计填制记账凭证

财务会计收到人力资源部交来的薪酬发放表后，编制本月薪金发放的记账凭证，将薪酬发放表粘贴在记账凭证后边，并在"制证"处签字，再交给财务部经理审核。

在此处会计分录应填为：

借：管理费用
　　制造费用
　　生产成本
　贷：应付职工薪酬

其中管理部门的人员工资薪金应当计入管理费用，生产管理部门的人员工资薪金应当计入制造费用，车间工人的工资应当计入生产成本中的直接人工中。

财务部经理收到财务会计交来的薪酬表单和记账凭证，审核记账凭证的正确性，审核无误后在记账凭证上的"审核"处签字，再将工资表和记账凭证交还给财务会计。

财务会计根据记账凭证和薪酬表单填写明细账并在凭证上的"记账"处签字，再交给财务部经理登记总账，财务部经理登账完毕后，在记账凭证上的"会计主管"处签字，最后将记账凭证存档。

Step5 个人所得税申报

人力资源部助理整理、汇总工资表和员工信息，并提交工资表和员工信息给财务会计。

财务会计收到人力资源助理提交的工资表和员工信息后，与人力资源助理确认工资表和员工信息，确认后提交给财务部经理。

财务部经理收到财务会计提交的工资表和员工信息，审核个人所得税金额，审核无误后，交给财务会计提交税务局。

财务会计根据员工信息在 VBSE 系统中下载导入模版，根据员工信息填写"个人所得税基础信息"，将填好的"个人所得税基础信息"导入系统中并提交税务局。

税务专员在 VBSE 系统中审核企业提交的个人所得税申报。

财务会计在 VBSE 系统中下载"扣缴个人所得税报告表模板"，根据工资表和员工信息填写"扣缴个人所得税报告表"，再将填好的"扣缴个人所得税报告表"导入系统中并扣缴个人所得税。

任务十六　制造企业认证增值税抵扣联

任务内容：我国增值税的计算公式为：当期应纳税额 = 当期销项税额 − 进项税额。进项税额，是指纳税人购进货物、加工修理修配劳务、服务、无形资产或者不动产，支付或者负担的增值税额。到月末，制造企业财务会计将公司的增值税抵扣联收集后，需要到税务部门上门认证，获得盖章认证的结果通知书后，与抵扣联一并装订。

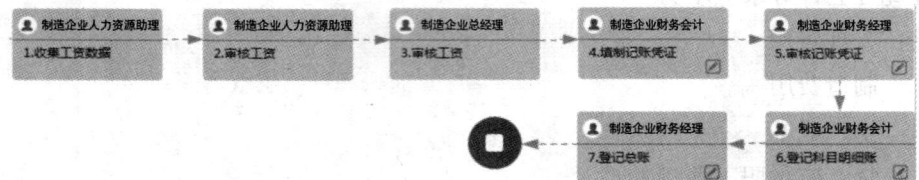

Step1　财务会计收集抵扣联并到国税局认证

增值税一般纳税人应按照税务机关的要求将抵扣联装订成册。每 100 份装订成一册。当期未满 100 份的以实际取得的份数装订成册并加封面，每册必须按封面要求填写。制造企业财务会计统一收集齐抵扣联，按照要求进行装订。再持抵扣联到税务局认证，取回税务局盖章的认证结果通知书。

Step2　税务专员审核制造企业提交的进项税额抵扣联

税务专员对企业提交的进项税抵扣联进行审核，审核通过后从教学资源中下载打印填写认证结果通知书并盖章，交给制造企业的财务会计。

Step3　财务部经理将抵扣联装订归档

财务部经理将从税务局取得的认证结果通知书与抵扣联装订，归档备查。

项目六　固定经营月末实务训练

任务十七　计提折旧

任务内容：固定资产折旧是指在固定资产使用寿命内，按照一定的会计方法对应计折旧额进行系统分摊。使用寿命是指固定资产的预计寿命，或者该固定资产所能生产产品或提供劳务的数量。应计折旧额是指应计提折旧的固定资产的原价扣除其预计净残值后的金额。已计提减值准备的固定资产，还应扣除已计提的固定资产减值准备累计金额。

因此期末的时候，制造企业财务会计需要依据本企业固定资产的会计政策，明确计提折旧额后，交给成本会计和财务部经理做相关账务处理。任务流程见图6-3。

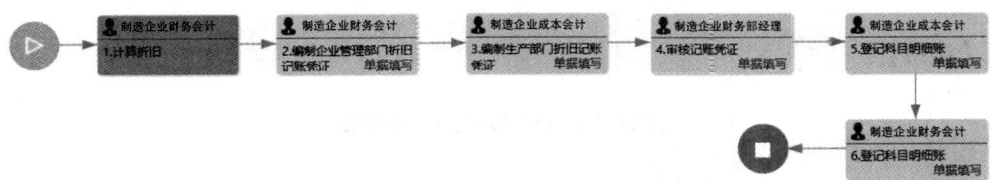

图6-3　计提折旧流程

Step1　财务会计计算折旧

财务会计根据固定资产会计政策及固定资产明细账计提折旧。计算完毕后，填写企业管理部门固定资产折旧计算表、生产部门固定资产折旧计算表。

Step2　财务会计编制企业管理部门折旧记账凭证

根据企业管理部门固定资产折旧计算表，填写销售部门和管理部门的折旧记账凭证，再将生产部门固定资产折旧计算表交成本会计填制凭证。将自己所编制的记账凭证交财务部经理审核。

Step3　成本会计编制生产部门折旧记账凭证

接收财务会计提供的生产部门固定资产折旧计算表，并据此填写生产部门折旧记账凭证，填制完成后，将记账凭证交财务部经理审核。

Step4　财务部经理审核记账凭证

财务部经理接收财务会计、成本会计交给的记账凭证，对内容进行审核。审核无误后，在记账凭证上签字，审核后登记总分类账，并将记账凭证分别返还财务会计和成本会计登记科目明细账。

Step5 成本会计登记科目明细账

成本会计接收财务部经理已审核的记账凭证后，登记制造费用明细账，登记完明细账后，将记账凭证交财务会计登记累计折旧明细账。

Step6 财务会计登记科目明细账

财务会计接收财务部经理已审核的记账凭证后，登记管理费用明细账，根据管理部门折旧记账凭证和生产部门折旧记账凭证登记累计折旧明细账，登记完明细账后，将记账凭证存档。

【链接】

固定资产计提折旧相关知识

固定资产折旧是指固定资产在使用过程中，逐渐损耗而转移到商品成本或者费用中去的那部分价值，也是企业在生产经营过程中由于使用固定资产而在其使用年限内分摊的固定资产耗费。具体内容解释如下。

1. 固定资产计提折旧的定义

折旧是指在固定资产的使用寿命内，按照确定的方法，对应计折旧额进行的系统分摊。应计折旧额，是指应当计提折旧的固定资产的原价扣除其预计净残值后的余额。

2. 影响固定资产折旧的因素

影响固定资产折旧的因素主要有以下几个方面：

（1）固定资产原值：指的是固定资产的成本。

（2）预计净残值：指的是假定固定资产预计使用寿命已满，并处于使用寿命终了时的预期状态，企业目前从该项资产处置中获得的扣除预计处置费用后的金额。

（3）固定资产减值准备：指固定资产已计提的固定资产减值准备累计金额。固定资产计提减值准备后，应当在剩余使用寿命内根据调整后的固定资产账面价值（固定资产账面余额扣减累计折旧和累计减值准备后的金额）和预计净残值重新计算折旧率和折旧额。

（4）固定资产的使用寿命：指企业使用固定资产的预计期间，或者该固定资产所能生产产品或提供劳务的数量。

3. 计提折旧的固定资产范围

企业应当对所有的固定资产计提折旧，但是，已提足折旧仍继续使用的固定资产和单独计价入账的土地除外。在确定计提折旧的范围时，还应该注意以下几点：

项目六 固定经营月末实务训练

（1）固定资产应当按月计提折旧，并根据用途计入相关资产的成本或者当期损益。固定资产应从达到预定可以使用状态时开始计提折旧，终止确认时，停止计提折旧。为简化核算，当月增加的固定资产，当月不计提折旧，从下月起计提折旧；当月减少的固定资产，当月仍计提折旧，从下月起不计提折旧。

（2）固定资产提足折旧后，不论是否继续使用，均不再计提折旧，提前报废的固定资产也不再计提折旧。

4. 固定资产折旧方法

企业应当合理选择折旧方法，可选用的折旧方法包括年限平均法、双倍余额递减法和年数总和法等。因为折旧方法不同，每年计提的折旧额也不一样，所以固定资产的折旧方法一经确定，不得随意变更。

（1）年限平均法。年数平均法又称为直线法，是指将固定资产的应计提折旧额均衡地分摊到固定资产预计使用寿命内的一种方法，采用这种方法计算的每期折旧额均相等。计算公式如下：

年折旧率 = （固定资产原值 – 固定资产使用残值）/固定资产使用年限 × 100%。

月折旧率 = 年折旧率/12

月折旧额 = 固定资产原值 × 月折旧率

采用年限平均法计算固定资产折旧，虽然比较简单，但是存在着明显的局限性。当固定资产各期负荷程度相同时，各期分担相同的折旧费，这时采用年限平均法计算折旧是合理的。但是，如果固定资产各期负荷程度不同，采用年限平均法计算折旧时，则不能反映固定资产的实际使用情况，提取的折旧数与固定资产的损耗程度也不相符。

（2）工作量法。工作量法，是根据实际工作量计算每期应提折旧额的一种方法。计算公式如下：

单位工作量折旧额 = 固定资产原值 × （1 – 预计净残值率）/预计总工作量

某项固定资产月折旧额 = 该项固定资产当月工作量 × 单位工作量折旧额

（3）双倍余额递减法。双倍余额递减法，是指在不考虑固定资产预计净残值的情况下，根据每期期初固定资产原值减去累计折旧后的余额和双倍的直线法折旧率计算固定资产折旧的一种方法。计算公式如下：

年折旧率 = 2/预计使用年限 × 100%

月折旧率 = 年折旧率/12

月折旧额 = 固定资产账面净值 × 月折旧率

由于每年年初固定资产净值没有扣除预计净残值，因此，在应用这种方法计算折旧额时，必须注意不能使固定资产的账面折余价值降低到其预计净残值以下，即实行双倍余额递减法计算折旧的固定资产，应在其折旧年限到期前两年内，将固定资产净值扣除预计净残值后的余额平均摊销。

（4）年数总和法。年数总和法又称为年限合计法，是将固定资产的原值减去预计净残值的余额乘以一个以固定资产尚可使用寿命为分子、以预计使用寿命逐年数字之和作为分母的逐年递减的分数计算每年的折旧额。计算公式为：

年折旧率＝尚可使用年限/预计使用年限之和×100%

月折旧率＝年折旧率/12

月折旧额＝（固定资产原值－预计净残值）×月折旧率

双倍余额递减法和年数总和法都属于加速折旧方法，其特点是在固定资产使用的早期多提折旧，后期少提折旧，其递减的速度逐年加快，从而相对加快折旧速度，目的是使固定资产成本在估计使用寿命期内加快得到补偿。

5. 固定资产折旧的会计处理

固定资产应当按月计提折旧，计提的折旧应通过"累计折旧"科目核算，并根据用途计入相关资产的成本或者当期损益。

（1）企业基本生产车间所使用的固定资产，其计提的折旧应计入制造费用；

（2）管理部门所使用的固定资产，其计提的折旧应计入管理费用；

（3）销售部门所使用的固定资产，其计提的折旧应计入销售费用；

（4）自行建造固定资产过程中使用的固定资产，其计提的折旧应计入在建工程成本；

（5）经营租出的固定资产，其计提的折旧额应计入其他业务成本；

（6）未使用的固定资产，其计提的折旧额应计入管理费用。

在本实训中，固定资产折旧按照平均年限法进行计提。折旧相关的信息见表6－1。

表6－1 固定资产折旧信息

固定资产名称	使用年限(年)	开始使用日期	固定资产原值	残值	月折旧额
办公楼	20	2014.9.15	12 000 000.00	600 000.00	47 500.00
普通仓库	20	2014.9.15	5 400 000.00	270 000.00	21 375.00
大厂房	20	2014.9.15	7 200 000.00	360 000.00	28 500.00
普通机床（机加工生产线）	10	2014.9.15	210 000.00	0.00	1 750.00
组装生产线	10	2014.9.15	510 000.00	0.00	4 250.00
笔记本电脑	4	2014.9.15	6 000.00	0.00	125.00

在此处，财务会计编制的计提折旧会计分录为：

借：销售费用

　　管理费用

　贷：累计折旧

成本会计编制的计提折旧会计分录为：

借：制造费用
　　　生产成本
　　贷：累计折旧

任务十八　成本核算

任务内容：成本会计编制制造费用的记账凭证，计算原材料的出库成本和车架成本，由财务部经理审核后登记明细账。

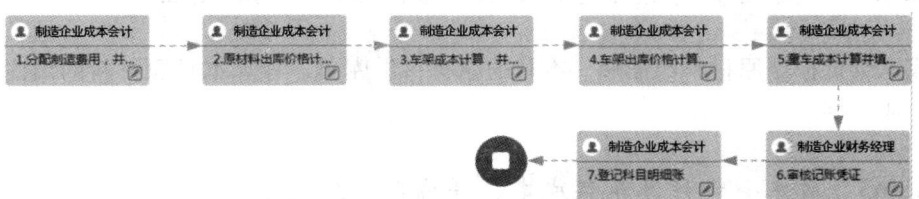

Step1　成本会计分配制造费用并编制记账凭证

成本会计根据制造费用明细账归集的制造费用，编制制造费用分配表，再根据制造费用分配表，编制记账凭证。

【链接】

制造费用的计算

制造费用是指企业为生产产品和提供劳务而发生的各项间接费用，包括企业生产部门发生的水电费、固定资产折旧、无形资产摊销、生产部门管理人员的职工薪酬等内容。

企业应该设置"制造费用"账户进行总分类核算。该账户应该按照不同的生产单位设立明细账，账内按照费用项目设立专栏或专户，分别反映生产单位各项制造费用的发生情况。因为制造费用一般是间接计入成本，当制造费用发生时，无法直接判断其所归属的成本计算对象，因而不能直接计入所生产的产品成本中，必须按费用发生的地点先行归集，月终时再采用一定的方法在各成本计算对象间进行分配，计入各成本计算对象的成本汇总。"制造费用"账户属于成本费用类账户，借方登记归集发生的制造费用，贷方反映制造费用的分配，月末无余额。

各生产车间为产品生产而发生的间接计入成本，按单位分别归集后，月终就需要按照一定的标准在各生产单位所生产的产品或者劳务成本间进行分配。分配的关键是确定制造费用的分配标准。因此成本会计在月末就需要首先结出制造费用明细账余额，然后编制制造费用分配表,最后编制制造费用分配凭证,经财务部经理审核后登记科目明细账。

在本实训中,若同一车间生产不同产品,以各产品完工数量为分配标准,分配该车间制造费用。

将制造费用进行分配以后,做如下会计分录:

借:生产成本——经济型童车——制造费用
　　　　——经济型车架——制造费用
　贷:制造费用

Step2　成本会计计算原材料出库价格,并编制记账凭证

成本会计根据原材料明细账、本月的原材料出库单,计算本月原材料的出库成本,编制记账凭证。

Step3　成本会计计算车架成本,并编制记账凭证

成本会计根据车架物料清单 BOM 和生产成本明细账,分别汇总直接材料、直接人工、制造费用本月发生数,编制车架的产品成本计算表,编制记账凭证。

Step4　成本会计计算车架出库成本,并编制记账凭证

成本会计根据车架明细账、本月的领料单,计算本月车架的出库成本,并编制记账凭证。

成本会计首先根据出库单统计组装童车领用车架的数量,根据自制半成品明细账按照全月一次加权平均法计算车架出库成本,并编写如下记账凭证:

借:库存商品——经济型车架
　贷:生产成本——经济型车架——制造费用
　　　　　　　　　　　　　——直接人工
　　　　　　　　　　　　　——直接材料

Step5　成本会计计算童车成本,并填写记账凭证

成本会计编制童车的产品成本计算表,包括料工费,同时还编制记账凭证,并将之前所编写的记账凭证全部交给财务部经理审核。

成本会计需要根据出库单统计组装童车领用原材料的数量,根据原材料明细账按照全月一次加权平均法计算材料出库成本,并填制如下记账凭证:

借:库存商品——经济型童车

项目六 固定经营月末实务训练

贷：生产成本——经济型车架——制造费用
                            ——直接人工
                            ——直接材料

Step6　财务部经理审核记账凭证

财务部经理接收成本会计交给的记账凭证，进行审核，并登记总分类账，审核无误，在记账凭证上签字，同时交成本会计登记科目明细账。

Step7　成本会计登记科目明细账

成本会计接收到财务部经理审核完的记账凭证后，根据记账凭证登记科目明细账。

任务十九　制造企业销售成本核算

任务内容：财务会计根据销售出车单的汇总，编制销售成本结转表后，交给出纳记账，由财务部经理审核后，登记科目明细账和数量金额明细表。

Step1　财务会计汇总销售收入和销售出库数量

财务会计根据销售出库单汇总销售出库数量，再根据主营业务收入总账得出销售收入。

Step2　财务会计编制销售成本结转表

财务会计根据出库数量和库存商品成本金额采用全月一次加权平均法计算平均单价，编制销售成本结转表。

Step3　出纳编制记账凭证

出纳根据原始凭证及产成品出库单、销售成本结转表反映的业务内容，编制记账凭证，在记账凭证"制单"处签字，再将记账凭证提交给财务部经理审核。

其中结转销售成本的会计分录应当编写为：

借：主营业务成本——经济型童车
　　贷：库存商品

Step4　财务部经理审核记账凭证

财务部经理接收到出纳提交的记账凭证后，对内容进行审核，审核无误后在记账凭证"审核"处签字，并登记总分类账，且在"会计主管"处签字，再交由财务会计登记明细账。

Step5　财务会计登记明细账

财务会计根据记账凭证登记科目明细账和数量金额明细账，登账完成后在记账凭证"记账"处签字。

【链接】

期末结转销售成本相关知识

销售成本是指已销售产品的生产成本或已提供劳务的劳务成本及其他销售的业务成本。月末，按照销售商品的名称及数量，分别根据库存商品中结出的平均成本价，算出总成本进行主营业务成本的计算结转，其计算公式为：

主营业务成本＝产品销售数量或提供劳务数量×产品单位生产成本或单位劳务成本

就销售产品而言，产品销售数量可以直接在"库存商品明细账"上取得；产品单位生产成本可采用多种方法进行计算确定，如先进先出法、移动加权平均法、全月一次加权平均法等，但是产品单位生产成本计算方法一经选定，不得随意变动。

在本实训中，采用的是全月一次加权平均法计算产品单位成本。

完工产品的单位成本：

经济型车架单位成本＝总成本 ÷ 单月生产数量

经济型童车单位成本＝总成本 ÷ 单月生产数量

月末结存产品的成本核算：

经济型车架：因为没有期初结存，因此经济型车架的单位成本就是以上公式计算出来的结果。如果有期初结存，还需要计算加权平均单位成本。

任务二十　期末账务处理

任务内容：财务部在期末时需要结转销售成本及结转损益。

项目六　固定经营月末实务训练

Step1　成本会计编制销售产品成本汇总表并填制记账凭证

成本会计根据产品出库单汇总销售出库的产品数量，再根据销售数量和库存商品平均单价，用 Excel 编制销售成本结转明细表（线下学生自己完成）。编制完成 Excel 文件后，根据销售出库单及销售成本结转明细表反映的业务内容，编制记账凭证。编制完成后在记账凭证"制单"处签字，提交给财务部经理审核。

Step2　财务部经理审核记账凭证

财务部经理审核记账凭证的附件、记账科目、金额、手续是否正确与齐全，审核无误后在记账凭证的"复核"和"财务主管"处签字，根据已审核记账凭证登记总分类账。

Step3　财务会计计提企业所得税费用并结转

财务会计根据本年利润余额计算企业所得税，填制记账凭证。填制完成在记账凭证的"制单"处签字，并提交财务部经理审核。

【链接】

企业所得税计算

企业所得税是指对中华人民共和国境内的企业（居民企业及非居民企业）和其他取得收入的组织以其生产经营所得为课税对象所征收的一种所得税。但是个人独资企业和合伙企业不需要缴纳企业所得税。

企业所得税的纳税年度，是从公历 1 月 1 日起至 12 月 31 日止。企业所得税虽然是按年计算缴纳，但是需要分月或分季预缴。企业应当自月份或者季度终了之日起十五日内，无论盈利或亏损，都应向税务机关报送预缴企业所得税纳税申报表，预缴税款。

本实训中不涉及年度汇算清缴企业所得税的任务，因此在这里仅介绍预缴所得税的相关知识。

企业所得税按年结算，但是为了保证税款及时、均衡入库，对企业所得税采取分期预缴、年度汇算清缴的办法。纳税人预缴所得税时，应当按照纳税期的实际所得预缴；按实际所得预缴有困难的，可以选择按上一年度应纳税所得额的 1/12 或者 1/4，或者经当地税务机关认可的其他方法分期预缴所得税。预缴方法一经确定，不得随意改变。以下是企业所得税的预缴申报表：

A200000　中华人民共和国企业所得税月（季）度预缴纳税申报表（A 类）

税款所属期间：　　年　月　日至　　年　月　日

纳税人识别号(统一社会信用代码)：□□□□□□□□□□□□□□□□□□

纳税人名称：　　　　　　　　　　　　　　　　　　　金额单位:人民币元(列至角分)

预缴方式	□ 按照实际利润额预缴	□ 按照上一纳税年度应纳税所得额平均额预缴	□ 按照税务机关确定的其他方法预缴
企业类型	□ 一般企业	□ 跨地区经营汇总纳税企业总机构	□ 跨地区经营汇总纳税企业分支机构

预缴税款计算

行次	项　目	本年累计金额
1	营业收入	
2	营业成本	
3	利润总额	
4	加:特定业务计算的应纳税所得额	
5	减:不征税收入	
6	减:免税收入、减计收入、所得减免等优惠金额(填写 A201010)	
7	减:固定资产加速折旧(扣除)调减额(填写 A201020)	
8	减:弥补以前年度亏损	
9	实际利润额(3+4-5-6-7-8)\按照上一纳税年度应纳税所得额平均额确定的应纳税所得额	
10	税率(25%)	
11	应纳所得税额(9×10)	
12	减:减免所得税额(填写 A201030)	
13	减:实际已缴纳所得税额	
14	减:特定业务预缴(征)所得税额	
15	本期应补(退)所得税额(11-12-13-14)\税务机关确定的本期应纳所得税额	

汇总纳税企业总分机构税款计算

16	总机构填报	总机构本期分摊应补(退)所得税额(17+18+19)	
17		其中:总机构分摊应补(退)所得税额(15×总机构分摊比例__%)	
18		财政集中分配应补(退)所得税额(15×财政集中分配比例__%)	
19		总机构具有主体生产经营职能的部门分摊所得税额(15×全部分支机构分摊比例__%×总机构具有主体生产经营职能部门分摊比例__%)	
20	分支机构填报	分支机构本期分摊比例	
21		分支机构本期分摊应补(退)所得税额	

附报信息

高新技术企业	□ 是　□ 否	科技型中小企业	□ 是　□ 否
技术入股递延纳税事项	□ 是　□ 否		

按季度填报信息

季初从业人数		季末从业人数	
季初资产总额(万元)		季末资产总额(万元)	
国家限制或禁止行业	□ 是　□ 否	小型微利企业	□ 是　□ 否

谨声明:本纳税申报表是根据国家税收法律法规及相关规定填报的,是真实的、可靠的、完整的。

　　　　　　　　　　　纳税人(签章):　　　　　　　年　月　日

项目六　固定经营月末实务训练

（1）表头项目：表头的部分需要纳税人填写相关基本信息。

（2）第1~3行：填报纳税人截至本税款所属期末，按照国家统一会计制度规定核算的本期累计营业收入、营业成本与利润总额。

（3）第4行"特定业务计算的应纳税所得额"：从事房地产开发等特定业务的纳税人，填报按照税收规定计算的特定业务的应纳税所得额。

（4）第5、6行：填报纳税人已经计入本表"利润总额"行次但属于税收规定的不征税收入、免税收入、减计收入、所得减免等优惠的本年累计金额。

（5）第7行"固定资产加速折旧（扣除）调减额"：填报固定资产税收上享受加速折旧优惠计算的折旧额大于同期会计折旧额期间，发生纳税调减的本年累计金额。

（6）第8行"弥补以前年度亏损"：填报纳税人截至税款所属期末，按照税收规定在企业所得税税前弥补的以前年度尚未弥补亏损的本年累计金额。

当本表第3+4-5-6-7行≤0时，本行=0。

（7）第9行"实际利润额 \ 按照上一纳税年度应纳税所得额平均额确定的应纳税所得额"：预缴方式选择"按照实际利润额预缴"的纳税人，根据本表相关行次计算结果填报。

预缴方式选择"按照上一纳税年度应纳税所得额平均额预缴"的纳税人，填报按照上一纳税年度应纳税所得额平均额计算的本年累计金额。

（8）第10行"税率（25%）"：填报25%。

（9）第11行"应纳所得税额"：根据相关行次计算结果填报。第11行=第9×10行，且第11行≥0。

（10）第12行"减免所得税额"：填报纳税人截至税款所属期末，按照税收规定享受的减免企业所得税的本年累计金额。

（11）第13行"实际已缴纳所得税额"：填报纳税人按照税收规定已在此前月（季）度申报预缴企业所得税的本年累计金额。

（12）第14行"特定业务预缴（征）所得税额"：填报建筑企业总机构直接管理的跨地区设立的项目部，按照税收规定已经向项目所在地主管税务机关预缴企业所得税的本年累计金额。

（13）第15行"本期应补（退）所得税额 \ 税务机关确定的本期应纳所得税额"：按照不同预缴方式，分情况填报：

预缴方式选择"按照实际利润额预缴"以及"按照上一纳税年度应纳税所得额平均额预缴"的纳税人根据本表相关行次计算填报。第15行=第11-12-13-14行，当第11-12-13-14行<0时，本行填0。

（14）第16~21行，涉及的是汇总纳税企业总分机构税款计算，本实训不涉及，在此不再赘述。

Step4　财务部经理审核记账凭证

财务部经理收到已填制的记账凭证，进行审核，并登记总账。登账完毕后，在记账凭证的"复核"和"财务主管"处签字，再将其存档。

Step5 财务会计结转本年利润

财务会计根据本年利润余额，结转至利润分配中，填制记账凭证，并在"制单"处签字，提交给财务部经理审核。

Step6 财务部经理审核记账凭证

财务部经理收到填制的记账凭证，进行审核并登记总账。登账完毕后，在记账凭证的"复核"和"财务主管"处签字，再将其存档。

Step7 成本会计计提法定盈余公积金并结转

成本会计按本年净利润（减弥补以前亏损后）的10%提取法定盈余公积，法定盈余公积累计额达到注册资本的50%时可以不再提取。将提取的法定盈余公积结转至利润分配中，同时登记记账凭证，并提交财务部经理审核。

Step8 财务部经理审核记账凭证

财务部经理收到填制的记账凭证后，对内容进行审核，并登记总账。登账完毕后，在记账凭证的"复核"和"财务主管"处签字。

Step9 财务会计登记科目明细账

财务会计根据审核后的记账凭证登记科目明细账，记账后在记账凭证上的"记账"处签字。

【链接】

期末相关账务处理的会计知识

每月末是会计最为忙碌的时候，也是最为重要的时候。期末的账务处理包括了计提固定资产折旧，摊销费用，计提税金，结转各种收入，结转成本、支出、税金，结转各项费用、季度计提所得税，结转本年利润。要做好期末账务处理，首先需要做好准备工作。

1. 期末账务处理准备

（1）现金、银行存款明细核对。货币资金是企业最容易出现问题的资产，因此企业每个月都应该认真核对每笔款项的进出记录。月底打出银行对账单同企业银行明细账认真核对往来，对存在出入的地方及时处理，确保银行账务明确。

项目六　固定经营月末实务训练

归集当月所有费用单据和费用项目，确定账面有足够现金能够支付，防止账面现金余额出现负数。

（2）存货成本核算。每月做账前最好将上月底账面库存商品的名称、单价、金额详细列出，结合当月销售发票和购进货物发票的信息，计算入账后账面存货成本。根据当月销售情况，及时收集存货出入库单据，计算产品成本或销售成本，计算当月利润。

2. 编制凭证

一般损益类会计科目，月末都需要结转。结转分录为：

（1）结转各项收入

借：主营业务收入、其他业务收入、营业外收入

　　贷：本年利润

（2）期间费用的结转

借：本年利润

　　贷：管理费用、销售费用、财务费用

（3）成本支出的结转

借：本年利润

　　贷：主营业务成本、其他业务支出、营业外支出

（4）税金的结转

借：本年利润

　　贷：主营业务税金及附加、所得税费用

（5）利润结转及分配

借：本年利润

　　贷：利润分配——未分配利润

借：利润分配——未分配利润

　　贷：盈余公积

任务二十一　编制财务报表

任务内容：财务部经理根据总分类账和明细账期末余额和发生额编制资产负债表和利润表。

Step1　财务部经理编制资产负债表

财务部经理根据总分类账和明细账编制资产负债表。

Step2　财务部经理编制利润表

财务部经理根据总分类账和明细账编制利润表。

【链接】

财务报表编制的相关知识

财务报告，是指企业对外提供的反映企业某一特定日期的财务状况和某一会计期间的经营成果、现金流量等会计信息的文件。财务报告包括财务报表和其他应当在财务报告中披露的相关信息和资料。在本实训过程中，只需要编制资产负债表和利润表，不需要编制现金流量表和附注。

1. 资产负债表

（1）资产负债表的内容。资产负债表是指反映企业在某一特定日期财务状况的会计报表。它反映企业在某一特定日期所拥有或控制的经济资源、所承担的现时义务和所有者对净资产的要求权。通过资产负债表，可以提供某一日期资产的总额及其结构，表明企业拥有或控制的资源及其分布情况。资产负债表还可以提供进行财务分析的基本资料，有助于报表使用者做出经济决策。

（2）资产负债表的结构。在我国，资产负债表采用账户式结构，报表分为左右两方，左方列示资产各项目，反映全部资产的分布及存在形态；右方列示负债和所有者权益各项目，反映全部负债和所有者权益的内容及构成情况。资产负债表是按照会计恒等式"资产＝负债＋所有者权益"来进行设计的。为了便于使用者比较不同时间点的资产负债表数据，资产负债表还为各个项目设置了"年初余额"和"期末余额"。

（3）资产负债表填列方法。本表"期末余额"栏一般应根据资产、负债和所有者权益类科目的期末余额填列。其中大部分是由总账科目余额填列。但是也有一些项目应当根据几个总账科目的期末余额计算填列："货币资金"项目，应根据"库存现金""银行存款""其他货币资金"三个总账科目的期末余额的合计数填列；"其他非流动资产""其他流动负债"项目，应当根据有关科目期末余额分析填列；往来账项也同样需要按照明细账科目余额计算填列。除此之外还有的账户需要有关科目余额减去其备抵科目余额后的净额填列，例如"固定资产""无形资产"等。

2. 利润表

（1）利润表的内容。利润表是反映企业在一定会计期间的经营成果的会计报表。利润表的列报必须充分反映企业经营业绩的主要来源和构成，有助于使用者判断净利润的质量及其风险，有助于使用者预测净利润的持续性，从而做出正确的决策。

（2）利润表的格式及填制方式。我国会计制度规定，企业的利润表采用多步式，

项目六 固定经营月末实务训练

每个项目通常又分为"本月数"和"本年累计数"两栏。"本月数"反映各项目的本月实际发生数;在编制中期财务会计报告时,填列上年同期累计实际发生数。

多步式利润表主要分四步计算企业的利润(或亏损)。第一步,以主营业务收入为基础,减去主营业务成本和主营业务税金及附加,计算主营业务利润;第二步,以主营业务利润为基础,加上其他业务利润,减去销售费用、管理费用、财务费用,计算出营业利润;第三步,以营业利润为基础,加上投资净收益、补贴收入、营业外收入,减去营业外支出,计算出利润总额;第四步,以利润总额为基础,减去所得税,计算净利润。

多步式利润表对收入与费用、支出项目加以归类,列示一些中间性的利润指标,分布反映本期净利的计算过程,可提供较丰富的信息,而且有利于不同企业或同一企业不同时期相应项目的比较分析。

项目七　固定经营核心支持组织实务训练

在 VBSE 实训平台中，主要的业务核心都是围绕着制造企业，但是为了保证制造企业可以正常经营，也为了尽量还原真实的经营场景，系统里还包括了一些外围组织，分别是工贸企业、商贸企业、综合服务公司、工商局、税务局、人社局、物流公司和银行。其中工贸企业和商贸企业分别作为制造企业的原材料供应商和制造企业的客户，因此与制造企业存在着比较紧密的业务往来。除这两个公司外，还有综合服务公司和工商局、税务局、人社局，这些也是制造企业经营所必须涉及的组织，我们称之为核心支持组织。

本项目将仅对工贸企业、商贸企业、物流企业、综合服务公司、工商局、税务局和银行进行分主题讲解。

主题一　工贸企业经营准备阶段实训练习

工贸企业作为制造企业的供货商，其本质也属于制造企业，业务流程应与制造企业一样，但是由于工贸企业的人员岗位设置较少，因此有一些业务流程无法像制造企业一样细致。为了简化流程，将工贸企业的职位也做了精简，有些职位身兼各种任务，在实训之前需要提前梳理一下。本主题是工贸企业经营准备阶段的实训练习，包括了采购主题、销售主题、人力资源主题和财务主题。

任务一　财务方面的期初准备阶段

任务内容：本任务是在固定经营初期，工贸企业的财务部做的一些实训任务。

任务步骤：

项目七　固定经营核心支持组织实务训练

Step1　各个部门借备用金

行政经理和业务经理分别在 VBSE 系统中填写借款单（实际工作中可能填写纸质借款单），借款作为部门备用金。行政经理与业务经理分别将填写好的借款单提交总经理审核。

总经理在 VBSE 系统中对借款用途、金额、付款条款进行审核，审核无误后在审核意见处签字确认，确认无误后支付现金给借款人，借款人签字，在借款单出纳签章处加盖签章，并将借款单交给财务部经理。在此任务中，就可以清晰地看出总经理所担任的实际职务除了会计主管以外，还担任着出纳的职务。

财务部经理根据已支付的借款单填制记账凭证，将借款单粘贴在后面作为附件，制作好记账凭证后，在"制证"处签字，并将记账凭证交由总经理审核。

总经理审核财务部经理填制的记账凭证并对照借款单检查是否正确，审核无误后在记账凭证上签字或盖章，并按照审核后的记账凭证登记现金日记账，记账后在"出纳"处签字，再交给财务部经理。

财务部经理根据记账凭证登记科目明细账与总账，记账后在记账凭证上签字，并将记账凭证存档。

注意：记账凭证以及相关财务处理步骤已经在项目四中介绍过，在这里不再赘述。

Step2　申报企业增值税

财务部经理准备上期的进项税额、销项税额，对这两项进行汇总并整理。将增值税纳税申报资料整理完毕后，在 VBSE 系统中根据确认的金额进行增值税纳税申报，填写完成后提交税务机关审核。

税务专员在 VBSE 系统中审核企业提交的增值税申报表。

注意：与增值税相关基本知识在项目四中介绍过，在这里不再赘述。

任务二　人力资源方面的期初准备任务

Step1　批量办理个人银行卡

行政经理收集员工信息并在借记卡集体申领登记表中填写相关内容。将填写完整的登记表交给财务部经理审核。

财务部经理审核登记表无误后签字并加盖"财务专用"章，将审核后的登记表交给行政经理到银行办理开卡手续。

行政经理带着借记卡集体申领登记表及身份证复印件（注，实际业务中必须带身份证原件），到银行柜台递交开卡申请。银行柜员办理开卡完毕后，把银行卡交给办卡申请人。

行政经理从银行柜员处领取银行卡，核对银行卡卡号与登记表中记录是否一致，检查无误后把银行卡卡号、姓名等信息进行归档备案，同时提交一份银行卡信息给财务部经理备案。

Step2　与银行签订银企代发工资协议

行政助理填写公章、印鉴、资质证照使用申请表，注明使用原因是去银行签订银企代发工资合作协议。填写完毕后将申请表提交给总经理审核。

总经理审核公章、印鉴、资质证照使用申请表，审核无误后在申请表上签字确认，并交还给行政经理。

行政经理根据审核后的申请表，整理相关资料，带好营业执照、公章、印鉴，到银行柜台签订协议。

银行柜员接收、审核客户提交的银企代发工资合作协议，审核通过后盖章返还给行政经理。

行政经理收到银行签字盖章的银企代发工资合作协议，审核无误后将协议书归档，登记合同管理表，填写协议书信息。

Step3　行政经理发放薪酬

行政经理在 VBSE 系统里打开"薪资录盘"界面，依据工资表信息录入人员薪资，完成后保存并导出。再将导出的"薪酬发放"的文件拷贝到 U 盘中。依据工资表数据填写支出凭单，将填好的支出凭单、工资表交总经理和财务部经理进行审核。

总经理审核支出凭单信息和工资表是否一致、正确，审核支出凭单的日期、金额、支出方式、支出用途及金额大小写是否正确，审核完成后在支出凭单上签字确认，签字完毕后交给财务部经理。

财务部经理审核支出凭单信息和工资表是否一致、正确，审核支出凭单的日期、金额、支出方式、支出用途及金额大小写是否正确，审核完成后在支出凭单上签字确认，再交给总经理开支票。

总经理根据支出凭单的信息开具转账支票，检查支票填写无误后加盖公司财务章和法人章，同时根据签发的支票登记支票登记簿，支票领用人在支票登记簿签字。

注意：与开具支票相关的知识已经在第四章进行过详细介绍，这里不再赘述。

项目七　固定经营核心支持组织实务训练

财务部经理根据转账支票内容填写进账单，带齐薪资发放资料：转账支票和薪资录盘去银行办理工资发放。

银行柜员接到工资录盘文件和支票，检查文件和支票，在系统中导入工资录盘文件完成工资发放。并将银行业务回单交给财务部经理。

财务部经理取得银行的业务回单（可以直接在柜台办理时由银行柜员打印取回；在柜台未打印，次日可以在回单柜中取得），依据银行业务回单、转账支票存根、支出凭单填制记账凭证，编制记账凭证，将原始单据作为附件粘贴在记账凭证后面，记账凭证填写完成后在"制证"处签字，并将记账凭证和相关原始单据交给总经理审核。

总经理审核财务部经理提交的记账凭证，核对记账凭证与原始凭证一致性，审核无误后在"审核"处签字或盖章，根据审核后的记账凭证登记银行存款日记账，记账后在记账凭证上的"出纳"处签字或盖章，将记账凭证交回财务部经理登记科目明细账。

财务部经理根据记账凭证登记科目明细账和总账，并在记账凭证上签字，最后将记账凭证留存。

Step4　签订社保公积金同城委托收款协议

行政经理填写公章、印鉴、资质证照使用申请表，注明使用原因是去银行签订委托银行代收合同书，将申请表提交给总经理审核。

总经理审核公章、印鉴、资质证照使用申请表，审核无误后在申请表上签字确认。总经理签字后，由行政经理携带相关资料到人社局办理三方协议。

社保专员接收企业提交的资料并审核，审核通过后下发《委托银行代收合同书》（待企业填写完成后盖章即可）。

财务部经理在社会保险/住房公积金中心填写《委托银行代收合同书》并盖企业公章，协议书一式三份，填写完成后由社保公积金专员盖章。财务部经理到银行办理委托收款业务，提交相关资料给银行柜员。

银行柜员接收企业提交的一式三份的《委托银行代收合同书》并审核，审核通过后盖银行公章，留存一联，其余两联返还给工贸企业财务部经理。

财务部经理收到银行签字盖章的委托银行代收合同书后，将一份银行签字盖章的合同书交给行政经理归档，将另外一份银行签字盖章的合同书交给人社局。

社保公积金专员收到企业返还的《委托银行代收合同书》，将《委托银行代收合同书》进行归档。

行政助理收到人社局、银行签字盖章的委托银行代收合同书，审核无误后进行归档，登记合同管理表，填写合同书信息。

Step5　签订税务同城委托收款协议

行政经理填写公章、印鉴、资质证照使用申请表，注明使用原因是去银行签订授权划缴税款协议书，填写完毕后将申请表提交给总经理审核。

总经理审核公章、印鉴、资质证照使用申请表，审核无误后在申请表上签字确认，并返还给行政助理。

行政经理携带相关公章、印鉴、资质到税务局办理三方协议。

税务专员接收企业提交的资料并审核，审核通过后向行政助理下发《授权划缴税款协议书》。

行政经理填写《授权划缴税款协议书》并盖企业公章，协议书一式三份，填写完成后到银行办理委托收款手续，将填写完成的《授权划缴税款协议书》提交给银行柜员。

银行柜员接收企业提交的一式三份的《授权划缴税款协议书》并审核盖章，审核通过后盖银行公章留存一联，另两联返还行政经理。

行政经理收到银行签字盖章的《授权划缴税款协议书》后，将其中一份银行签字盖章的协议书归档，再将另外一份银行签字盖章的协议书交给税务局。

税务专员接收企业返还的《授权划缴税款协议书》并归档。

行政经理收到税务局、银行签字盖章的《授权划缴税款协议书》，审核无误后进行归档，登记合同管理表，填写协议书信息。

任务三　采购方面的期初准备阶段

任务内容：本任务是在固定经营的期初，工贸企业需要采购货物，涉及以下几个步骤：第一，下达采购订单；第二，支付虚拟工贸企业货款。

Step1　向虚拟供应商下达采购订单

业务经理在 VBSE 系统中选择要采购的货物，选择完成后，确认采购。

Step2　支付虚拟工贸企业货款

业务经理依据采购入库单填写付款申请单，并提交给财务部经理审核。财务部经理接到付款申请单后，依据采购入库单对付款申请单的内容进行审核，无误后在付款申请单上签字，并提交总经理审核。

项目七　固定经营核心支持组织实务训练

总经理审核付款申请单，审核无误后，在 VBSE 系统中进行付款，并通知财务部经理到银行拿取付款业务回单。

银行柜员查询并打印付款业务回单，将付款业务回单交给财务部经理。财务部经理取得业务回单后，以此为依据回公司填制记账凭证。

业务经理整理采购订单信息，根据信息到税务局找税务专员开具增值税专用发票。

税务专员根据业务经理整理的信息开具增值税专用发票，并交给业务经理。

业务经理收到税务局代开的增值税专用发票，带回并送至财务部经理处。

财务部经理将银行业务回单、增值税专用发票与付款申请单核对，核对无误后填制记账凭证，将银行业务回单粘贴在记账凭证背面作为原始凭证，制作完成后在记账凭证的"制证"处签字，并提交总经理审核。

总经理审核财务部经理填制的记账凭证并对照相关附件检查是否正确，审核无误后，在记账凭证上的"审核"处签字或盖章。最后按照审核后的记账凭证登记银行存款日记账，登账后在记账凭证上的"出纳"处签字或盖章。接着将记账凭证交给财务部经理。

财务部经理根据记账凭证登记科目明细账和总分类账，记账后在记账凭证上的"记账"和"会计主管"处签字或盖章，签字完毕即可将记账凭证进行存档。

任务四　销售方面的期初准备工作

因为工贸企业是制造企业的原材料供应商，所以从工贸企业的角度来讲，是在销售货物给制造企业，销售方面的期初准备工作与制造企业的期初准备工作中的原材料采购属于交互任务，无法单独完成。因此这一部分的内容已经在制造企业期初经营准备工作中进行介绍了，在此不再赘述。

主题二　工贸企业月初经营阶段实训练习

任务一　采购到货并办理入库业务

任务内容：接收到虚拟供应商的货物，并办理采购入库。

任务步骤：

Step1 业务经理办理入库并登记库存台账

业务经理首先依照确认的采购订单填写采购入库单，同时审核采购入库单，再根据采购订单和采购入库单在 VBSE 系统中办理货物入库，最后依据采购入库单（存根联）信息登记到库存台账中，将采购入库单传递给财务部经理，再根据入库信息更新采购合同执行情况表。

Step2 财务部经理填制记账凭证

财务部经理收到业务经理交来的采购入库单，依据采购入库单填制记账凭证，并在记账凭证的"制证"上签字或盖章。签字后再交给总经理审核。

Step3 总经理审核记账凭证

总经理收到财务部经理交来的工资表和记账凭证，审核记账凭证的正确性，审核无误后，在记账凭证上的"审核"处签字或盖章，并交还给财务部经理登记账簿。

Step4 财务部经理登记科目明细账和总账

财务部经理根据记账凭证登记科目明细账和总分类账，记账后在记账凭证上的"记账"和"会计主管"处签字或盖章。

任务二 人力资源方面月初经营任务

人力资源期初需要完成的主要任务是缴纳个人所得税。工贸企业的个人所得税申报缴纳规则是月初（每月 5 日）扣缴上一月个税，月末（每月 25 日）申报下一月个税，因此每月初都需要缴纳个人所得税，同时为员工缴纳五险一金。

Step1 工贸企业缴纳个人所得税

因为在期初准备工作中已经与银行签订了税费代缴的协议，因此每月初银行会自动扣款。总经理需要查询网银，确认个人所得税是否已扣款成功，通知财务部经理到银行打印税收缴税证明。

银行柜员查询转账记录，确认后打印缴税证明，将证明交给财务部经理。

财务部经理根据扣款通知和税收缴款书填制记账凭证，将扣款通知和税收缴款书粘贴在记账凭证后作为原始单据，记账凭证制作完成后在"制证"处签字并提交给总经理审核。

总经理收到记账凭证和相关原始单据，审核记账凭证是否正确，确认无误后在"审核"处签字或盖章，再根据记账凭证登记银行存款日记账，记账后在记账凭证的"出纳"处签字，并转交给财务部经理记账。

财务部经理根据记账凭证登记科目明细账和总分类账，登记完毕在"记账"和"会计主管"处签字或盖章，并将记账凭证留存。

Step2　扣缴五险一金

银行柜员为企业代理扣缴社会保险和公积金。

因为在期初准备阶段，与银行签订了代缴五险一金的协议，因此银行会自动划款给社保局。财务部经理需要到银行取五险一金银行扣款回单。

银行柜员接到客户的打印请求，查询相关交易记录，确认交易记录存在，即可为工贸企业打印回单，打印后将回单交给工贸企业财务部经理。

财务部经理依据银行回单填制记账凭证，将银行扣款凭证和五险一金扣款通知粘贴在记账凭证后作为附件，将记账凭证传递给总经理审核。

总经理审核财务部经理填制的记账凭证并对照相关附件检查是否正确，审核无误后，在记账凭证上的"审核"处签字或盖章，再按照记账凭证登记银行存款日记账，记账后在"出纳"处签字或盖章，再交给财务部经理记账。

财务部经理根据记账凭证登记科目明细账和总分类账，并在记账凭证上的"记账"和"会计主管"处签字，最后将记账凭证存档。

任务三　缴纳企业增值税

任务内容：在之前经营准备期间时，财务部已经申报了企业增值税，通过审核后提交扣款并进行账务处理。

任务步骤：

Step1　财务部经理确认申报状态并提交扣款

在 VBSE 系统中查看申报状态，审核通过后点击"扣缴"按钮。

Step2　总经理查询网银扣款情况

总经理查询网银，确认增值税是否已扣款成功，通知财务部经理到银行打印税收缴税证明。

Step3　银行柜员打印缴税凭证

银行柜员查询转账记录，确认后打印缴税证明，并将缴税证明交给财务部经理。

Step4　财务部经理填制记账凭证

财务部经理根据缴税证明编制记账凭证，并将银行税收缴款单和税收完税证明粘贴在记账凭证后面作为附件，填制完成后在"制证"处签字，并将记账凭证交给总经理审核。

Step5　总经理审核记账凭证并登记银行存款日记账

总经理收到记账凭证和缴款证明，审核记账凭证无误后在"审核"处签字或盖章，再按照记账凭证登记银行存款日记账，记账完毕后在记账凭证的"出纳"处签字或盖章，登记完日记账后将记账凭证交给财务部经理登记账簿。

Step6　财务部经理登记明细账和总账

财务部经理根据记账凭证登记科目明细账与总分类账，并在记账凭证的"记账"和"会计主管"处签字或盖章。

任务四　销售方面的期初任务

因为工贸企业是制造企业的原材料供应商，所以从工贸企业的角度来讲，是在销售货物给制造企业，销售方面的期初经营工作与制造企业的期初经营工作中的原材料采购属于交互任务，无法单独完成，因此这一部分的内容已经在制造企业期初经营工作中进行介绍了，在此不再赘述。

项目七 固定经营核心支持组织实务训练

主题三 工贸企业期末经营业务训练

任务一 核算工资薪酬

任务内容：在期末各个公司都需要核算工资薪酬，工贸企业也是这样，由行政经理核算职工薪酬，制作工资表。

任务步骤如下。

Step1 行政经理收集工资数据

行政经理依据期初数据查找当月入职人员记录，收集整理新增数据；查找当月离职人员记录，收集整理减少数据；查找当月晋升、调动及工资调整记录，收集整理变更数据；查找当月考勤信息，整理汇总当月考勤数据；查找当期绩效考核评价评分资料，整理汇总绩效考核结果；查找当月奖励、处罚记录，并做汇总整理；查找当月五险一金增减、缴费数据，计算五险一金。

Step2 行政经理计算工资

行政经理下载企业员工花名册信息，依照薪酬规则，参照发放的期初各类有关职工薪酬的各种表格，制作职工薪酬计算的各种表格，包含：《职工薪酬统计表》《五险一金缴费统计表》《部门汇总》。按照薪酬体系中每个项目的计算规则进行工资核算，全部计算完毕后将工资表交给总经理审核。

Step3 总经理审核工资表

总经理收到行政经理交给的工资表，审核工资结算总金额，了解总人工成本及波动幅度，并就变动的合理性进行核查，审核完成后在表单对应位置签字，再将签字完成的表单交还行政经理，拿给财务部记账。

Step4 财务部经理进行账务处理

财务部经理收到行政经理交来的工资表，依据工资表编制本月工资记账凭证，计提本月工资。填制完毕后在记账凭证的"制证"处签字，并提交给总经理审核。

总经理收到财务部经理交来的工资表和记账凭证，审核记账凭证的正确性，审核无误后在记账凭证上的"审核"处签字或盖章，再将工资表和记账凭证交还给财务部经理。

财务部经理根据经过审核的记账凭证登记科目明细账和总分类账，并在记账凭证的"记账"和"会计主管"处签字，最后将记账凭证存档。

任务二　财务方面的期末工作任务

任务内容：在期末，与财务相关的任务相对较多，包括认证增值税抵扣联、计提折旧、存货核算、期末账务处理、编制财务报表的任务。

任务步骤如下。

Step1　认证增值税抵扣联

财务部经理统一收集增值税抵扣联，并将抵扣联送至税务局进行抵扣认证。

税务专员对企业提交的进项税抵扣联进行审核，通过后打印认证结果通知书，交给工贸企业财务部经理。

财务部经理将从税务局取得的认证结果通知书与抵扣联装订，归档备查。

Step2　计提折旧

财务部经理根据固定资产政策及固定资产明细账计提折旧，并填写固定资产折旧计算表（此处的具体计算方法可以参照项目六中制造企业期末计提折旧的相关知识）。再根据固定资产折旧计算表填写记账凭证，将折旧计算表粘贴在记账凭证后作为附件，填制完毕后在记账凭证上的"制证"处签字，并交给总经理审核。

总经理收到财务部经理交给的记账凭证，进行审核，审核无误后在记账凭证上的"审核"处签字或盖章，并将记账凭证交给财务部经理登记账簿。

财务部经理根据记账凭证登记科目明细账与总分类账，并在记账凭证的"记账"和"会计主管"处签字或盖章，最后将记账凭证存档。

Step3　存货核算

财务部经理根据销售出库单汇总销售出库的产品明细数量，根据销售数量和库存商品平均单价（平均单价的计算可以参考制造企业的项目六中的知识），编制销售成本结转明细表。填写完成后根据相关单据填制记账凭证，并将单据粘贴在后面作为附件，填制完成后在记账凭证上的"制证"处签字或盖章,再传递给总经理审核。

总经理审核记账凭证的附件、记账科目、金额、手续是否正确与齐全,审核无误后在记账凭证上的"审核"处签字或盖章,并提交给财务部经理登记账簿。

财务部经理根据记账凭证登记科目明细账和总分类账,并在记账凭证的"记账"和"会计主管"处签字或盖章,最后将记账凭证存档。

Step4 期末账务处理

财务部经理汇总损益类发生额,并与总账核对,再将总账里的损益类科目本期发生额结转至本年利润科目,同时需要填制相关记账凭证。

财务部经理根据本年利润余额计算企业所得税,并填制记账凭证。

财务部经理根据本年利润余额,结转至科目"利润分配"中,并填制记账凭证。

财务部经理按本年净利润(减弥补以前亏损后)的10%提取法定盈余公积,法定盈余公积累计额达到注册资本的50%时可以不再提取;再将提取的法定盈余公积结转至科目"利润分配"中,同时编制计提法定盈余公积凭证和结转凭证。上述记账凭证都填制完成后,统一交给总经理进行审核。

总经理审核财务部经理提交的记账凭证,无误后在记账凭证的"审核"处签字或盖章确认,并交还给财务部经理。

Step5 编制财务报表

财务部经理编制资产负债表、利润表和相关财务报表说明等财务报告相关内容,确认无误后在财务报告上签字并盖章。编制完毕后将财务报告交给总经理审查。

总经理审查财务部经理编制的财务报告,总经理确认无误后在财务报告上签字并盖章。

主题四 商贸企业固定经营准备阶段实训练习

商贸企业作为制造企业的客户,必然会与制造企业有一些业务往来,但同时自身也有一些业务流程,但是为了简化流程,本虚拟实训仅为商贸企业设置四个职位,因此必然会有身兼数职的情况。本主题是工贸企业经营准备阶段的实训练习,包括了采购主题、销售主题、人力资源主题和财务主题。

任务一 财务方面的期初经营准备阶段任务

任务内容：在期初经营准备阶段，各个部门需要在财务部借款做准备金。这一任务是实训过程中各个组织接触到的第一个任务，这个任务的流程并不难，但是需要给每一个实训者一个信号，那就是不能只关注系统上的任务通知，还要同步完成一些线下工作，因此显得尤为重要。除此之外还要申报企业增值税，总的来说，财务部的线下任务相对较多，因此承担此任务的实训人员应尽量安排财会专业的学生。

任务步骤如下。

Step1 各部门借款

企管部、采购部、营销部、仓储部经理在 VBSE 系统中填写借款单（实际工作中可能填写纸质借款单），填写借款单时，借款用途应为部门备用金，填写完毕后提交总经理审核。

总经理在 VBSE 系统中对借款用途、金额、付款条款进行审核，审核无误后在审核意见处签字确认，再交给财务部经理。

财务部经理在 VBSE 系统中对借款用途、金额、付款条款进行审核，审核无误后在审核意见处签字确认，确认完毕再交给出纳处理。

出纳收到经过财务部经理审核签字的借款单，确认无误后支付现金给借款人，借款人签字，同时在借款单出纳签章处加盖签章。

出纳再根据已支付的借款单填制记账凭证，将借款单粘贴在后面作为附件，填写完毕后将记账凭证交由财务部经理审核。

财务部经理审核出纳填制的记账凭证并对照借款单检查是否正确，审核无误后在记账凭证上的"审核"处签字或盖章，再将审核后的记账凭证交给出纳登记现金日记账。

出纳根据审核后的记账凭证登记库存现金日记账，记账后在记账凭证上的"出纳"处签字或盖章，再将记账凭证交回财务部经理登记科目明细账。

财务部经理根据记账凭证登记科目明细账和总分类账，并在记账凭证上的"记账"和"会计主管"处签字或盖章，最后将记账凭证存档。

Step2 申报企业增值税

财务部经理准备上期的增值税进项税额和销项税额，对此进行汇总和整理，并在

VBSE 系统中根据确认的金额进行增值税纳税申报，填写完成后提交税务机关审核。

税务专员在 VBSE 系统中审核企业提交的增值税申报。

任务二　人力资源管理方面的期初经营准备阶段任务

任务内容：在期初准备阶段，人力资源方面的任务主要包括批量办理个人银行卡、签订代发工资协议、签订社保公积金同城委托收款协议、签订税务同城委托收款协议以及发放上个月的工资薪金等任务。

任务步骤如下：

Step1　批量办理个人银行卡

行政经理收集员工信息并在借记卡集体申领登记表中填写相关内容，并将填写完整的登记表交给财务部经理审核。

财务部经理审核行政经理交来的登记表，无误后签字并加盖"财务专用"章，将审核后的登记表交给行政经理到银行办理开卡手续。

行政经理带着借记卡集体申领登记表及身份证复印件，到银行柜台递交开卡申请。

银行柜员办理开卡完毕后，把银行卡交给办卡申请人。

行政经理从银行柜员处领取银行卡，核对银行卡卡号与登记表中记录是否一致，再将银行卡卡号、姓名等信息进行归档备案，同时提交一份银行卡信息给财务部经理备案。

Step2　发放上个月工资薪金

行政经理在 VBSE 系统里打开"薪资录盘"界面，依据工资表信息录入人员薪资，完成后保存并导出。将导出的"薪酬发放"的文件拷贝到 U 盘中。

行政经理依据工资表数据填写支出凭单，将填好的支出凭单、工资表交总经理经理和财务部经理进行审核。

总经理和财务部经理审核支出凭单信息和工资表是否一致、正确，支出凭单的日期、金额、支出方式、支出用途及金额大小写是否正确，审核完成后在支出凭单上签字确认。注意这一步在实训中是分为两个步骤来进行的，分别是总经理审核和交给财务部经理审核。审核完毕交给出纳。

出纳根据支出凭单的信息开具转账支票，检查支票填写无误后找财务部经理加盖公司财务章和法人章。同时根据签发的支票登记支票登记簿，支票领用人在支票登记簿签字。

出纳再根据资料填写进账单，并带齐薪资发放资料：转账支票和薪资录盘去银行办理工资发放。

银行柜员接到工资录盘文件和支票，检查文件和支票无误后，在系统中导入工资录盘文件，完成工资发放并打印回单给商贸企业出纳。

出纳取得银行的业务回单后，依据银行业务回单、转账支票存根、支出凭单填制记账凭证，并将原始单据作为附件粘贴在记账凭证后面，在记账凭证上的"制证"处签字，再将记账凭证和相关原始单据交给财务部经理审核。

财务部经理审核出纳提交的记账凭证，核对记账凭证与原始凭证一致性，审核无误后在"审核"处签字或盖章，再将审核后的记账凭证交给出纳登记银行存款日记账。

出纳根据审核后的记账凭证登记银行存款日记账，记账后在记账凭证上的"出纳"处签字或盖章，将记账凭证交回财务部经理登记科目明细账和总分类账。

财务部经理根据记账凭证登记科目明细账和总分类账，并在记账凭证上的"记账"和"会计主管"处签字或盖章，最后将记账凭证存档。

Step3　签订银企代发工资合作协议

行政经理填写公章、印鉴、资质证照使用申请表，注明使用原因是去银行签订银企代发工资合作协议，填写完毕后将申请表提交给总经理审核。

总经理审核公章、印鉴、资质证照使用申请表，审核无误后在申请表上签字确认，并根据申请，将必要的证件交给行政经理。

行政经理根据审核后的申请表，整理相关资料，在实训中带上营业执照、公章、印鉴即可到银行柜台签订协议（现实中需要带营业执照、法人身份证及公章、预留印鉴）。

银行柜员接收、审核客户提交的银企代发工资合作协议，审核通过后盖章返还给行政经理。

行政经理收到银行签字盖章的银企代发工资合作协议，审核无误后将协议书归档，同时登记合同管理表，填写协议书信息。

Step4　签订社保公积金同城委托收款协议

行政经理填写公章、印鉴、资质证照使用申请表，注明使用原因是去银行签订委托银行代收合同书，将申请表提交给总经理审核。

总经理审核公章、印鉴、资质证照使用申请表，审核无误后在申请表上签字确认，并按照申请将相关资料交给行政经理。

行政经理携带相关资料到人社局办理三方协议，即由企业、社保局、银行共同签订的三方协议。

项目七 固定经营核心支持组织实务训练

社保公积金专员收到企业提交的资料并审核，审核通过后下发《委托银行代收合同书》（一式三份），待企业填写完成后盖章即可。

财务部经理在社保中心填写《委托银行代收合同书》并盖企业公章，合同书一式三份，填写完成后由社保公积金专员盖章。

财务部经理到银行办理委托收款业务，提交相关资料给银行柜员。

银行柜员收到企业提交的一式三份的《委托银行代收合同书》并审核，审核通过后盖银行公章，留存一联，其余两联返还给财务部经理。

财务部经理收到银行签字盖章的委托银行代收合同书，将其中一份银行签字盖章的合同书交给行政经理归档，另外一份银行签字盖章的合同书交给人社局。

行政经理收到人社局、银行签字盖章的委托银行代收合同书，审核无误后进行归档，同时登记合同管理表，填写合同书信息。

Step5 签订税务同城委托收款协议

行政经理填写公章、印鉴、资质证照使用申请表，注明使用原因是去银行签订授权划缴税款协议书，将申请表提交给总经理审核。

总经理审核公章、印鉴、资质证照使用申请表，审核无误后在申请表上签字确认，并将申请表中所写的资料交给行政经理。

行政经理携带相关资料到税务局办理三方协议，即企业、税务局、银行三方之间的协议。

税务专员接收企业提交的资料并审核，审核通过后下发《授权划缴税款协议书》，待企业填写完成后盖章即可。

财务部经理在税务局填写《授权划缴税款协议书》并盖企业公章，协议书一式三份，填写完成后由税务专员盖章。

税务专员盖完章后，由财务部经理到银行办理委托收款业务，提交相关资料给银行柜员。

银行柜员接收企业提交的一式三份的《授权划缴税款协议书》并审核，审核通过后盖银行公章，留存一联，其余两联返还给财务部经理。

财务部经理收到银行签字盖章的《授权划缴税款协议书》，将其中一份银行签字盖章的协议书交给行政经理归档，另外一份银行签字盖章的协议书交给税务局。

税务专员收到企业返还的《授权划缴税款协议书》后，将《授权划缴税款协议书》进行归档。

行政经理收到税务局、银行签字盖章的《授权划缴税款协议书》，审核无误后进行归档，登记合同管理表，并填写协议书信息。

任务三 销售方面的期初准备工作

任务内容：对于商贸企业来讲，在期初需要准备的任务是开拓市场同时办理广告投放的业务。因为商贸企业的特点是采购货物后进行销售，从中赚取差价，因此对于市场开拓是必须要做的事情。在本虚拟实训平台中，商贸企业将童车卖到虚拟市场中，虚拟市场分为：东部、南部、西部、北部、中部，其中东部、南部、西部、北部四个地区由商贸企业经营，中部地区只能由制造企业经营。虚拟市场的订单需要先到服务公司开拓市场，再投广告费。市场开拓费用：北部（351 000元）、东部（368 000元）、南部（351 000元）、西部（334 000元），广告费的投放在固定经营阶段按照系统给定的数据投放。市场开拓一次一年有效，广告投放一次有效期限为一个虚拟日，下一个虚拟日期需要重新投放广告费。

任务步骤：

Step1 提交市场开拓申请

营销经理根据公司策略和市场预测，选择要开拓的市场及投放金额，填写市场开拓申请单，填写完毕后提交总经理审核。

总经理接到营销经理的申请开拓申请单，根据公司的经营策略及资金使用计划，审核其合理性，审核无误后，签字批准。

行政经理让营销经理在公章印鉴使用登记表上登记签字，确认签字后，在审批通过的市场开拓申请单上盖企业公章。

营销经理到服务公司办理市场开拓，提交市场开拓申请单，确定市场开拓的地点。

服务公司业务员查看经销商业务员要办理的市场开拓的地区。依据开拓申请，为对应的经销商开拓市场。告知经销商办理人员业务办理完成后来服务公司领取发票。

营销经理到服务公司确认市场开拓结果。

Step2 收取市场开拓发票

营销经理携带本公司的开票信息（公司名称、税务登记号、注册地址记电话、开户银行记账户等信息），到服务公司业务员处取市场开拓费用发票。

服务公司业务员根据市场开拓申请单的金额和营销经理提供的企业信息开具增值税专用发票，将增值税专用发票发票联、抵扣联交给营销经理，将增值税专用发票记账联备案留档。

项目七 固定经营核心支持组织实务训练

营销经理从服务公司收取市场开拓费用专用发票并登记备案后,再将专用发票送至出纳处并登记发票。

出纳收到营销经理的市场开拓费用专用发票,根据市场开拓费月专用发票填制记账凭证,并在记账凭证上的"制证"处签字或盖章,再交给财务部经理审核。

财务部经理审核出纳编制的记账凭证并对照相关附件检查是否正确,审核无误后,在记账凭证上的"审核"处签字或盖章。

财务部经理根据记账凭证登记科目明细账和总分类账,记账后在凭证的"记账"和"会计主管"处签字或盖章。

Step3 支付市场开拓费

营销经理查看发票记录表,确认未支付的发票信息,对照发票记录表上的未支付发票信息填写付款申请单,将付款申请提交给财务部经理审核。

财务部经理审核付款申请单和发票金额是否一致,确认无误后在付款申请上签字,将付款申请交营销经理传递给总经理审核。

总经理审核付款申请单,确认无误后在申请单上签字,将付款申请交还给营销经理拿给出纳人员安排付款。

出纳收到营销经理转交的批复后的付款申请单,确认后对照付款申请单金额开具转账支票,出纳登记支票登记簿,支票领用人签字,将支票正联交给财务部经理审核并盖章。

财务部经理审核支票填写的是否正确,确认无误后在支票上签字,并加盖公司财务章和法人章,再将支票正联交给营销经理支付给服务公司。

营销经理在支票登记簿上登记并将支票交给服务公司完成支付。

出纳根据审核的付款申请单和支票存根填制记账凭证,将支票存根和付款申请单粘贴在记账凭证后作为附件,在记账凭证上的"制证"处签字后将记账凭证传递给财务部经理审核。

财务部经理审核出纳填制的记账凭证并对照相关附件检查是否正确,审核无误后,在记账凭证上的"审核"上签字或盖章,将确认后的记账凭证传递给出纳登记银行存款日记账。

出纳根据记账凭证登记银行存款日记账,记账后在记账凭证上的"出纳"处签字或盖章,再将记账凭证传递给财务部经理登记科目明细账和总账。

财务部经理根据记账凭证登记科目明细账和总分类账,记账后在凭证的"记账"和"会计主管"处签字或盖章。

服务公司总经理向商贸企业催收市场开拓费。拿到办理市场开拓企业办理市开拓开具的转账支票，根据转账支票填写进账单，并携带转账支票与进账单到银行进行转账。

银行柜员收到服务公司提交的进账单与转账支票后，根据进账单信息办理转账业务，业务办理完成后打印银行业务回单，并将银行业务回单交给服务公司办事员。

Step4 提交广告投放申请

营销经理根据公司策略、市场预测和开拓的市场及投放金额，填写广告投放申请单，填写完毕后交给总经理审核。

总经理接到营销经理的广告投放申请单后，根据公司的经营策略及资金使用计划，审核其合理性，确认同意后，签字批准进行广告投放。营销经理拿到经批准的申请单后到行政经理处加盖公章。

行政经理要求营销经理在公章印鉴使用登记表登记签字，确认签字后，在审批通过的广告投放申请单上盖企业公章。

营销经理到服务公司办理广告投放，提交广告投放申请。

服务公司业务员查看经销商营销经理提交的广告投放申请，并依据广告投放申请为对应的经销商办理广告投放。

营销经理在服务公司确认广告投放结果。

Step5 收取广告投放费用发票

营销经理携带本公司名称、税务登记号、注册地址及电话、开户银行及账户等信息，到服务公司业务员处开具广告投放费用发票。

服务公司业务员根据广告投放申请单的金额和营销经理提供的企业信息开具增值税专用发票，将发票联、抵扣联交给营销经理，将增值税专用发票记账联备案留档。

营销经理从服务公司收取广告投放费用专用发票并登记备案，再将广告投放费用专用发票送至出纳处并登记发票。

出纳收到营销经理的广告投放费用专用发票后，根据广告投放费用专用发票填制记账凭证。填制完毕后在记账凭证上的"制证"上签字或盖章后交给财务部经理审核。

财务部经理审核出纳填制的记账凭证并对照相关附件检查是否正确，审核无误后在记账凭证上的"审核"处签字或盖章。

财务部经理再根据记账凭证的内容登记明细账簿和总分类账，并在"记账"和"会计主管"处签字或盖章，最后将记账凭证存档。

Step6 支付广告投放费用

这个步骤包括了一个并行任务，具体的任务流程见图7-1。

项目七 固定经营核心支持组织实务训练

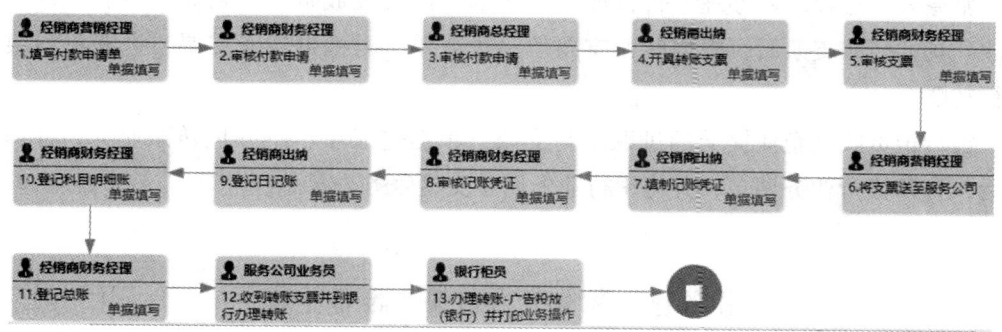

图 7-1 支付广告投放费用流程

营销经理查看发票记录表，确认未支付的发票信息，对照发票记录表上的未支付发票信息填写付款申请单，将付款申请提交给财务部经理审核。

财务部经理审核付款申请单和发票金额是否一致，确认无误后在付款申请上签字，并将付款申请交营销经理传递给总经理审核。

总经理审核付款申请单，确认无误后在申请单上签字，将付款申请交还给营销经理拿给出纳人员安排付款。

出纳收到营销经理转交的批复后的付款申请单，确认后对照付款申请单金额开具转账支票，出纳登记支票登记簿，并要求支票领用人，即营销经理签字，再将支票正联交给财务部经理审核并盖章。

财务部经理审核支票填写的是否正确，确认无误后签字，并加盖公司财务章和法人章，再将支票正联交给营销经理支付给服务公司。

营销经理在支票登记簿上登记，并将支票交给服务公司完成支付。

注意以下步骤为并行步骤，分为两个大内容，分别是财务部对付款进行账务处理和营销部经理去服务公司支付广告投放费用。

出纳根据审核的付款申请单和支票存根填制记账凭证，将支票存根和付款申请单粘贴在记账凭证后作为附件，在记账凭证的"制证"处签字或盖章，并将记账凭证传递给财务部经理审核。

财务部经理审核出纳填制的记账凭证并对照相关附件检查是否正确，审核无误后，在记账凭证上的"审核"处签字或盖章，再将确认后的记账凭证传递给出纳登记银行存款日记账。

出纳根据记账凭证登记银行存款日记账，记账后在记账凭证上的"出纳"处签字或盖章，并将记账凭证传递给财务部经理登记科目明细账和总分类账，并在记账凭证相应位置签字或盖章。至此关于支付费用的财务处理完成，下面是去服务公司付款的并行任务。

服务公司总经理向办理广告投放的企业催收广告投放费。拿到商贸企业办理广告投放开具的转账支票后,根据转账支票填写进账单,再携带转账支票与进账单到银行进行转账。

银行柜员收到企业提交的进账单与支票,根据进账单信息办理转账业务,办理完成后,打印银行业务回单,并将银行业务回单交给服务公司总经理。

任务四 采购方面的期初准备工作

商贸企业采购方面的任务与制造企业属于交互业务,因为对于制造企业来说,是销售货物给商贸企业,但是对于商贸企业来说,是去制造企业采购货物,因此两者虽然是一个业务,但是从不同的企业角度来看,是不一样的名称。因此商贸企业采购方面的期初准备工作和制造企业销售方面期初准备工作属于交互业务,在制造企业那里已经讲述,在这里不再赘述。业务流程见图7-2。

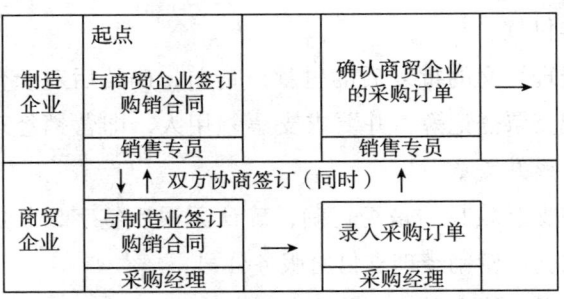

图7-2 商贸企业采购方面的期初准备工作流程

主题五 商贸企业固定经营月初经营实训练习

任务一 销售方面的月初经营实训练习

对于商贸企业来说,需要将货物销售给虚拟销售商,因此这里需要完成的任务包括查看虚拟销售订单、服务公司组织竞单、查看竞单结果、给虚拟经销商发货、给虚拟经销商办理出库并开发票。

项目七 固定经营核心支持组织实务训练

任务步骤：

Step1 查看虚拟销售订单

营销经理在系统中查看可选订单。接到服务公司通知后，到服务公司进行选单。

Step2 服务公司组织竞单

服务公司总经理让服务公司业务员去通知已投放广告的企业到服务公司来进行竞单。

服务公司在 VBSE 系统中选择一个区域，按该区域中各公司投放广告顺序依次选单。收到企业选单命名后，选择对应企业，再选择对应的订单进行确认。

Step3 查看竞单结果

营销经理查看已选中订单，确定订单信息是否正确，交货日期是否正确。

Step4 给虚拟经销商发货

营销经理根据销售发货计划填制发货单（一式四联），将发货单财务部留存联交给财务部经理，将发货单仓储部留存联和客户联交给仓储经理。

财务部经理收到营销经理传过来的销售发货单，检查本企业的应收账款额度是否过高。如过高，则应通知营销经理限制发货；若应收账款额度不高，则将发货单留存联交给出纳填制记账凭证。

仓储经理收到营销经理传过来的发货单，根据仓库现状确认发货单，进行发货准备工作。

Step5 给虚拟经销商办理出库并开发票

仓储经理根据营销经理传递的发货单填制销售出库单（一式三联）。依据销售出库单在 VBSE 系统中办理出库业务，将销售出库单的客户联与货物一起送至客户。

仓储经理办理出库完成后，根据销售出库单的存根联登记库存台账，将销售出库单的记账联传递给营销经理告知已出库。

营销经理依据仓储经理传递的销售出库单更新销售发货明细表。根据销售发货明细表和销售订单的记账联信息提交开具增值税专用发票申请，填写完开票申请单后提交至财务部经理审核。

财务部经理审核营销经理提交的开具增值税专用发票申请，审核后提交总经理审核。

总经理审核财务部经理提交的开具增值税专用发票申请，审核通过后交营销经理送至出纳处开具增值税发票。

出纳根据营销经理送来审核的开具增值税专用发票申请，开具增值税专用发票。

出纳开完发票后，要求营销经理在发票领用表上登记并签字。再将增值税专用发票记账联保留，将发票联和抵扣联交给营销经理送给客户。

营销经理将增值税专用发票送至客户（因为是销售货物给虚拟客户，所以将发票给服务公司）。

出纳根据发票记账联填制记账凭证，将发票记账联和销售出库单粘贴到记账凭证后面作为附件，在记账凭证上的"制证"处签字并签章，再将记账凭证交财务部经理审核。

财务部经理收到出纳交给的记账凭证，进行审核，审核无误后在记账凭证上的"审核"处签字或盖章。并按照记账凭证内容登记科目明细账和总分类账，并在记账凭证上的"记账"和"会计主管"处签字或盖章，最后将记账凭证存档。

任务二　人力资源管理方面的月初经营实训练习

人力资源管理方面的月初工作主要是缴纳个人所得税和扣缴五险一金。

任务步骤：

Step1　缴纳个人所得税

出纳查询网银，确认个人所得税是否已扣款成功，查询出来记录后，到银行打印税收缴税证明。

银行柜员查询转账记录，确认后打印缴税证明，将缴税证明交给出纳。

出纳根据扣款通知和税收缴款书填制记账凭证，将扣款通知和税收缴款书粘贴在记账凭证后作为原始单据，填写完记账凭证后，在记账凭证上的"制证"上签字或盖章后，提交给财务部经理审核。

财务部经理收到记账凭证和相关原始单据，审核记账凭证是否正确，确认无误后在"审核"处签字或盖章，将记账凭证交给出纳登记银行存款日记账。

出纳根据审核后的记账凭证登记银行存款日记账，记账后在记账凭证上的"出纳"处签字或盖章，再将记账凭证交给财务部经理登记科目明细账和总账。

财务部经理根据记账凭证登记科目明细账和总分类账，并在记账凭证上的"记账"

和"会计主管"处签字或盖章。

Step2 扣缴五险一金

出纳到银行取五险一金银行扣款回单。

银行柜员为企业代理扣缴社会保险和公积金。

银行柜员接到客户的打印请求，查询相关交易记录，确认交易记录存在，即可为出纳打印回单，打印后将回单交于商贸企业的出纳。

出纳依据银行回单填制记账凭证，将银行扣款凭证和五险一金扣款通知粘贴在记账凭证后作为附件，填制完记账凭证后在记账凭证上的"制证"处签字或盖章，再将记账凭证传递给财务部经理审核。

财务部经理审核出纳填制的记账凭证并对照相关附件检查是否正确，审核无误，在记账凭证上的"审核"处签字或盖章，再将确认后的记账凭证传递给出纳登记日记账。

出纳根据记账凭证登记银行存款日记账，记账后在记账凭证上的"出纳"处签字或盖章，再将记账凭证传递给财务部经理登记科目明细账和总分类账。

财务部经理根据记账凭证登记科目明细账和总分类账，并在记账凭证上的"记账"和"会计主管"处签字或盖章。

任务三 财务方面的月初经营实训练习（缴纳企业增值税）

在月初商贸企业的财务方面没有太多需要自主完成的任务，只有一件任务，就是缴纳企业增值税。但是不代表财务部在月初很轻松，因为很多业务到最后都要到财务部进行财务处理。

Step1 财务部经理确认申报状态并提交扣款

财务部经理在 VBSE 系统中查看申报状态，审核通过后点击"扣缴"。

Step2 出纳查询网银扣款情况

出纳查询网银，确认增值税是否已扣款成功，扣款成功后，到银行打印税收缴税证明。

Step3　银行柜员打印缴税凭证

银行柜员查询转账记录，确认转账成功后，为商贸企业打印缴税证明。

Step4　出纳填制记账凭证

出纳根据缴税证明编制记账凭证，将银行税收缴款单和税收缴税证明粘贴在记账凭证后面作为附件。填写完毕后在记账凭证上的"制证"处签字或盖章，将记账凭证交给财务部经理审核。

Step5　财务部经理审核记账凭证

财务部经理收到记账凭证和缴款证明，审核记账凭证无误后在记账凭证的"审核"处签字或盖章，并将记账凭证交给出纳登记银行存款日记账。

Step6　出纳登记日记账

出纳根据审核后的记账凭证登记银行存款日记账，记账后在记账凭证上的"出纳"处签字或盖章，再将记账凭证交给财务部经理登记科目明细账和总分类账。

Step7　财务部经理登记账簿

财务部经理根据审核后的记账凭证登记科目明细账和总分类账，记账后在记账凭证上的"记账"和"会计主管"处签字或盖章，最后将记账凭证存档。

任务四　采购方面的月初经营实训练习

商贸企业采购方面的任务与制造企业属于交互业务，因为对于制造企业来说，是销售货物给商贸企业；但是对于商贸企业来说，是去制造企业采购货物，因此两者虽然是一个业务，但是从不同的企业角度来看，是不一样的名称。因此商贸企业采购方面的月初工作在制造企业销售方面的月初工作是属于交互业务，在制造企业那里已经讲述，在这里不再赘述。业务流程见图7-3。

项目七 固定经营核心支持组织实务训练

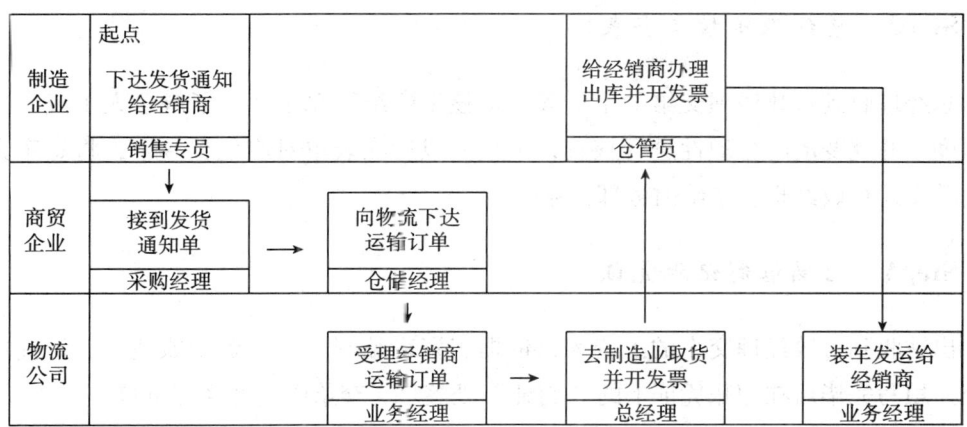

图 7-3 商贸企业采购方面月初经营流程

主题六 商贸企业固定经营月末经营实训练习

任务一 人力资源核算薪酬

任务内容：行政经理统计考勤、制作工资表，并提交至财务部。

任务步骤如下。

Step1 行政经理收集工资数据

行政经理依据期初数据查找当月入职人员记录，离职人员记录，晋升、调动及工资调整记录，考勤信息，绩效考核评价评分资料，当月奖励、处罚等记录，并做汇总整理。还需要依据期初数据查找当月五险一金增减、缴费数据，计算五险一金。

Step2 行政经理计算工资

行政经理下载企业员工花名册信息。依照薪酬规则，参照发放的期初各类有关职工薪酬的各种表格，制作职工薪酬计算的各种表格，包含：《职工薪酬统计表》《五险一金缴费统计表》《部门汇总》。填写完表格后，按照薪酬体系中每个项目的计算规则进行工资核算，再将工资表交给总经理审核。

Step3　总经理审核工资表

总经理收到行政经理交给的工资表,审核工资结算总金额,了解总人工成本及波动幅度,并就变动的合理性进行核查,审核完成后在表单对应位置签字,将签字完成的表单交还行政经理,拿给财务部记账。

Step4　出纳填制记账凭证

出纳收到行政经理交来的工资表,依据工资表编制本月工资记账凭证,计提本月工资。填写完毕后在记账凭证上的"制证"处签字,交给财务部经理审核。

Step5　财务部经理审核记账凭证

财务部经理收到出纳交来的工资表和记账凭证后,审核记账凭证的正确性,审核无误后,在记账凭证上的"审核"处签字或盖章。

Step6　财务部经理登记账簿

财务部经理根据记账凭证登记科目明细账和总分类账,并在记账凭证上的"记账"和"会计主管"上签字或盖章,并将记账凭证存档。

任务二　销售部收到虚拟经销商货款

任务内容:营销经理通知出纳查看收款信息,出纳根据收款的回单记账。
任务步骤如下。

Step1　营销经理销售收款

营销经理在 VBSE 系统中办理销售收款,并通知出纳查询银行存款。

Step2　出纳到银行取得收款结算凭证

出纳查询网银确认收入,到银行取得收款结算凭证。

Step3　银行柜员查询并打印业务回单

银行柜员根据出纳提供的信息查询交易记录,打印查询到的交易记录业务回单,再将打印的业务回单交给出纳。

Step4　出纳编制记账凭证

出纳根据业务内容编制记账凭证，将电汇回单粘贴到记账凭证后面，制作完成后在记账凭证上的"制证"处签字，并将记账凭证交财务部经理审核。

Step5　财务部经理审核记账凭证

财务部经理审核出纳填制的记账凭证并对照相关附件检查是否正确，审核无误后，在记账凭证上的"审核"处签字或盖章，将确认后的记账凭证传递给出纳登记银行存款日记账。

Step6　出纳登记银行存款日记账

出纳根据记账凭证登记银行存款日记账，记账后在记账凭证上的"出纳"处签字或盖章，并将记账凭证传递给财务部经理登记科目明细账和总分类账。

Step7　财务部经理登记账簿

财务部经理根据记账凭证登记科目明细账和总分类账，并在记账凭证上的"记账"和"会计主管"处签字或盖章，并将记账凭证存档。

任务三　采购方面的月末实训任务

商贸企业采购方面的任务与制造企业属于交互业务，因为对于制造企业来说，是销售货物给商贸企业；但是对于商贸企业来说，是去制造企业采购货物，因此两者虽然是一个业务，但是从不同的企业角度来看，是不一样的名称。因此商贸企业采购方面的月末工作和制造企业销售方面的月末工作属于交互业务，在制造企业那里已经讲述，在这里不再赘述。业务流程见图7-4。

任务四　财务方面的月末实训任务

任务内容：在期末，与财务相关的任务相对较多，包括认证增值税抵扣联、计提折旧、存货核算、期末账务处理、编制财务报表的任务。

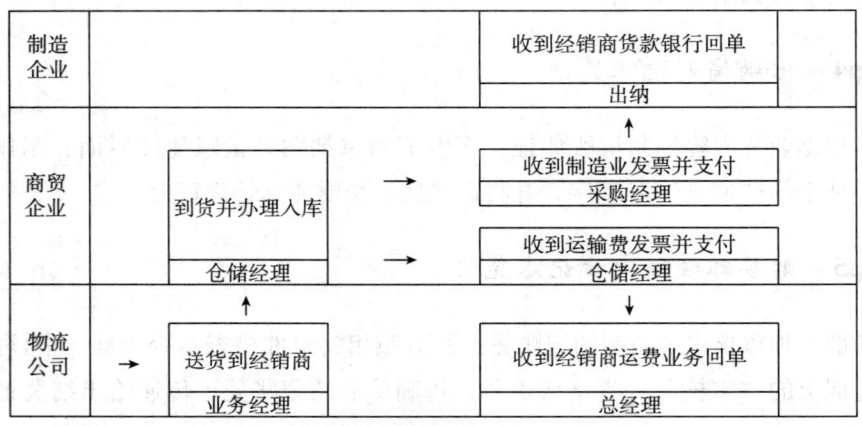

图 7-4 商贸企业采购方面月末经营流程

任务步骤：

Step1 认证增值税抵扣联

财务部经理统一收集增值税抵扣联，并将增值税抵扣联送至税务局进行抵扣认证。

税务专员对企业提交的进项税抵扣联进行审核，通过后打印认证结果通知书，交给商贸企业财务部经理。

财务部经理将从税务局取得的认证结果通知书与抵扣联装订，归档备查。

Step2 计提折旧

财务部经理根据固定资产政策及固定资产明细账计提折旧，并填写固定资产折旧计算表（关于固定资产折旧计算的内容可以参照制造企业相关内容）。再根据固定资产折旧计算表填写记账凭证，将折旧计算表粘贴在记账凭证后作为附件，填制完毕后在记账凭证上的"制证"处签字或盖章，并交给财务部经理审核。

财务部经理接收到出纳交给的记账凭证，进行审核，审核无误后在记账凭证上的"审核"处签字或盖章。

财务部经理根据记账凭证登记科目明细账与总分类账，并在记账凭证的"记账"和"会计主管"处签字或盖章，最后将记账凭证存档。

Step3 存货核算

财务部经理根据销售出库单汇总销售出库的产品明细数量，再根据销售数量和库存商品平均单价，编制销售成本结转明细表。将单据传递给出纳填制记账凭证。

项目七 固定经营核心支持组织实务训练

出纳根据产品出库单及销售成本结转明细表反映的业务内容,编制记账凭证,将相关单据粘贴在后面作为附件,填制完成后在记账凭证上的"制证"处签字或盖章,再将记账凭证传递给财务部经理审核。

财务部经理审核记账凭证的附件、记账科目、金额、手续是否正确与齐全,审核无误后在记账凭证上的"审核"处签字或盖章。

财务部经理根据记账凭证登记科目明细账和总分类账,记账后在记账凭证上的"记账"和"会计主管"处签字或盖章,最后将记账凭证存档。

Step4 期末账务处理

财务部经理汇总损益类发生额,并与总账核对,再将总账里的损益类科目本期发生额结转至本年利润科目,将相关数据交给出纳。

出纳收到财务部经理的数据填制记账凭证。

财务部经理根据本年利润余额计算企业所得税,将计算数额通知出纳填制记账凭证。

出纳收到财务部经理的数据填制记账凭证。

财务部经理根据本年利润余额,结转至科目"利润分配"中,并通知出纳填制记账凭证。

出纳收到财务部经理的数据填制记账凭证。

财务部经理按本年净利润(减弥补以前亏损后)的10%提取法定盈余公积,法定盈余公积累计额达到注册资本的50%时可以不再提取;再将提取的法定盈余公积结转至科目"利润分配"中,同时通知出纳编制结转凭证。

出纳编制计提法定盈余公积凭证和结转凭证。上述记账凭证都填制完成后,统一交给财务部经理进行审核。

财务部经理审核出纳提交的记账凭证,无误后在记账凭证的"审核"处签字或盖章。

财务部经理根据记账凭证登记科目明细账和总分类账,记账后在记账凭证上的"记账"和"会计主管"处签字或盖章,最后将记账凭证存档。

Step5 编制财务报表

财务部经理编制资产负债表、利润表和相关财务报表说明等财务报告相关内容,确认无误后在财务报告上签字并盖章。编制完毕后将财务报告交给总经理审查。

总经理审查财务部经理编制的财务报告,总经理确认无误后在财务报告上签字并盖章。

主题七　物流公司固定经营阶段实训练习

实习模型的物流企业组织结构分为1个管理层次，2个部门。总经理可以对企管部、业务部下达命令或指挥。各职能部门经理对本部门下属有指挥权，对其他部门有业务指导但没有指挥权。

同时本实训中，规定不论是制造企业销售货物还是工贸企业销售货物，都需要将货物交给物流公司进行运输，否则将无法完成销售任务。本实训还要求制造企业和商贸企业需要先和物流企业签订运输合同，所以，物流公司与工贸企业、制造企业、商贸企业之间有很多交互任务，比如与制造企业和商贸企业签订运输合同、受理企业订单、去企业取货并收取发票、装车运输货物、送货到客户、收到运费等任务。以上业务都在制造企业销售和采购主题任务中写过了，在这里，将不再把具体任务重新阐述，只将物流公司和制造企业之间交互任务的流程图给读者做简单介绍：

1. 制造企业采购业务主题

在固定经营中，制造企业的实训主题分为了月初经营准备、月初经营和月末经营三部分。在月初经营准备中，制造企业的采购任务就包括了以下一系列与工贸企业、物流企业之间的交互任务。

在月初准备工作中，制造企业与物流企业没有交互任务，从月初经营开始，物流企业与制造企业之间的交互任务正式开始。任务关系见图7-5。

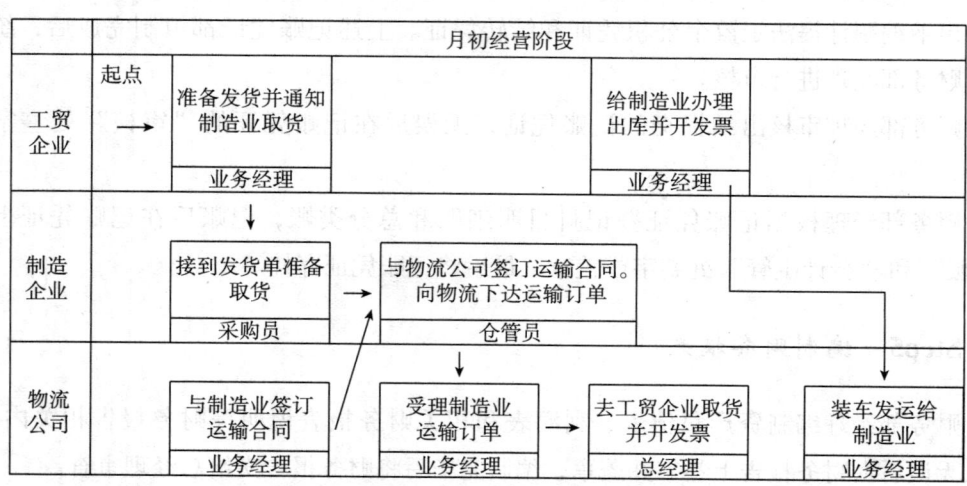

图7-5　月初经营阶段物流企业与制造企业、工贸企业交互任务关系

项目七 固定经营核心支持组织实务训练

在月初经营阶段，需要完成的总任务是工贸企业为制造企业发出货物，需要利用物流公司为制造企业运输货物。因此首先需要制造企业与物流公司签订运输合同，然后制造企业向物流公司下达运输订单。物流公司受理制造企业运输订单后，去工贸企业收取货物并开具发票，最后装车发货给制造企业。

月末经营阶段中，需要完成的总任务是制造企业收到货物并将货物款交给工贸企业，以及将运输款交给物流公司。物流公司首先完成任务是送货到制造企业，同时收到制造企业运费业务回单，见图7-6。

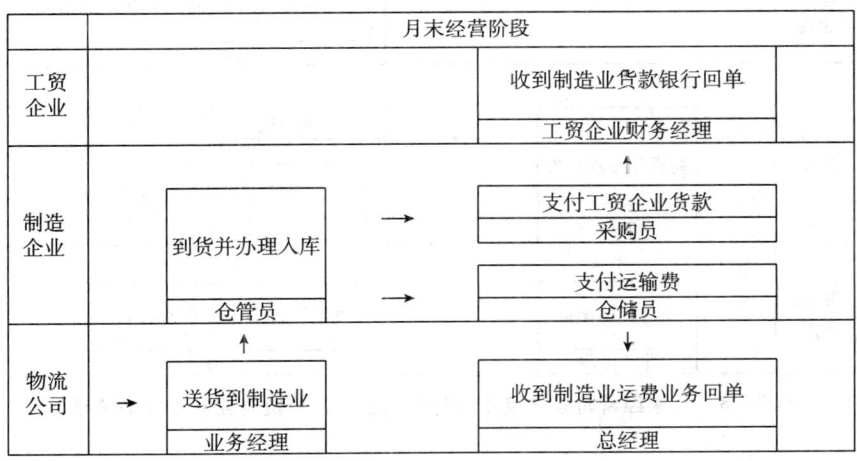

图7-6 月末经营阶段物流企业与制造企业、工贸企业交互任务关系

2. 制造业销售货物主题

在固定经营中，制造企业的实训主题分为了月初经营准备、月初经营和月末经营三部分。在月初经营准备中，销售主题没有任务。但是在月初经营中涉及的任务比较多，见图7-7。

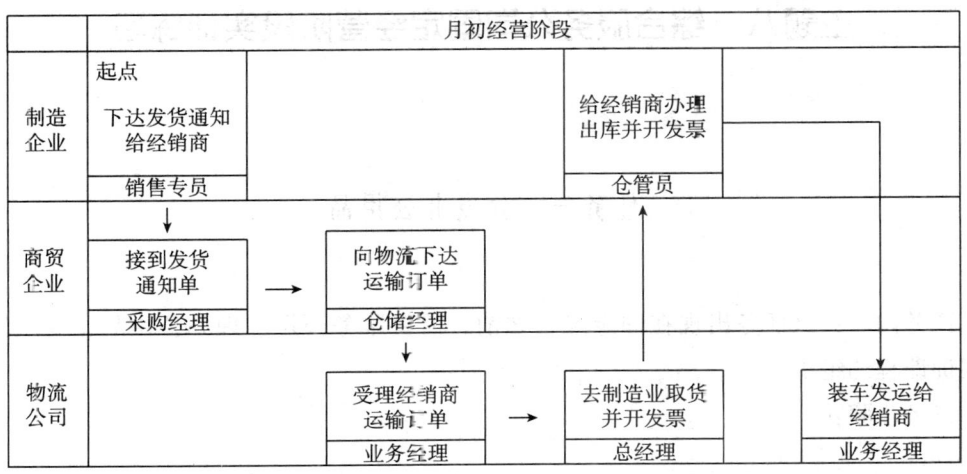

图7-7 月初经营阶段物流企业与制造企业、商贸企业交互任务关系

在图7-51中可以看出,这一系列任务,所完成的是向商贸企业销售货物的任务。这一任务需要制造企业通过物流公司发出货物。物流公司受理商贸企业运输订单,再去制造企业收取货物并开具发票,并装车运输货物给商贸企业。

月末经营过程中制造企业销售工作的主要任务是商贸企业收到货物,并且将货款发送给制造企业,再将运输费用发送给物流公司。具体任务关系见图7-8。

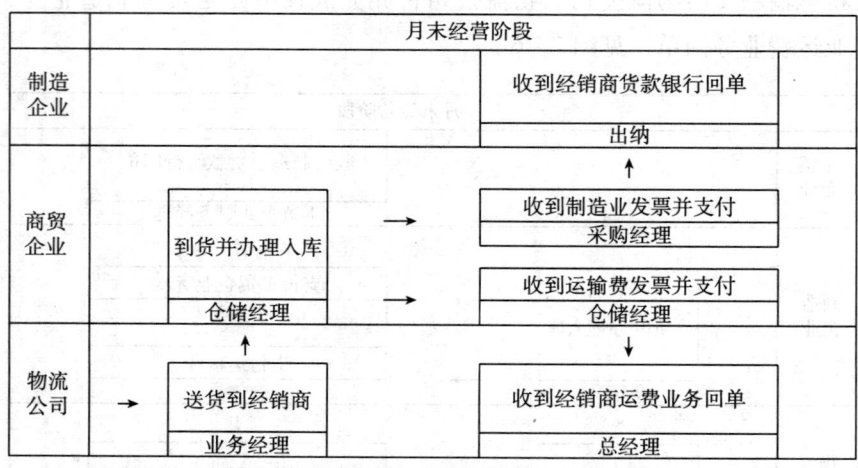

图7-8 月末经营阶段物流企业与制造企业、商贸企业交互任务关系

在这一系列任务中,物流公司需要送货到商贸企业,并且收到商贸企业的运输费用。

综上所述,物流公司的任务都已经融进了制造企业的采购和销售业务中,都已经在制造企业部分中介绍过,因此不在此赘述。

主题八 综合服务公司固定经营阶段实训练习

任务一 分发办公用品

任务内容:该任务出现在固定经营之前,需要服务公司整理办公用品,发放给本次实训课程的组织。

任务步骤:

项目七 固定经营核心支持组织实务训练

Step1 服务公司总经理整理办公用品

服务公司总经理确定本次实训的机构数量,根据组织数量整理每个机构应发放的办公用品,通知服务公司业务员准备分发办公用品。

Step2 服务公司业务员通知并分发办公用品

服务公司业务员按顺序通知各机构到服务公司领用办公用品,将总经理分配好的办公用品分发给各机构领用人员并做好登记。

任务二 组织商贸企业竞单

任务内容:组织商贸企业进行竞单,因为商贸企业需要销售货物给虚拟客户,因此需要在系统取得相应的虚拟订单,在本实训中,是由服务公司管理虚拟订单。该业务出现在商贸企业销售主题中的月初经营阶段。

任务步骤:

Step1 服务公司总经理通知商贸企业竞单

服务公司总经理让服务公司业务员去通知已投放广告的企业到服务公司来进行竞单。

Step2 服务公司总经理为商贸企业选单

服务公司总经理选择一个销售区域,按该区域中各公司投放广告顺序依次选单。收到企业选单命名后,选择对应企业,再选择对应的订单,进行确认。

任务三 核对制造企业车间水电费并开发票

任务内容 核对各制造企业的车间水电费,并为制造企业开具发票。这一任务出现在制造企业生产主题中的月末任务中,与制造企业属于交互任务。

任务步骤:

Step1 服务公司业务员查看水电费单

服务公司业务员收到制造企业提交的《水电费付款单》后,核准单据并通知制造企业找服务公司总经理领取发票。

Step2 服务公司总经理开具发票

服务公司总经理与业务员确定服务金额,并根据金额为制造企业开具发票。

任务四 收取车间水电费

任务内容:按月收取各企业的水电费。该任务与制造企业生产主题中的月末任务属于交互任务。

任务步骤:

Step1 服务公司总经理收到制造企业转账支票

服务公司向办理业务的制造企业收水电费,拿到制造企业开具的转账支票。

Step2 服务公司总经理到银行办理转账

服务公司总经理根据转账支票填写进账单,携带转账支票与进账单到银行进行转账。

Step3 银行柜员办理转账

银行柜员收到服务公司提交的进账单与支票后,根据进账单信息办理转账业务。

Step4 银行柜员打印银行回单

银行柜员找到办理的转账业务,打印回单,将回单交给服务公司总经理。

主题九 税务局固定经营阶段实训练习

税务局在本虚拟实训中主要的任务是收取制造企业税费,同时还包括一些税务知

项目七 固定经营核心支持组织实务训练

识讲解等任务。

任务一 税务知识讲解

任务内容：该任务发生在固定经营初期，需要税务局给实训学生讲解相关税务知识。需要在税务局实训的学生学习税务知识，制作成文档或者PPT，与主讲教师沟通确认内容准确性后，对制造企业、工贸企业和商贸企业进行税务知识讲解。

任务步骤：

Step1 税务专员学习税务知识并制作PPT

税务专员学习税务的基本知识，因为本实训主要涉及的税种是企业增值税和个人所得税，因此主要学习这两个税种的基本知识。根据学习的情况制作文档和PPT。

Step2 税务专员进行税务知识宣讲

税务专员与主讲老师沟通，确认讲解的方式和时间，进行税务知识讲解；在讲解完毕后，到每一个组织询问关于个人所得税和企业增值税的疑问，并记录每个组织关于税收的问题，再查找资料确认后给予答复。

任务二 税务检查制度和奖惩机制的制定

任务内容：学习虚拟商业社会的运营规则，根据规则制定本次课程的税务检查制度和奖惩办法。

任务步骤：

Step1 税务专员学习运营规则并制定规则

税务专员了解虚拟商业社会经营规则，制定本次课程的税务管理规定；制定完成后为全部实训同学进行公示或宣讲。

Step2 税务专员公示并宣讲规则

税务专员与主讲老师沟通，确认讲解的方式和时间；进行税务规则讲解；记录企业关于税务规则的问题，再查找资料确认后给予答复。

任务三 税务稽查

任务内容：税务局制定好的税务管理规定对企业进行随机稽查，记录并公示稽查结果，并对问题企业进行行政处罚。

Step1 税务专员对企业的税务进行稽查并记录结果

税务专员根据税务稽查制度对企业进行稽查，并记录在案。

Step2 税务专员公示稽查结果并通知问题企业限期补缴

税务专员与主讲老师沟通，确认公示时间（每天课程结束前5分钟）；将稽查结果张贴在税务局进行公示，同时根据检查结果通知问题企业限期补缴。

Step3 税务专员检查企业补缴情况

税务专员对到期未补缴的开具税务行政处罚决定书；到期补缴的，确认后不做处罚。

Step4 税务机关做出行政处罚

税务专员根据税务行政处罚决定书进行行政处罚，将开具的税务行政处罚决定书送达相关问题企业。

注意：如果税务局在进行税务稽查的时候，有关组织收到了税务机关的行政处罚，则需要接受税务行政处罚并进行处理。但是不同的组织所涉及的业务流程不尽相同，因此从任务四至任务六，介绍的是不同的组织接受税务行政处罚所应该进行的任务。

任务四 制造企业接受税务行政处罚并处理

任务内容：收到税务专员送达的税务行政处罚决定书，根据税务行政处罚决定书补缴税款及罚款。

任务步骤：

项目七 固定经营核心支持组织实务训练

Step1　制造企业行政助理收到税务行政处罚决定书

制造业行政助理收到税务行政处罚决定书；根据税务行政处罚决定书填写付款申请单并提交至总经理。

Step2　总经理审核付款申请

总经理收到行政助理提交的付款申请单后，对付款申请单进行审核，审核无误后将审核通过的付款申请单返回给行政助理。

Step3　行政助理将审核的付款申请单提交财务

行政助理接收审核通过的付款申请单，将收到的税务行政处罚决定书和审核通过的付款申请单一并送至财务部出纳。

Step4　出纳接收审核付款申请单

出纳审核行政助理提交的税务行政处罚决定书、付款申请单；审核通过后提交财务部经理审核。

Step5　财务部经理审核付款申请

财务部经理审核出纳提交的税务行政处罚决定书、付款申请单；审核通过后返回出纳进行转账付款。

Step6　出纳转账付款

出纳收到财务部经理审核通过的付款申请单，根据付款申请单进行转账付款；转账后查询网银，确认转账结果后到银行取业务回单。

Step7　银行柜员查询并打印业务回单

银行柜员根据出纳提供的信息查询并打印业务回单，打印两份；将打印好的两份业务回单交给出纳。

Step8　出纳取回银行业务回单

出纳取得银行业务回单，将其中一份送至行政助理，另一份送至财务会计填写记账凭证。

Step9　财务会计填写记账凭证

财务会计收到出纳提交的税务行政处罚决定书、付款申请单、银行业务回单，并根据税务行政处罚决定书、付款申请单、银行业务回单填写记账凭证；填写完成后将税务行政处罚决定书、付款申请单、银行业务回单贴到记账凭证后面，并在记账凭证上的"制证"处签字或盖章，提交财务部经理审核。

Step10　财务部经理审核记账凭证

财务部经理审核财务会计提交的记账凭证，审核通过后在记账凭证上的"审核"处签字或盖章，再返回出纳登记银行存款日记账。

Step11　出纳登记日记账

出纳收到财务部经理审核通过的记账凭证，根据记账凭证登记银行存款日记账；登记完成后在记账凭证上的"出纳"处签字或盖章，再将凭证送至财务会计处登记明细账。

Step12　财务会计登记明细账

财务会计收到出纳送过来的记账凭证，根据记账凭证登记明细账，登记完成后在记账凭证上的"记账"处签字或盖章，然后将凭证送至财务部经理处登记总账。

Step13　财务部经理登记总分类账

财务部经理收到财务会计送过来的记账凭证，根据记账凭证登记总分类账，并在记账凭证上的"会计主管"处签字或盖章，再将记账凭证进行存档。

Step14　行政助理收到银行付款回单并送至税务局

行政助理收到出纳送过来的银行业务回单，将银行业务回单送至税务局。

Step15　税务专员收到银行付款回单并销案

税务专员收到行政助理送过来的银行业务回单，核对金额无误后销案处理，并做好记录。

项目七 固定经营核心支持组织实务训练

任务五 商贸企业接受税务行政处罚并处理

任务内容：收到税务专员送达的税务行政处罚决定书，根据税务行政处罚决定书补缴税款及罚款。

任务步骤：

Step1 行政经理收到税务行政处罚决定书

行政经理收到税务行政处罚决定书，根据税务行政处罚决定书填写付款申请单并提交至总经理。

Step2 总经理审核付款申请

总经理根据税务行政处罚决定书审核行政经理提交的付款申请单，将审核通过的付款申请单返回行政经理。

Step3 行政经理将审核的付款申请单提交财务

行政经理收到审核通过的付款申请单，将收到的税务行政处罚决定书和审核通过的付款申请单一并送至财务部出纳。

Step4 出纳收到审核付款申请单

出纳审核行政经理提交的税务行政处罚决定书、付款申请单，审核通过后提交财务部经理审核。

Step5 财务部经理审核付款申请

财务部经理审核出纳提交的税务行政处罚决定书、付款申请单，审核通过后返回出纳进行转账付款。

Step6 出纳转账付款

出纳收到财务部经理审核通过的付款申请单，根据付款申请单进行转账付。转账后查询网银，确认转账成功后到银行取业务回单。

Step7 银行柜员查询并打印业务回单

银行柜员根据出纳提供的信息查询并打印业务回单两份；将打印好的两份业务回单交给出纳。

Step8 出纳根据业务回单填写记账凭证

出纳取得银行业务回单，将其中一份送至行政经理，另一份连同税务行政处罚决定书、付款申请单、银行业务回单填写记账凭证；填写完成后将税务行政处罚决定书、付款申请单、银行业务回单贴到记账凭证后面，并提交财务部经理审核。

Step9 财务部经理审核记账凭证

财务部经理审核出纳提交的记账凭证，审核通过后返回出纳登记银行存款日记账。

Step10 出纳登记银行存款日记账

出纳收到财务部经理审核通过的记账凭证，根据记账凭证登记银行存款日记账，登记完成后将凭证送至财务部经理处登记明细账和总分类账。

Step11 财务部经理登记明细账和总分类账

财务部经理收到出纳送过来的记账凭证后，根据记账凭证登记明细账和总分类账，并在记账凭证上的"记账"和"会计主管"处签字或盖章，最后将记账凭证进行存档。

Step12 行政经理收到银行付款回单并送至税务局

行政经理收到出纳送过来的银行业务回单，将银行业务回单送至税务局。

Step13 税务专员收到银行付款回单并销案

税务专员收到行政经理送过来的银行业务回单，核对金额无误后销案处理，并做好记录。

任务六 工贸企业接受税务行政处罚并处理

任务内容：收到税务专员送达的税务行政处罚决定书，根据税务行政处罚决定书补缴税款及罚款。

任务步骤：

Step1　行政经理收到税务行政处罚决定书

行政经理收到税务行政处罚决定书，根据税务行政处罚决定书填写付款申请单并提交至总经理审核。

Step2　总经理审核付款申请

总经理根据税务行政处罚决定书审核行政经理提交的付款申请单，将审核通过的付款申请单交给财务部经理。

Step3　财务部经理审核付款申请

财务部经理审核总经理提交的税务行政处罚决定书、付款申请单，审核通过后返回总经理进行转账付款。

Step4　总经理转账付款

总经理收到财务部经理审核通过的付款申请单，根据付款申请单进行转账付款，转账后查询网银，确认转账成功后通知财务部经理到银行取业务回单。

Step5　银行柜员查询并打印业务回单

银行柜员根据财务部经理提供的信息查询并打印业务回单两份；将打印好的两份业务回单交给财务部经理。

Step6　财务部经理取回银行业务回单

财务部经理取得银行业务回单，将其中一份送至行政经理，另一份送至总经理填写记账凭证。

Step7　总经理填写记账凭证

总经理收到财务部经理提交的税务行政处罚决定书、付款申请单、银行业务回单并据此填写记账凭证；填写完成后将税务行政处罚决定书、付款申请单、银行业务回单贴到记账凭证后面，并在记账凭证上的"制证"处签字或盖章，再提交财务部经理审核。

Step8 财务部经理审核记账凭证

财务部经理审核总经理提交的记账凭证，审核通过后在记账凭证上的"审核"处签字或盖章，再返回总经理登记银行存款日记账。

Step9 总经理登记日记账

总经理收到财务部经理审核通过的记账凭证；根据记账凭证登记银行存款日记账，登记完成后在记账凭证上的"出纳"处签字或盖章，将凭证送至财务部经理处登记明细账和总分类账。

Step10 财务部经理登记明细账及总分类账

财务部经理收到总经理送过来的记账凭证，根据记账凭证登记明细账和总分类账，在记账凭证上的"记账"和"会计主管"处签字或盖章，并将记账凭证存档。

Step11 行政助理收到银行付款回单并送至税务局

行政助理收到财务部经理送过来的银行业务回单后，将银行业务回单送至税务局。

Step12 税务专员接收银行付款回单并销案

税务专员收到行政经理送过来的银行业务回单，核对金额无误后销案处理，并做好记录。

主题十 人社局固定经营阶段实训练习

人社局在本虚拟实训中主要的任务是收取企业员工的社会保险费和公积金，同时还包括一些社保知识讲解等任务。

任务一 虚拟商业社会保障制度编制

任务内容：学习 VBSE 虚拟商业社会运营规则和社保、住房公积金知识，制定本次课程的社会保障制度并制作成文档或PPT，与主讲老师沟通确认后，对社会保障制度进行讲解。

任务步骤：

Step1　社保公积金专员学习制定本次课程的社会保障制度

社保公积金专员学习VBSE虚拟商业社会运营规则，制定本次课程的社会保障制度，并将制定的社会保障制度制作成文档或PPT。

Step2　社保公积金专员进行社会保障制度讲解

社保公积金专员与主讲老师沟通，确认讲解的方式和时间，进行社会保障制度讲解；记录企业关于社会保障制度的问题，再查找资料确认后给予答复。

任务二　下达社保稽查通知书并进行社保稽核

任务内容：填写社保稽核通知书，下发至制造企业、经销商、工贸企业。根据制定的社会保障制度对企业进行社保稽核，若存在问题，形成稽核整改意见书，并送达相关企业。

任务步骤：

Step1　社保公积金专员下达稽查通知书

社保公积金专员填写社保稽核通知书；填写完成后下发到制造企业的人力资源部或行政部门（企业管理部）、经销商行政经理、工贸企业行政经理；请各企业按社保稽核通知书准备相关内容、资料、原始凭证等。

Step2　社保公积金专员进行例行检查并记录在案

社保公积金专员根据社保稽核通知书的时间，到企业进行现场稽核。根据制定、公示的社会保障制度到企业人力资源部、财务部或主管人力资源和财务负责人处进行稽查；检查人力资源参保人员情况及财务部按时缴纳保费情况等内容。

Step3　社保公积金专员下达稽查整改意见

社保公积金专员根据检查结果对没有问题企业出具社会保险稽核报告；对问题企

业提出稽查整改意见书。

任务三 行政处罚

任务内容：根据社保稽核检查结果，对问题企业做出行政处罚。

任务步骤：

Step1 社保公积金专员检查企业整改情况

社保公积金专员根据社保稽核整改意见书检查企业整改情况，到期未整改的开具社会保险提请行政处罚建议书，提请劳动监察部门；到期整改的，确认后不做处罚。

Step2 社保公积金专员做出行政处罚

对于到期未整改的企业，社保公积金专员提请行政处罚建议书，进行行政处罚，并将开具的劳动保障监察行政处罚决定书送达相关问题企业。

因为本行政处罚只涉及未整改的企业，因此并不是所有企业都需要交此行政处罚。而对于不同的企业来说，接受行政处罚所需要进行的流程不尽相同，因此任务四至任务六将讲解制造企业、工贸企业和商贸企业接收行政处罚所需要进行的工作流程。

任务四 制造企业接受行政处罚并处理

任务内容：如果制造企业没有按时完成人社局要求的整改，则需要接受行政处罚。制造企业接收到社保公积金专员送达的劳动保障监察行政处罚决定书后，根据劳动保障监察行政处罚决定书缴纳罚款。

任务步骤：

Step1 制造企业行政助理收到劳动保障监察行政处罚决定书

行政助理收到劳动保障监察行政处罚决定书后，根据劳动保障监察行政处罚决定书填写付款申请单并提交至总经理。

Step2 总经理审核付款申请

总经理根据劳动保障监察行政处罚决定书审核行政助理提交的付款申请单，将审核通过的付款申请单返回行政助理。

Step3　行政助理将审核的付款申请单提交财务

行政助理收到审核通过的付款申请单后，将收到的劳动保障监察行政处罚决定书和审核通过的付款申请单一并送至财务部出纳。

Step4　出纳收到审核付款申请

出纳审核行政助理提交的劳动保障监察行政处罚决定书和付款申请单，审核通过后提交财务部经理审核。

Step5　财务部经理审核付款申请

财务部经理审核出纳提交的劳动保障监察行政处罚决定书和付款申请单，审核通过后返回出纳进行转账付款。

Step6　出纳转账付款

出纳收到财务部经理审核通过的付款申请单，根据付款申请单进行转账付款，转账后查询网银，确认转账成功后到银行取业务回单。

Step7　银行柜员查询并打印业务回单

银行柜员根据出纳提供的信息查询并打印业务回单两份，将打印好的两份业务回单交给出纳。

Step8　出纳取回银行业务回单

出纳取得银行业务回单后，将其中一份送至行政助理，另一份送至财务会计填写记账凭证。

Step9　财务会计填写记账凭证

财务会计收到出纳提交的劳动保障监察行政处罚决定书、付款申请单、银行业务回单后，根据以上原始凭证填写记账凭证，填写完成后在记账凭证上的"制证"处签字或盖章，然后将劳动保障监察行政处罚决定书、付款申请单、银行业务回单贴到记账凭证后面，并提交财务部经理审核。

Step10　财务部经理审核记账凭证

财务部经理审核财务会计提交的记账凭证，审核通过后在记账凭证上的"审核"处签字或盖章，返回给出纳登记银行存款日记账。

Step11　出纳登记银行存款日记账

出纳收到财务部经理审核通过的记账凭证，根据记账凭证登记银行存款日记账。登记完毕后在记账凭证上的"出纳"处签字或盖章，并将凭证送至财务会计处登记明细账。

Step12　财务会计登记明细账

财务会计收到出纳送过来的记账凭证，根据记账凭证登记明细账，登记完成后在记账凭证上的"记账"处签字或签章，并将记账凭证送至财务部经理处登记总分类账。

Step13　财务部经理登记总分类账

财务部经理收到财务会计送过来的记账凭证，根据记账凭证登记总账，并在记账凭证上的"会计主管"处签字或盖章，最后将记账凭证存档。

Step14　行政助理收到银行付款回单并送至人社局

行政助理收到出纳送过来的银行业务回单后，将银行业务回单送至人社局。

Step15　社保公积金专员收到银行付款回单并销案

社保公积金专员收到行政助理送过来的银行业务回单，核对金额无误后销案处理，并做好记录。

任务五　商贸企业接受行政处罚并处理

任务内容：如果商贸企业没有按时完成整改，则将会收到社保公积金专员送达的劳动保障监察行政处罚决定书，商贸企业就需要根据劳动保障监察行政处罚决定书缴纳罚款。

任务步骤：

Step1　行政经理收到劳动保障检查行政处罚决定书

行政经理接收到劳动保障监察行政处罚决定书，根据处罚决定书填写付款申请单并提交至总经理审核。

Step2　总经理审核付款申请

总经理根据处罚决定书审核行政经理提交的付款申请单，再将审核通过的付款申请单返回至行政经理。

Step3　行政经理

行政经理收到审核通过的付款申请单，再将收到的处罚决定书和审核通过的付款申请单一并送至财务部出纳。

Step4　出纳收到审核付款申请单

出纳审核行政经理提交的处罚决定书和付款申请单，审核通过后提交财务部经理审核。

Step5　财务部经理审核付款申请

财务部经理审核出纳提交的劳动保障监察行政处罚决定书和付款申请单，审核通过后返回出纳进行转账付款。

Step6　出纳转账付款

出纳收到财务部经理审核通过的付款申请单，根据付款申请单进行转账付款，转账后查询网银，确认转账成功后到银行取业务回单。

Step7　银行柜员查询并打印业务回单

银行柜员根据出纳提供的信息查询并打印业务回单两份，并将打印好的两份业务回单交给出纳。

Step8　出纳填写记账凭证

出纳取得银行业务回单后，将其中一份送至行政经理，另外一份银行回单，与处罚决定书、付款申请单一起作为原始凭证，根据这些原始凭证填写记账凭证。填写完成后在记账凭证上的"制证"处签字或盖章，并将这些原始凭证粘贴到记账凭证后面，并提交财务部经理审核。

Step9　财务部经理审核记账凭证

财务部经理审核出纳提交的记账凭证，审核通过后在记账凭证上的"审核"处签字或盖章，再返回出纳登记银行存款日记账。

Step10　出纳登记银行存款日记账

出纳收到财务部经理审核通过的记账凭证后，根据记账凭证登记银行存款日记账，登记完成后在记账凭证上的"出纳"处签字或盖章，再将凭证送至财务部经理处登记明细账和总分类账。

Step11　财务部经理登记账簿

财务部经理收到出纳送过来的记账凭证后，根据记账凭证登记明细账和总分类账，并在记账凭证上的"记账"和"会计主管"处签字或盖章，最后将记账凭证存档。

Step12　行政经理收到银行付款回单并送至人社局

行政经理收到出纳送过来的银行业务回单后，将银行业务回单送至人社局。

Step13　社保公积金专员收到银行付款回单并销案

社保公积金专员收到行政经理送过来的银行业务回单，核对金额无误后销案处理，并做好记录。

任务六　工贸企业接受行政处罚并处理

任务内容：如果工贸企业没有按时完成整改，则将会收到社保公积金专员送达的劳动保障监察行政处罚决定书，工贸企业就需要根据劳动保障监察行政处罚决定书缴纳罚款。

任务步骤：

项目七　固定经营核心支持组织实务训练

Step1　行政经理收到处罚决定书

行政经理收到处罚决定书后，根据行政处罚决定书填写付款申请单并提交至总经理。

Step2　总经理审核付款申请

总经理根据收到的行政处罚决定书，审核行政经理提交的付款申请单，审核无误后将审核通过的付款申请单交给财务部经理。

Step3　财务部经理审核付款申请

财务部经理根据收到的行政处罚决定书，审核行政经理提交的付款申请单，审核无误后返回总经理进行转账付款。

Step4　总经理转账付款

总经理收到财务部经理审核通过的付款申请单后，根据付款申请单进行转账付款。转账后查询网银，确认转账成功后通知财务部经理到银行取业务回单。

Step5　银行柜员查询并打印业务回单

银行柜员根据财务部经理提供的信息查询并打印业务回单两份，再将打印好的两份业务回单交给财务部经理。

Step6　财务部经理取回银行业务回单

财务部经理取得银行业务回单后，将其中一份送至行政经理，另一份送至总经理作为原始凭证填写记账凭证。

Step7　总经理填写记账凭证

总经理收到财务部经理提交的行政处罚决定书、付款申请单、银行业务回单后，根据以上原始凭证填写记账凭证。填写完成后在记账凭证上的"制证"处签字或盖章。同时将原始凭证全部粘贴到记账凭证后面，并提交财务部经理审核。

Step8　财务部经理审核记账凭证

财务部经理审核总经理提交的记账凭证，审核通过后在记账凭证上的"审核"处签字或盖章，再返回总经理登记银行存款日记账。

Step9　总经理登记银行存款日记账

总经理收到财务部经理审核通过的记账凭证后，根据记账凭证登记银行存款日记账。登记完成后在记账凭证上的"出纳"处签字或盖章，并将凭证送至财务部经理处登记明细账和总分类账。

Step10　财务部经理登记明细账和总分类账

财务部经理收到总经理送过来的记账凭证后，根据记账凭证登记明细账和总分类账，并在记账凭证上的"记账"和"会计主管"处签字或盖章，最后将记账凭证存档。

Step11　行政经理收到银行付款回单并送至人社局

行政经理收到财务部经理送过来的银行业务回单后，将银行业务回单送至人社局。

Step12　社保公积金专员收到银行付款回单

社保公积金专员收到行政经理送过来的银行业务回单，核对金额无误后销案处理，并做好记录。

项目八　固定经营外围组织实务训练

除了上述的组织以外，VBSE 系统为了将更多的专业包含进来，还设置了招投标公司、国际贸易公司等这些外围组织，但是这些组织就不是实训中必须设置的了，是否选取要看参与实训的学生其专业是否涵盖，例如，如果有国际贸易专业的学生一起参与实训，就可以选择开设国际贸易公司，否则有些业务较为专业，让其他专业学生选择国际贸易公司，则有可能无法胜任，进而影响实训效果。

由于以上并不是必须设置的外围组织，要根据学生的实训人数、所学专业进行适当设置，因此这里将各个外围组织的固定经营过程中的实训任务做简单介绍。

主题一　招投标公司固定经营实务训练

任务一　招投标公司进行招标

任务内容：招投标公司需要进行招标，其中的步骤包括发布招标公告、制作投标文件、组织开标会等任务。

任务步骤：

Step1　与委托方签订招投标委托合同

因为招投标公司是收到其他公司委托来进行招标，因此招投标总经理要与委托方签订委托代理合同。但是由于委托方是虚拟企业，因此《委托代理合同》需要由招投标总经理一人代签。

Step2　招投标总经理编制招标文件

招投标总经理按照委托方要求，编制招标文件。

Step3　招投标总经理发布招标公告

招投标总经理根据招标公告模板，新建 Word 文档编制招标公告。将编制好的招标公告打印出来，并将招标公告贴到公告板中，同时通知企业到公告板处查看。

Step4　招投标公司对制造企业进行资格预审

制造业销售专员确定投标后，找到资格预审文件并编制资格预审文件。编制完成后，由部门经理审核，由销售员提交到招投标公司。

招投标总经理收到制造业提交的资格预审文件，对制造企业的审核资格进行预审。

Step5　出售招标文件

招投标总经理收到企业购买申请的需求，将招标文件销售给企业销售员，招标文件 200 元一份。

Step6　制造企业制作投标文件

制造企业销售专员到招投标公司说明要购买招标文件，从招投标总经理处接过招标文件后，根据招标文件内容及公司自身情况，编制投标文件。

Step7　招投标公司组织开标会

制造企业销售专员事先准备用于投标讲解的 PPT，并到招投标公司指定地点参加开标会。

招投标经理组织已投标的企业人员进行投标讲演。

演讲完毕后，请 4~5 位评委对招标情况进行评审。

Step8　招投标公司定标并发出中标订单

招投标经理联合评标委员进行评分，根据评分确定中标企业，并在系统中发布中标公告并填写中标通知书，将中标通知书送至中标企业，同时在系统中发放中标订单。

项目八 固定经营外围组织实务训练

任务二 中标的制造企业完成中标订单

任务内容：在任务一里，招投标公司完成了定标工作，并与中标制造企业签订了购货订单。在任务二中，制造企业需要向招投标公司的委托方发货，并由委托方支付货款。同时招投标公司需要与委托方结算服务费。

任务步骤：

Step1 中标制造企业给招投标公司委托方发货

中标制造企业销售专员填写发货单，并将发货单送交营销部经理审核。营销部经理审核完毕后转交给销售专员，再由销售专员分发发货单给商贸企业。

Step2 给招标委托方办理出库

中标制造企业仓管员依据发货单填制产品的销售出库单，提交至仓储部经理审批。仓储部经理对销售出库单进行审核，审核无误后在单据上签字，并交还仓管员去办理出库手续。仓管员依据销售出库单填写库存台账，留存备案。

销售专员根据销售出库单进行销售发运，并将销售出库单第四联送交客户，同时向出纳申请开发票。

出纳从销售专员处获取卖给该客户的销售价格，同时根据产品出库单并结合销售价格开具销售发票，将记账联留下，其他两联交给销售专员。

销售专员将发票交物流公司，由物流公司送给客户。

财务部进行会计处理。其中财务会计根据开具的发票填制记账凭证，并由财务部经理进行审核。财务部经理审核无误并签字或盖章后由财务会计登记科目明细账。最后由财务部经理登记总分类账，并对记账凭证进行存档。

Step3 制造企业收到招标客户的货款

中标制造企业销售专员在 VBSE 系统中办理销售收款，并通知出纳查询银行存款。出纳收到银行收款结算凭证后交给财务会计，财务会计根据结算凭证编制记账凭证，并将电汇回单粘贴到记账凭证后面，交财务部经理审核。

财务部经理审核无误后，在记账凭证上签字确认，并传递给出纳登记银行存款日记账。出纳登记完银行存款日记账后，由财务会计登记科目明细账，最后由财务部经理登记总分类账，并将记账凭证存档。

Step4　招投标公司与客户结算招标服务费

招投标总经理与虚拟客户结算招投标公司的服务费。

主题二　国际贸易公司固定经营实务训练

国际贸易公司主要是进行货物的出口,因此对于国际贸易公司来说,需要完成的任务主要有两大部分:第一大部分是进行货物出口,第二大部分是在国内制造业处购进货物,下面将围绕这两部分任务进行讲解。

任务一　国际贸易公司进行货物出口业务

任务内容:国际贸易公司如果想要顺利将货物出口,首先需要做的是要和境外客户进行贸易洽谈并签订合同。合同签订后完成一些出口货物必需的流程,才能将货物报关出口。

任务步骤:

Step1　国际贸易公司进行贸易洽谈

国贸进出口经理在系统中选中目标客户订单,同时向进口商发建交函,介绍自己公司的业务,表达希望能与对方公司建立贸易伙伴关系的意愿。当国贸进出口经理收到进口商发来的询盘函后,请示交易条件和利润率,并在获取相关信息后,开始计算价格进行报价核算,得出美元单价,再根据之前的信息起草发盘函,送交总经理审核。

国贸总经理对发盘函的内容进行审核,审核无误后签字确认。

国贸进出口经理起草发盘函,经领导审核无误,对外报价。

但是在实际业务过程中,很少有第一次报价的内容就完全被对方接受,一般都会针对某个或几个成交条件发生几次不同意见的还盘、再还盘,直到一方宣布完全同意已经谈过的所有条件,即成为接受。在实训中仅需要一次报价即可。

Step2　国贸公司出口合同签订

双方经过贸易洽谈,国贸进出口经理接受销售合同条款。约定销售合同条款后,

项目八　固定经营外围组织实务训练

国贸进出口经理填写销售合同会签单，并提交总经理审批。

总经理在合同会签单上签字并审核合同，审核无误后在合同上签字盖章。再交给国贸进出口经理。

国贸进出口经理将销售合同寄给进口商，进口商会签合同后，将其中一份寄回给卖方。

Step3　国际贸易公司催证、审证、改证，办理信用证

国贸进出口经理买卖双方依据签订的贸易合同，在合同的支付条款中明确使用信用证及其种类和开证时间。

及时开出信用证是买方在信用证支付方式合同中的一项主要义务，但买方往往会因资金短缺或市场变化等原因不能按时开出信用证。在这种情况下，卖方应适时采取措施敦促买方开证，以便如期装运。在出口贸易实践中较多使用传真和 E-mail 等形式向买方进行催证。由于通过银行开出信用证在办理手续上需要几天的时间，因此作为一个职业的出口业务管理人员，可以于合同规定日期之前的适当时间善意地提醒买方开证，此行为也称之为催证。

买方（信用证申请人）在合同规定时间内向当地往来银行申请开立以卖方为受益人的信用证。信用证内容的依据是双方贸易合同的条款。信用证申请人（applicant）同时向开证银行（issuing bank）提供押金或某种担保。买方银行依据合同条款开证。

开证银行通过邮寄或电报方式将开立的信用证交给卖方当地的往来银行（通知行），要求其转给受益人（卖方）；而实际业务中，由于种种原因，买方通过其往来银行开立的信用证其条款与合同规定常有不符，这就直接影响卖方收回货款的安全性。所以严格审核信用证并及时要求买方给予必要的更正，对保护卖方合同利益至关重要。

银行柜员信用证审核工作由出口方通知（议付）行和出口方共同承担。银行方面着重审核信用证真伪、开证行的政治背景、资信情况、付款责任、索汇路线等，并在通知出口方（信用证受益人）时做必要的提示。开证完毕后向卖方下达信用证通知书并把信用证交给国贸公司。

国贸进出口经理需要审核信用证。在审核中，应注意阅读通知（议付）行提出的问题，同时依据合同条款以及国际商会的《跟单信用证统一惯例》审查信用证易出现问题的内容。

国贸进出口经理审核后若信用证信息有错误，则应该进入改证程序。改证程序一般是受益人提请开证申请人修改，开证申请人通知开证行，修改好后通知受益人。最终国贸公司收到信用证修改件。

Step4　国贸公司开商业发票和装箱单

商业发票是出口方对进口商开立的载有货物名称、品质、数量、包装、价格等内容的商业单据，它是双方交接货物、结算货款、出口进口报关以及纳税的依据，是重要的议付单据之一。商业发票的内容一般有卖方相关信息，买方相关信息，发票号码，发票日期，信用证号码，商品名称、规格、数量、包装、唛头、单价和货物的总值等。国贸进出口经理按照以上信息填写商业发票，并提交国贸总经理审核。同时填写装箱单，装箱单是对商业发票的补充说明单据，是信用证普遍要求的议付单据之一。它的内容主要包括货物的包装、数量、重量、体积、件数。国贸进出口经理将商业发票和装箱单都填写完毕后，交给国贸总经理审核。国贸总经理统一审核票据的正确性、真实性和完整性。

Step5　国贸公司租船订舱

国贸进出口经理通过各船公司定期发布的船舶、船期、运价信息选择合适的船舶和航次。但是本实训没有货代组织，所以假设已经选定了某个货代公司。但是由于没有设计货代组织，因此关于货代公司应当完成的任务，由国贸公司进出口经理代替完成。

国贸进出口经理填写货代提供的订舱委托书，确立国贸公司与货代之间的委托代理关系。国贸公司与货代在订舱过程中统称托运人。订舱委托书中需要列明托运人（出口方）名称、收货人名称、信用证相关信息、出口货物的描述、目的港、最后装运日期、是否允许分批和转运等内容，作为订舱的依据。这些内容要严格按照信用证规定填写，如果信用证中没有相应规定，则按合同内容填写。将审核订舱委托书填写完毕后交给国贸总经理审核其准确性。

总经理审核无误后，由国贸进出口经理把填制好的订舱委托书和商业发票、装箱单及其他必要的单据提交给货代，委托货代代理订舱。货代接受订舱委托后，开始缮制托运单，即订舱单，并同相关单据（如商业发票和装箱单）交给船公司，托运单一式多联（本实训只用三联：配舱回单、装货单和大副收据联）。

船公司根据具体情况接受订舱，并在托运单的几个联上编上与提单号码一致的编号并在托运单上签字。船公司再把托运单的相关联和其他单据交给货代，货代就可以凭此办理报关、投保等手续，再凭此联把货物发到港口并准备办理装船。在本实训中，货代的任务由国贸公司代为操作。

Step6　国贸公司将出口货物发货

国贸进出口经理填制发货单并交给国贸总经理。国贸总经理接收发货单后，填制

项目八　固定经营外围组织实务训练

销售出库单，并在系统中办理出库，同时登记库存台账，并更新销售发货明细表。

Step7　国贸公司为出口货物办理商检

国贸进出口经理委托报检行向检验检疫机构申报检验，检验结果合格后，制作品质证证书，并在证书上签字盖章。由于该实训没有设立检验检疫局组织，因此由国贸进出口经理代替完成。检验完毕后，将货物运送至码头，准备报关。

Step8　国际贸易为出口货物投保

国贸进出口经理得到配舱回单可以开始投保，并填写投保单提交给保险公司。

保险公司审核并接受投保单，提供投保回执给投保人。国贸公司填写保险单提交给保险公司，保险公司对保单确认，国贸公司准备支付保险费。但是由于该实训没有设置保险公司，因此还是由国贸进出口经理代为完成相关任务。

Step9　国贸支付保险费

国贸进出口经理按照投保单和保险单填写付款申请单，并提交给国贸总经理审核。审核通过后，再填写转账支票，并登记支票登记簿。

国贸进出口经理将填好的转账支票交给银行（实际中应为保险公司，但是由于本实训没有保险公司，因此保险费由服务公司代收）。

银行柜员将保险费转账给保险公司（服务公司代收）。保险公司收到保险费后，签发保险单给出口方。

Step10　国贸公司申领出口收汇核销单并将其备案

国贸公司需要在网上先申请核销单，再去外汇局申领纸质核销单，国贸公司需要将纸质核销单进行填写并在核销单上加盖印章。最后将核销单发放给国贸公司。国贸公司取得核销单后进行网上备案，以备出口报关时使用。

在本实训中没有设置外汇局，因此由国贸进出口经理代为操作。

Step11　国贸公司进行出口报关并装船

报关单是海关对出口货物进行监管、查验、征税和统计的基本单据。出口报关单一式五联，但是本实训只用到海关作业联、海关核销联和企业留存联，需要由国贸公司填制报关单，并在报关时向海关提交下列单证：报关单（海关作业联、海关核销联、企业留存联）、出口收汇核销单（一式三联）、装货单、品质证、商业发票、装箱单

（海关方面在电脑系统中已经看到）、合同复印件。

海关官员收到国贸公司报关申报，对单证进行审核，要保证单单相符，单证相符。

海关官员还需要查验货物。海关以出口报关单为依据，在海关监管区域内对出口货物进行查验，核实出口货物是否和报关单申报内容一致，同时还应派人员在现场负责开箱装箱，协助海关完成查验工作。

查验货物完毕后，需要向国贸公司征税，但是本实训不缴纳税费。

国贸公司向海关提交收汇核销单。海关审核无误，在核销单和与核销单有相同编号的报关单上盖"验讫"章。报关单的海关作业联和海关核销联由海关留存，企业留存联给企业留存，经查验合格，在报关单位照章办理纳税手续后（本实训不需要纳税），海关在装货单盖上海关验讫章，即为结关放行。

结关放行后，国贸进出口经理去海关打印报关单出口退税联和出口收汇核销联，海关盖章后收好企业留存联。再将装货单收好，去要求船方装船。同时收好品质证、合同复印件、装箱单。

报关完成后，国贸进出口经理凭盖有船公司印章和海关放行章的装货单要求船方装船。船舶到达港口后，理货公司进行装船，同时将装货单和收据给大副，大副将存货单留存并签发。国贸进出口经理凭大副收据准备缴纳海运费，以便换取海运提单。

Step12　国贸公司支付海运费换取清洁海运提单

国贸进出口经理按照托运单大副收据联填写付款申请单，并提交总经理审核。总经理对付款申请单内容进行审核并签字确认。国贸进出口经理填写转账支票，并登记支票登记簿，再将支票交给货代。

货代把转账支票交给银行，银行转账给海运公司。货代凭大副收据从船公司换取清洁海运提单。国贸进出口经理向买方发装运通知。

Step13　国际贸易进行制单、货款议付以及下一步处理

国贸进出口经理拿到提单后开始进行制单工作，并缮制汇票，同时依据信用证要求汇集相关单据准备议付单据，包括汇票、商业发票、装箱单、保险单、海运提单。再将以上所有装运单据连同信用证在交单日期内到银行进行汇款的议付。

银行柜员进行检查比对核对信用证内相应要求。没有问题的话，则收下单据，待开证行支付货款，划拨至出口方的账户。同时在结汇水单上填写有关核销单编号，提供结汇水单给国贸公司，结汇水单一般包括两联：一联为贷记通知，是公司财务人员的记账凭证；另一联为出口收汇核销专用联，专为外汇局核销用。

国贸进出口经理收到结汇水单后，在下一步外汇核销使用，并确认款项是否到账。

项目八　固定经营外围组织实务训练

议付银行把所有单据转交给开证行，并向开证行索偿。开证行核对单据无误后，向议付行对付款项。开证行要求买方赎单，买方凭提单去提货。

Step14　国贸公司进行外汇核销

国贸进出口经理检查核销单之前的工作是否完成，检查无误后去外汇局办理核销。办理前，在核销单上填写相关内容，注意只填写核销单最后一联，即出口退税联。在退税联上填写货物名称、币种总价等。填写报关单编号，报关单编号和报关号要一致。

做好准备工作，就可以持核销单、报关单（核销联、退税联）、结汇水单（出口收汇核销专用联）到外汇局办理核销。

国贸公司需要在核销单（正本联和退税联）上加盖公章和签订日期。外汇局退还核销单退税联给国贸公司（本实训没有设立外汇局，外汇局专员工作由国贸进出口经理代理）。

任务二　国际贸易公司在国内购入货物

任务内容：国际贸易公司为了可以完成出口业务，就必须要在国内购买货物，因此国贸公司除了需要完成出口任务，还需要及时在国内完成业务。

任务步骤：

Step1　制造企业与国贸公司签订购销合同

制造企业销售专员根据销售计划与客户沟通销售合同细节内容，同时填写购销合同与合同会签单，将购销合同与合同会签单送交营销部经理审核。

营销部经理收到销售专员交给的购销合同及合同会签单后进行审核，审核无误后在合同会签单上签字确认，同时再转交给财务部经理进行审核，最后送给总经理。总经理审核无误后，在合同会签单上签字确认。

行政助理检查合同会签单是否有总经理签字，确认无误后在购销合同上签字盖章，并将购销合同交还给销售专员。

销售专员把本企业已经签字盖章的购销合同送还国贸公司一份。

Step2　国贸公司与制造企业签订购销合同

国贸内陆业务经理填写购销合同和合同会签单，并将购销合同和合同会签单送交总经理审核。

国贸总经理审核购销合同的条款、期限、付款信息等是否符合公司要求,审核无误后在合同会签单上签字,同时在购销合同上盖公章。另外还需要更新合同管理表——购销合同。同时将盖章的合同其中一份交给制造业营销专员,再将合同会签单与另一份制造企业盖章的购销合同一起归档。

Step3　国贸公司录入采购订单

国贸内陆业务经理根据国贸公司与制造企业签订好的购销合同,将采购订单信息录入 VBSE 系统。

Step4　制造企业确认国贸公司采购订单

制造企业销售专员在系统中确认国贸公司的采购订单,并根据系统的采购订单信息填写销售订单。

Step5　制造企业销售发货给国贸公司

制造企业销售专员根据销售订单明细表和发货计划填制发货单,报部门经理和财务部经理审核。

营销部经理根据销售订单明细表审核发货单,确认客户名称、产品名称、型号等信息后,在发货单上签字,并交还给销售专员。销售专员留存发货单第一联,将第二联送仓储部的仓管员,第三联送财务部经理。

财务部经理审核发货单并签字。

仓管员根据发货单填制销售出库单,并请销售专员签字,提交至仓储部经理审批。仓储部经理审核通过后,办理出库手续,并填写库存台账,登记完交仓管员留存备案。

销售专员在 VBSE 系统中选择发货的订单并发货,同时将发货单中的客户联送交给国贸客户。

因为本实训中销售货物的规则是必须通过物流公司进行运输,因此制造企业运输货物给国贸公司必须通过物流公司,即物流公司业务经理在 VBSE 系统中办理物流运输。

制造企业出纳从销售专员处获取该笔销售业务的销售价格,根据出库单、销售价格开具增值税专用发票,一式三联。

财务会计根据开具的发票填制记账凭证,并将记账凭证交给财务部经理审核。财务部经理审核完记账凭证后交财务会计登记科目明细账。

成本会计根据出库单填写存货明细账,其中只填写数量,在月末统计计算成本。

财务会计收到财务部经理交给的记账凭证,根据审核后的记账凭证登记科目明细账，再交给财务部经理登记总账。

财务部经理根据记账凭证登记总分类账，最后将记账凭证存档。

Step6　国贸公司采购入库

国贸内陆业务经理依照确认的采购订单填写采购入库单，并提交总经理审核。审核通过后，依据采购订单、采购入库单在 VBSE 系统中办理货物入库，并根据入库信息更新采购合同执行情况表。

国贸总经理依据采购入库单（存根联）信息登记到库存台账中。

Step7　国贸公司向制造企业支付货款

国贸内陆业务经理收到制造企业开具的专用增值税发票，在系统中录入付款申请表，并将发票和付款申请表提交给总经理审核。

国贸总经理收到内陆业务经理提交的发票和付款申请表后，审核付款申请表与发票信息是否一致，付款要求是否合理，确认无误后签字，并对照付款申请表在系统中办理网银付款。

Step8　制造企业收到国贸公司货款银行回单

制造企业出纳到银行取回电子银行转账回单，将电子银行转账回单交给财务会计进行账务处理。

财务会计收到出纳送来的银行进账单回单，编制记账凭证，同时将电汇回单粘贴到记账凭证后面，再将记账凭证交财务部经理审核。

财务部经理审核记账凭证的附件是否齐全正确、记账凭证编制是否正确，审核无误后签字，并交给出纳登记银行存款日记账。

出纳根据审核后的记账凭证登记银行存款日记账，登记完毕后，交财务会计登记明细账。财务会计根据记账凭证登记科目明细账，再交给财务部经理登记总分类账。财务部经理登记完总账后，将记账凭证存档。

主题三　连锁公司固定经营实务训练

连锁公司连锁经营是现代市场经济国家零售业普遍采用的经营方式和组织形式，在本实训中属于零售商，有一些业务与一般的商贸企业不完全一致，在本主题中，将围绕连锁公司的业务进行具体介绍。

任务一　连锁门店借备用金

Step1　连锁东区店长填写借款单

连锁东区店长去连锁仓储经理处领取借款单，填写借款单，借款 500 元作为找零备用金。

Step2　连锁仓储经理审核借款单

连锁仓储经理审核借款单填写的准确性及借款业务的真实性，审核无误后在借款单上签字。

Step3　连锁总经理支付现金

连锁总经理收到店长交给的已审核过的借款单后，支付现金 500 元给借款人。

任务二　门店销售收款

任务内容：连锁门店日常销售，并销售收款。

任务步骤：

Step1　连锁东区店长在系统中完成零售收款

连锁东区店长在 VBSE 系统中选中零售订单，并在系统中处理零售货物出库，最后东区店长核对金额并完成收款。

Step2　连锁东区店长开小票

连锁东区店长完成销售业务后，需要开具小票，一式三联，并需要在每一联盖上现金收讫章，再对小票认真核对商品名称、型号、数量和金额后，店长留一联，一联给连锁总经理，另外一联给顾客。

Step3 连锁总经理开发票

连锁总经理认真核对小票上的顾客姓名、商品名称、型号、数量和金额等信息，核对无误后依据小票开销售发票。

Step4 连锁东区店长将货物交给顾客并登记库存台账

连锁东区店长把货物交给顾客，并依据销售小票登记库存台账。

任务三 门店零售日结并结算营业款

任务内容：门店一天营业结束后，要对现金、商品和小票进行对账，若没有问题则正常闭店。同时门店结算后还需上缴上一天的营业款给连锁总部，分店与总店进行对账核算。

任务步骤：

Step1 门店零售日结

连锁东区店长在营业结束前 30 分钟开始整理门店商品陈列以及现金验钞，同时核对现金、小票和商品是否有出入。核对无误后对现金进行封包，店长签字。再将现金放入保险柜中，并在保险柜检查登记本上记录和签字。在闭店之前，店长需要登记当日的销售日报表。

Step2 门店上缴营业款

连锁东区店长在 VBSE 系统中上缴上一天的营业款给连锁总部，同时向总部报送销售日报表和销售流水小票。

连锁总经理归集各个门店营业款并核对各门店的营业收入。同时连锁总经理还需要核对门店明细核算，包括配货数量、销售数量、存货数量、售价金额，最后登记门店核算明细表。

任务四 连锁公司向门店配货

任务内容：在门店销售货物之后，连锁公司就需要给门店配货。但是连锁公司也需要对门店的请货申请进行分析。确定配货数量后,就可以给各个门店下达配送通知并将货物配送出库,门店收到货物后进行签收。

任务步骤:

Step1　连锁门店向总部请货

连锁东区店长根据日均销售量、库存下限、在途数量、补货周期及安全库存等因素在 VBSE 系统中填写补货申请单,并交给连锁仓储经理。

连锁仓储经理审核补货申请单内容填写的准确性和合理性,审核无误后在 VBSE 系统中确认补货申请。同时根据补货申请对补货情况进行分类,分成紧急和正常两种。

Step2　连锁总部请货分析

连锁东区店长提供门店库存结存信息。连锁总经理汇总门店库存结存信息,提供仓储配送中心库存结存信息。

连锁仓储经理针对各分店的请货量、请货品种及请货状态来分析哪些商品畅销、哪些商品滞销,查看商品数量能否满足请货需求。先应该满足"紧急"请货商品,然后通过分析制定配送方案(包括配送中心配送方案和供应商配货方案)。确定好配送方案后,根据方案填写配送通知单。

连锁总经理审核配送通知单并签字确认。

Step3　向东、西区门店下达配送通知

连锁仓储经理将配送通知单下达给门店店长。

连锁东区、西区店长接收配送通知单,根据补货申请单确认配送通知单内容,签字确认,并准备按照配送通知单接货。

Step4　连锁仓储中心配送出库

连锁仓储经理按照配送通知单的要求进行检货,并把理好的货发送到发货区域中。

连锁总经理按照配送方案的要求对理好的货进行复核。

连锁仓储经理填写配送出库单(一式两联),然后送交总经理审核。连锁总经理审核配送出库单的准确性和合理性,在出库单上签字。

最后连锁仓储经理在 VBSE 系统中办理配送出库,同时根据出库单登记库存台账。

Step5　连锁门店到货签收

连锁东区店长根据配送通知单清点、检验配送的货物,点验完毕后,填写补货入

库单（一式两联），并在入库单上签字。最后在 VBSE 系统中办理门店入库，并根据补货入库单登记库存台账。

任务五　连锁公司向制造业采购货物

任务内容：连锁公司的仓储中心根据仓储中心库存商品最小库存量提出补货申请，连锁公司为了满足零售业务，必须要进行采购，因此在此任务中，连锁公司需要向制造企业采购货物。

任务步骤：

Step1　连锁仓储中心补货申请

连锁仓储经理依据库存下限、在途数量、采购周期及安全库存等因素填写补货申请表（一式两份），并提交给连锁总经理审核。

连锁总经理审核补货申请表内容填写的准确性和合理性，审核无误后在补货申请表上签字确认。

Step2　连锁总部编制采购计划

连锁总经理根据门店的销售情况、请货分析、仓储中心补货计划，核对仓储中心库存及在途信息编制采购计划，初步填制采购计划表。然后根据供应商的折扣等相关信息调整计划。填写完毕后，将采购计划交采购员下发。

连锁仓储经理收到采购计划表后分发给仓储部和业务部。

Step3　制造企业与连锁公司签订购销合同

制造企业销售专员根据销售计划与客户沟通销售合同细节内容。商议妥当后填写购销合同，并要求连锁企业签字盖章，一式两份。

销售专员还需要填写合同会签单，再将购销合同和合同会签单送交营销部经理审核。营销部经理审核购销合同内容填写的准确性和合理性，审核无误后在合同会签单上签字确认，再将购销合同及合同会签单提交给财务部经理审核。财务部经理审核无误后也在合同会签单上签字，再将合同与会签单交给总经理审核。

总经理对购销合同进行审核，无误后在合同会签单上签字，同时将购销合同和会签单交给行政助理。

行政助理检查合同会签单是否签字，确认无误后给合同盖章，行政助理将盖完章的购销合同交还销售专员。

销售专员将已经签字的购销合同送给连锁企业。

Step4　连锁公司与制造企业签订购销合同

连锁仓储经理收到制造企业销售官员的购销合同后，填写合同会签单，并将购销合同与合同会签单送交总经理审核。

连锁总经理审核购销合同的条款、期限、付款信息等是否符合公司要求，符合要求在合同会签单上签字，并在购销合同上盖上公章。同时连锁总经理更新合同管理表——购销合同，将盖了章的合同其中一份交给制造业销售专员，同时连锁总经理将合同会签单与另外一份购销合同一起进行归档。

最后，连锁总经理更新购销合同执行情况表。

Step5　连锁企业录入采购订单

连锁仓储经理根据连锁企业与制造企业签订好的购销合同，将采购订单信息录入VBSE系统。

Step6　制造企业确认连锁企业采购订单

制造企业销售专员在系统中确认连锁企业采购订单，并根据系统的采购订单信息填写销售订单、销售订单明细表。

Step7　制造企业销售发货给连锁企业

制造企业销售专员根据销售订单明细表和发货计划填制发货单，报营销部经理和财务部经理审核。

营销部经理根据销售订单明细表审核发货单，审核无误后在发货单签字，并将发货单交还销售专员。

销售专员留存发货单第一联，将第二联送仓储部，第三联送财务部。

财务部经理审核发货单，无误后在发货单上签字。

仓管员根据发货单填制销售出库单，请销售专员签字，并提交仓储部经理审批。

仓储部经理审核销售出库单，并办理出库手续，再根据出库单填写库存台账，登记完交仓管员留存备案。最后仓储部经理在VBSE系统中选择发货的订单并发货。

销售专员根据发货单进行销售发运，并将发货单第四联送交连锁客户。

物流业务经理在VBSE系统中办理物流运输。

出纳根据相关信息开具增值税专用发票，并将记账联交给财务会计编制记账凭证。

财务会计将记账凭证交给财务部经理审核无误后，再登记科目明细账。

成本会计根据出库单填写存货明细账，只填写数量，在月末的时候计算成本。

明细账登记完毕后，交给财务部经理登记总分类账，最后将记账凭证存档。

Step8　连锁公司采购入库

连锁仓储经理依照确认的采购订单填写采购入库单，并交给总经理审核。审核无误后，连锁仓储经理依据采购订单、采购入库单在 VBSE 系统中办理货物入库，并登记库存台账。

连锁总经理根据入库信息更新采购合同执行情况表。

Step9　连锁公司向制造企业支付货款

连锁仓储经理收到制造企业开具的专用增值税发票，在系统中录入付款申请表，再将发票和付款申请表提交给总经理审核。

总经理审核发票和付款申请表，审核无误后对照付款申请表在系统中办理网银付款。

Step10　制造企业回收连锁企业货款

制造企业出纳到银行取回电子银行转账回单，并转交给财务会计。

财务会计根据回单编制记账凭证，并将回单粘贴在后面，提交财务部经理审核。财务部经理审核记账凭证制作是否正确，无误后交给出纳登记银行存款日记账。出纳登记根据记账凭证登记银行存款日记账后，交给财务会计登记科目明细账，最后由财务部经理依据记账凭证登记科目总分类账，并将记账凭证存档。

主题四　事务所固定经营实务训练

本实训中的连锁公司和物流公司规模较小，并未设置太多财务岗位，因此就全部委托事务所来代理记账。同时会计师事务所还承担着为制造业进行审计、出具审计报告的任务，因此会计师事务所的主要实务训练包括两部分：第一部分是为物流企业和连锁企业代理记账；第二部分是完成制造企业审计业务。

任务一　为物流和连锁企业代理记账

任务内容：由于物流和连锁企业未设置足够的财务会计岗位，因此委托事务所代理记账。事务所需要与委托方签订代理记账合同，并在月末为两家企业做账务处理以及编制财务报表。

任务步骤：

Step1　事务所承接物流、连锁企业的代理记账业务

事务所项目经理首先需要与物流和连锁财务部经理进行洽谈，询问物流、连锁企业的基本情况，了解委托目的，并确定服务项目以及收费标准。项目经理与物流、连锁企业将代理记账业务达成一致后，签署代理记账合同并签字盖章。

审计助理接受物流企业、连锁企业交来的财务资料，填写"资料移交清单"并在接交人处签字。再将移交的资料进行整理并妥善保管，同时熟悉物流企业、连锁企业的业务，以及常用的会计科目，准备期初建账。

Step2　事务所对物流、连锁企业进行月末账务处理

事务所审计助理根据物流、连锁企业发生经济业务的原始凭证，填写记账凭证。审计师再根据记账凭证登记总分类账。

Step3　事务所为物流、连锁企业编制财务报表

事务所审计助理根据损益账户明细账本期发生额编制利润表；根据资产、负债、所有者权益类账户的期末余额直接或者计算、分析填列资产负债表。

Step4　收取物流、连锁企业的代理记账费用

会计师事务所项目经理开具增值税专用发票，并安排审计助理将增值税专用发票送至物流企业。

物流、连锁企业总经理分别收到会计师事务所的增值税专用发票，随即在VBSE系统中办理网银转账，并到银行打印业务回单。

项目八　固定经营外围组织实务训练

任务二　事务所为制造企业进行审计

任务内容：事务所接受制造企业的委托，为制造企业进行审计，并最终出具审计报告。事务所在承接审计业务后开展审计业务活动可分为三个阶段：计划审计工作阶段、审计实施工作阶段、审计终结阶段。在 VBSE 跨专业综合实训的审计活动中，业务流程是基于制造企业年终财务报审计的背景。

任务步骤：

Step1　制造企业委托会计师事务所承接审计业务

制造企业财务部经理找到会计师事务所就委托审计的目的、内容等进行洽谈，提出委托事务所进行年终财务报表审计的请求。

会计师事务所项目经理与制造企业财务部经理洽谈，初步了解制造企业委托审计的目标、范围和内容；项目经理对委托企业的情况进行详细调查和了解，再综合考虑客户情况及事务所人员能否胜任委托审计的业务，决定是否接受该项审计业务并签署审计合同。

Step2　会计师事务所制定总体审计策略并进行风险识别和评估

制造企业财务部经理成立审计小组，召开项目预备会。

会计师事务所项目经理根据会议讨论结果，制定总体审计策略并编制"总体审计策略"工作底稿。同时需要电话通知制造企业审计的内容、时间安排等信息，并将审计资料清单内容告知制造企业财务部经理。

制造企业财务部经理根据会计师事务所告知的审计资料清单内容准备相关资料。

会计师事务所审计助理接收制造企业财务部经理提交的审计资料，并在"审计资料交接清单"中"资料接交人"处签字。

制造企业财务部经理向审计助理提交审计资料后，在"审计资料交接清单"中"资料移交人"处签字。该交接清单需要双方各留存一份。

Step3　固定资产的实质性测试

会计师事务所的项目经理确定审计目标与认定的对应关系，选择计划执行的审计程序，编制"固定资产实质性程序"工作底稿。

审计师获取本期固定资产、累计折旧、固定资产减值准备等总账、明细账并复核是否一致，同时编制"固定资产明细表"工作底稿。

检查固定资产明细账，抽取本期外购固定资产样本，追查至记账凭证，查看附件是否包含采购申请单、采购合同、采购发票、运费单等原始凭证。检查采购申请单中是否有审批人签字；重新计算固定资产的入账价值，确定是否与明细账一致；检查会计凭证中的账务处理是否正确。根据以上工作结果编制"固定资产增加检查情况表"工作底稿。

抽查固定资产减少的记录样本，追查至固定资产减少的记账凭证，查看附件中是否有固定资产减少的申请单；是否有审批人签字；检查固定资产减少的账务处理是否正确。根据以上工作结果编制"固定资产减少检查情况表"工作底稿。

审计助理检查固定资产明细账，按照分类折旧率和固定资产计提折旧的基数重新计算本期计提折旧额，并与累计折旧明细账核对；将本期计提折旧额与成本计算单以及生产成本、制造费用、管理费用等明细账中的折旧额合计进行核对。根据以上工作编制"折旧测算表"与"固定资产折旧分配检查表"工作底稿。

审计师将以上工作底稿中需要进行账项调整的金额计入"固定资产审定表"工作底稿。再根据本期未审数、账项调整分录计算本期审定数，编制"固定资产审定表"工作底稿。

会计师项目经理对以上工作底稿进行审核，无误后在"固定资产审定表"复核人处签字。

Step4 存货的实质性测试

会计师事务所项目经理确定审计目标与认定的对应关系，选择计划执行的审计程序，编制"存货实质性程序"工作底稿。

审计师获取本期存货及总账、明细账并复核是否一致，检查"主要存货明细表"中是否有异常或负数余额，编制"主要存货明细表"工作底稿。同时取得制造企业存货盘点计划，从存货盘点记录中抽取部分原材料及产成品存货追查至存货盘点记录，根据以上工作结果编制"存货抽盘核对表"工作底稿。

审计助理从各类存货明细账中选取具有代表性的样本，与盘点记录核对；从盘点记录选取具有代表性的样本，与各类存货明细账核对；根据以上工作编制"存货明细账与监盘报告核对表"工作底稿。

审计师根据一定程序编制"存货借方截止测试"与"存货贷方截止测试"工作底稿。

审计助理在存货明细表中选取适量样本，将其单位成本与购货发票核对，复核发出存货的金额计算是否正确，并编制"存货计价测试表"工作底稿。

项目八　固定经营外围组织实务训练

审计师抽查成本计算单，检查直接材料、直接人工及制造费用的计算和分配是否正确，根据以上工作结果编制"产品生产成本计算测试表"与"制造费用明细表"工作底稿。

项目经理将上述工作底稿中需要进行账项调整的金额过入"存货审定表"工作底稿；根据本期未审数、账项调整分录计算本期审定数，编制"存货审定表"工作底稿。

项目经理审核审计师与审计助理编制的工作底稿，并在"复核人"处签字。

Step5　应付账款的实质性测试

项目经理在对制造企业采购与付款内部控制测试的基础上，制定应付账款的实质性测试程序计划，并分派注册会计师及审计助理对应付账款实施函证或替代测试、抽取凭证检查、查找未入账应付账款等审计程序，从而确定应付账款的审定数。在完成上述审计工作后，项目经理对注册会计师及审计助理编制的工作底稿进行现场复核。

Step6　营业成本的实质性测试

项目经理在对制造企业生产与仓储内部控制测试的基础上，制定营业成本实质性测试程序计划，并分派注册会计师及审计助理对主营业成本实施实质性分析、抽查主营业务成本的计算及结转等审计程序，从而确定营业成本的审定数。在完成上述审计工作后，项目经理对注册会计师及审计助理编制的工作底稿进行现场复核。

Step7　货币资金的实质性测试

项目经理在对制造企业货币资金内部控制测试的基础上，制定货币资金实质性测试程序计划，并分派审计师及审计助理实施大额货币资金收支抽查、银行存款余额调节检查、银行存款的函证等审计程序，从而确定货币资金的审定数。在完成上述审计工作后，项目经理对审计师及审计助理编制的工作底稿进行现场复核。

Step8　营业收入的实质性测试

项目经理在对制造企业销售与收款内部控制测试的基础上，制定营业收入的实质性测试程序计划，并分派注册会计师及审计助理对主营业务收入执行分析程序及其他细节测试程序、确定营业收入的审定数。在完成审计工作后，项目经理对注册会计师及审计助理编制的工作底稿进行现场复核。

Step9　应收账款的实质性测试

项目经理在对制造企业销售与收款内部控制测试的基础上，制定应收账款的实质性测试程序计划，并分派注册会计师及审计助理对应收账款和坏账准备的计提实施函证、替代测试、抽取凭证检查等审计程序，从而确定应收账款的审定数。在完成上述审计工作后，项目经理对注册会计师及审计助理编制的工作底稿进行现场复核。

Step10 审计结束前的工作

审计实质性测试工作结束后，会计师事务所项目经理应制定业务完成阶段的审计计划；汇总已更正错报以及列报和披露，评价识别出的错报，编制试算平衡表，同时与治理层进行沟通，最后评价审计结果，形成审计意见。

Step11 出具审计报告

审计外勤工作结束后，会计师事务所项目经理召开项目总结会议，讨论审计中发现的重大问题，最后形成审计结论；逐级对审计工作底稿进行复核，出具审计报告并逐级复核签发，最后将审计报告送达制造企业。

Step12 审计工作底稿整理归档

审计助理复核被审单位相关信息，按照审计工作底稿目录对工作底稿进行分类和编号，对工作底稿进行归纳整理。

审计师将编制好的审计工作底稿目录以及分类编号的工作底稿一并装订成册，归入档案室进行保管。

Step13 事务所办理审计收费

会计师事务所项目经理开具增值税专用发票送给制造企业财务部。

制造企业财务部收到会计师事务所的增值税发票后，在VBSE系统中办理网银转账业务，支付审计费，并到银行打印业务回单，按照取得的发票和银行业务回单填制记账凭证，并办理相关登记账簿的处理。

项目九　自主经营阶段战略准备环节实务训练

固定经营阶段实训，根据 VBSE 系统引导各岗位员工完成系统设置的工作任务，通过此阶段的训练，学生熟悉并掌握了各自所在的岗位工作流程、工作细节内容，全面认识到企业的经营管理过程和主要业务流程。

到了自主经营阶段，要求各企业自主展开业务，何时买卖、何时生产、买卖价格都不再统一由系统安排。为了增加趣味性，VBSE 在自主经营阶段给了制造企业可转换生产线、开发新产品的选择，除了选择固定阶段要求生产的经济型童车外，各制造企业可选择扩展业务，生产舒适型或豪华型的童车，并给出了经济型童车市场价格逐渐走低的预测，以及制造企业能够直销的虚拟中部市场。

在此背景下，企业 CEO 可能会寻求开发新产品，转投新市场，寻找新的利润源泉，但也要同时考虑转型可能带来的新成本费用：新厂房或设备的购买成本、新市场的开拓费用和广告费用、新产品的研发费用等，如若资金不足够支付这些初始成本，可能还需要向银行借款，后续还得支付利息费用。如此一来，制造企业在转型后究竟能否获得预期发展和收益？新的产品如何营销，如何定价才能达到利润最大化？如此种种，皆是进行转型决策之前需要分析和斟酌的。因此，在正式开始自主经营阶段的业务之前，各企业 CEO 必须带领全公司全面搜集信息和数据进行详细分析，帮助决策。

伴随着经济发展，市场环境千变万化，现实中的企业也常常面对着诸如是否要开发新产品，或寻求其他新业务方向，或进行业务转型的问题，企业管理者能否在这些问题上做出正确决策，往往影响着企业的生死存亡。本章节对战略分析和选择做简要讲解，实训中各企业 CEO 及员工可借助本章知识，联系虚拟商业社会经营规则、系统所给信息数据（比如各类型童车市场预测），以及本次实训课的实际情况（比如制造业组数），全面进行战略分析，做出本企业自主经营阶段的战略选择。

任务一　对企业经营进行战略分析

Step1　企业外部环境分析

任何一个企业都不是孤立存在的，企业的生存和发展总是因其周围环境的转变而受到影响或制约。根据外部环境因素对企业生产经营活动影响的方式和程度，一般可将企业的外部环境分为宏观环境、产业环境、竞争环境三个部分。在战略分析过程中需要对这些外部环境因素进行分析，尽可能把握住外部企业环境的变化趋势，抓住可利用的机会，避开可能存在的威胁。

1. 宏观环境分析

宏观环境指围绕在企业周围的因素，企业必须适应周围的环境，即达到利益相关者的期望、让客户对产品及服务满意、有能力遵循所在社会的法律和道德准则的要求、成为对员工具有吸引力的公司。宏观环境因素分别为政治和法律因素（political factors）、经济因素（economical factors）、社会和文化因素（social factors）、技术因素（technological factors），因此宏观环境分析也称为 PEST 分析。

（1）政治和法律环境因素分析。政治和法律环境因素分析，是指企业对其业务所涉及的国家或地区的政治体制、政治形势、方针政策以及法律法规等方面对于企业战略的影响进行分析。政治和法律因素是保证企业生产经营活动的基本条件，在一个稳定的法治环境中，企业能够真正通过公平竞争，获取自己正当的权益，并得以长期稳定的发展。国家的政策法规对企业的生产经营活动具有控制、调节作用，同一个政策或法规，对不同的企业来说，可能是机会，也有可能是制约。政治法律环境因素对企业的影响，一是难以预测其变化，二是会直接影响到企业的生产经营状况，三是企业无法转移其影响带来的变化。

（2）经济环境因素分析。经济环境是指构成企业生存和发展的社会经济状况及国家的经济政策，包括社会经济结构（比如产业结构）、经济发展水平、经济体制、宏观经济政策（比如产业政策）、当前经济状况（比如税收水平、通货膨胀率、失业率、利率）和其他一般经济条件（比如工资水平、供应商及竞争对手的价格变化）等要素。经济环境因素对企业生产经营的影响比政治和法律环境因素更加直接和具体。

（3）社会和文化环境因素。社会和文化环境因素的范围甚广，主要包括人口状况、社会流动性、消费心理、生活方式变化、文化传统和价值观等。社会和文化环境对于生产经营的影响也是不言而喻的，比如，人口规模、社会人口年龄结构、家庭人口结构、社会风俗对消费者偏好的影响是企业在确定投资方向、产品改进与革新等重大经

项目九 自主经营阶段战略准备环节实务训练

营决策问题时必须考虑的因素,一家食品公司就应当了解伊斯兰国家的宗教背景、某个地区人们的偏好或哪些食品不大会被人们所接受。

(4)技术环境因素。技术环境是指企业所处的环境中的科技要素及与该要素直接相关的各种社会现象的集合,包括国家科技体制、科技政策、科技水平和科技发展趋势等。在科学技术迅速发展变化的今天,技术环境对企业的影响可能是创造性的,也可能是破坏性的,企业必须要预见这些新技术带来的变化,在战略管理上做出相应的战略决策,以获得新的竞争优势。市场或行业内部和外部的技术趋势和事件也会对企业战略产生重大影响。某个特定行业内的技术水平在很大程度上决定了应生产哪种产品或提供哪种服务、应使用哪些设备以及应如何进行经营管理。

2. 产业环境分析

产业是由一群生产相似替代品的公司组成的。大多数产业会经历一个与产品生命周期相似的生命周期,但有些产业会通过使用新技术而得以更新或再成长,不一定像某些产品那样走向衰亡。制定企业战略时,了解产业所处的生命周期属于哪个阶段是非常重要的一个考虑因素。

(1)产品生命周期。波特认为"预测产业演变过程的鼻祖是我们熟知的产品生命周期",这也就意味着产业也要经过导入期、成长期、成熟期和衰退期这四个阶段。当企业所处产业经历不同生命周期时,企业竞争的性质将会发生变化。

一般来说,在导入期,企业可以采用高价格、高毛利的政策,战略目标是扩大市场份额,战略路径主要是投资于研究开发和技术改进,经营风险非常高;在成长期,企业战略目标是争取最大市场份额,并坚持到成熟期的到来,战略路径主要是市场营销,改变价格形象和质量形象,经营风险有所下降;在成熟期,企业战略目标转向在巩固市场份额的同时提高投资报酬率,战略路径主要是提高效率,降低成本,经营风险进一步降低到中等水平;在衰退期,企业战略目标先是防御,获取最后的现金流,战略路径主要是控制成本,以求能维持正的现金流,但若缺乏成本控制优势,就应该即刻采用退却战略,尽早退出,力求使经营风险进一步降低。

(2)产业五种竞争力。波特认为,每一个产业中都存在五种基本竞争力量,这五种力量分别来源于潜在竞争者的进入能力、替代品的替代能力、购买者的讨价还价能力、供应商的讨价还价能力以及现有竞争者竞争的能力,它们综合起来影响着产业的吸引力以及现有企业的竞争战略决策,其中最强的一种或几种力量占据着统治地位并且从战略形成角度来看起着关键性作用。波特的五力模型是对一个产业盈利能力和吸引力的静态断面扫描,可以帮助企业分析自身在产业中具有何种盈利空间,然后有针对性地寻求对抗主要竞争力量的战略,比如通过与供应商或购买者建立长期战略联盟以减少相互之间的讨价还价,或是集中进入产业中五种竞争力影响更少的细分市场。

3. 竞争环境分析

竞争环境分析包括从个别企业视角去观察分析竞争对手的实力，以及从产业竞争结构视角去观察分析企业所面对的竞争格局，其分析的侧重点集中在与企业直接竞争的每一个企业身上。

（1）竞争对手分析。竞争对手分析包括分析竞争对手的未来目标、假设、现行战略和潜在能力。对竞争对手未来目标的分析与了解，有利于预测竞争对手对其目前的市场地位及财务状况的满意程度，从而推断其改变先行战略的可能性以及对其他企业战略行为的敏感性；对竞争对手的假设主要围绕竞争对手对自身企业的评价与对所处产业及其他企业的评价，有利于帮助正确判断竞争对手的战略意图；对竞争对手现行战略的分析，目的在于解释竞争对手正在做什么，能够做什么；对竞争对手潜在能力的分析建立在前三个分析的基础上，分析其优势和劣势，评估竞争对手发起或反击战略行动的能力和处理时间的能力。

（2）产业内的战略群组。战略群组指的是一个产业内执行同样或类似战略并具有类似战略特征的一组企业。一般而言，一个产业中仅有几个群组，它们采用的战略具有完全不同的特征。在同一战略群组内的企业，在类似战略的影响下，会对外部环境做出类似的反应，采取类似的竞争行动，占有大致相同的市场份额。战略群组分析有助于企业了解相对于其他企业而言本企业的战略地位及公司战略的变化可能引起对竞争的影响。

4. 市场需求分析

市场需求是指一定的顾客在一定的地区、一定的时间、一定的市场营销环境和一定的市场营销计划下对某种商品或服务愿意而且能够购买的数量。市场需求无时无刻不在发生着变化，为了在充满变化的市场中赚取利润，企业必须对市场需求做好分析。

（1）市场需求的决定因素。市场需求由人口、购买力和购买欲望三个决定性因素构成。其中，人口和购买力是企业难以控制的因素，对这两方面因素的分析一般作为企业进入一个新市场的考察依据；购买欲望则是企业可以把控的因素，产品的价格、差异化程度、促销手段等环节都可能影响消费者购买欲望，而这些环节往往与市场竞争策略交织着在一起。

（2）消费者分析。归根结底，是消费者提供收入使得企业的财富得以增长，因此消费者分析是企业制定战略时应重点考虑的内容。消费者分析从消费细分、消费动机及消费者未满足的需求三个战略问题的角度，对消费者的主要特征及消费者如何做出购买决定进行分析。

Step2 企业内部环境分析

企业内部环境是指企业内部的物质、文化环境的总和。面对同样的外部环境，不

项目九 自主经营阶段战略准备环节实务训练

同企业生产经营成果有所不同,正是因为企业之间存在不同内部环境的要素。进行企业内部环境分析,帮助企业了解自身所具备的优势和劣势,对企业有效利用自身资源,在市场上扬长避短能够起到决定性的作用。

1. 企业资源与能力分析

(1) 企业资源分析。企业资源,是指企业所拥有或控制的有效因素的总合,包括资产、生产或其他作业程序、技能和知识等。按照竞争优势的资源管理基础理论,企业的持续竞争优势主要是由资源禀赋决定的。企业的资源主要包括有形资源、无形资源和人力资源三种,企业中越稀缺、越不可模仿、越不可替代、越持久的资源,越具有价值,越能使得企业获得竞争优势。企业资源分析的目的在于识别企业的资源状况、企业资源方面所表现出来的优势和劣势及其对未来战略目标制定和实施的影响。

(2) 企业能力分析。企业能力,是指企业配置资源并发挥其生产和竞争作用的能力。企业能力来源于企业有形资源、无形资源和组织资源的整合,是企业各种资源有机组合的结果。企业能力主要由研发能力、生产管理能力、营销能力、财务能力和组织管理能力等组成。

(3) 企业的核心能力。企业的核心能力,指的是企业在具有重要竞争意义的经营活动中能够比其竞争对手做得更好的能力,可以是完成某项活动所需的优秀技能,也可以是在一定范围和深度上的企业的技术诀窍,或是那些能够形成很大竞争价值的一系列具体生产技能的组合。核心能力的产生是企业中各种单个资源整合的结果,深深地根植于企业的各种技巧、知识和人的能力之中,是企业最具价值的资源,可以使企业获得竞争优势,并且不会随着使用而递减。

2. 价值链分析

价值链,是指企业所有互不相同但又互相关联的生产经营活动所构成的创造价值的动态过程。价值链最初是为了在企业复杂的制造程序中分清各步骤"利润率"而采用的一种会计分析方法,其目的在于确定在哪一步可以削减成本或提高产品的功能特性。波特认为,也应该将会计分析中确定每一步骤新增价值与对组织竞争优势的分析结合起来,了解企业资源的使用与控制状况必须从发现这些独立的创造价值的活动开始。价值链分析把企业活动进行分解,通过考虑这些单个活动本身及其相互关系来确定企业的竞争优势。

3. 业务组合分析

对于多元化经营的公司来说,需要将企业的资源和能力作为一个整体来考虑,即对公司业务组合进行分析。波士顿矩阵与通用矩阵分析就是公司业务组合分析的主要方法。比如波士顿矩阵,它是一种四象限分析法,其核心在于解决企业的产品品种及其结构适合市场需求的变化,并如何将企业有限的资源有效地分配到合理的产品结构中去,以保证企业受益。

Step3 进行 SWOT 分析

SWOT 分析是综合考虑企业内部环境的优势（strengths）、劣势（weakness）和外部环境的机会（opportunities）、威胁（threats），进行系统评价，确定企业在市场中所处的地位，从而选择最佳经营战略的方法。企业内部的优势、劣势是相对于企业竞争对手而言的，表现在企业的资金、技术设备、员工素质、产品、市场、管理技能等方面，判断企业内部优势和劣势一般从单项和综合两个标准来衡量。企业外部环境的机会和威胁分别指外部环境中对企业有利的因素（比如政府扶持）和不利的因素（比如新竞争对手的出现、市场趋于饱和）。

SWOT 分析的核心目的是，帮助企业判断在现有内外部环境下，如何最优地运用自己的资源，并且建立公司未来的资源。若企业具有很好的内部优势及众多外部机会，应当考虑采取增长型战略；若企业面临着绝佳的外部机会，却受制于内部劣势，应当考虑采用扭转型战略，充分利用外部环境创造的机会想办法清除掉自身劣势；若企业内部存在较多劣势的同时外部还面临着威胁，应当考虑采用防御型战略，进行业务调整，想办法避开外部环境带来的威胁，消除自身劣势；若企业具有很好的内部优势，却面临着外部环境带来的威胁，应当考虑采用多种经营战略，利用自己的优势，在多样化经营上寻找长期发展的机会，或者进一步增强自身竞争优势以抵抗外部威胁。

任务二 对公司进行战略选择

通过战略分析对企业全方位了解后，企业随即需要根据分析结果做出战略选择。

Step1 总体战略选择

总体战略是指为实现企业总体目标，对企业未来发展方向做出的长期性和总体性战略，是企业最高层次的战略。企业众多利益相关者的未来皆依赖于企业的发展，因此多数企业都会选择不断扩大、发展企业，但在某些情况下，譬如当经济处于下行期，企业老板可能会考虑严控企业成本，不愿雇用过多员工、扩大生产，希望企业能稳定过渡。所以，总的来说，企业总体战略需要考虑的主要问题是企业业务是应当选择扩张、维持不变还是收缩，相应地，企业总体战略可以分为三大类：发展战略、稳定战略和收缩战略。

1. 发展战略

发展战略是以发展壮大企业为基本导向，强调充分利用外部环境的机会、发掘内部的优势资源，致力于使企业在产销规模、资产、利润或新产品开发等某一方面或几方面获得增长的战略，是企业通常会采用的战略。发展战略主要包括一体化战略、密集型战略和多元化战略三种基本类型。

（1）一体化战略。一体化战略是指企业对具有优势和增长潜力的产品或业务，沿其经营链条的纵向或横向扩大业务的深度和广度，以扩大经营规模，实现企业增长。一体化战略按照业务拓展的方向可以分为纵向一体化和横向一体化。

纵向一体化战略是指企业沿着产品或业务链向前或向后，延伸和扩展企业现有业务的战略。企业采用纵向一体化战略有利于节约与上、下游企业在市场上进行购买或销售的交易成本，控制稀缺资源，保证关键投入的质量或者获得新客户。纵向一体化战略又可以分为前向一体化战略和后向一体化战略。前向一体化战略是指获得分销商或零售商的所有权或加强对他们的控制权的战略，通过控制销售过程和渠道，有利于企业控制和掌握市场，增强对消费者需求变化的敏感性，提高企业产品的市场适应性和竞争力；后向一体化战略是指获得供应商的所有权或加强对其的控制权，有利于企业有效控制关键原材料等投入的成本、质量及供应可靠性，确保企业生产经营活动稳步进行。

横向一体化战略是指企业收购、兼并或联合竞争企业的战略。企业采用横向一体化战略的主要目的是减少竞争压力、实现规模经济和增强自身实力以获取竞争优势。

（2）密集型战略。密集型战略也叫加强型成长战略，是指企业充分利用现有产品或服务的潜力，强化现有产品或服务竞争地位的战略。密集型成长战略主要包括市场渗透战略、市场开发战略和产品开发战略三类。

市场渗透战略是利用现有产品和现有市场的一种密集型战略，强调发展单一产品，试图通过更强的营销手段以获得更大市场占有率，它的目标是通过各种方法来增加产品的使用频率。企业运用市场渗透政策的难易程度取决于市场的性质及竞争对手的市场地位。当整个市场正在增长时，拥有少量市场份额的企业提高质量和生产力并增加市场活动可能比较容易，而在成熟市场中领先企业的成本结构会阻止拥有少量市场份额的竞争对手进入市场。

市场开发战略是一种将现有产品或服务打入新市场的密集型战略，它的主要途径包括开辟其他区域市场和细分市场，战略成本和风险相对较低。一般来说，企业在现有市场饱和，或由于现有产品转型难等情况下会选择市场开发战略。

产品开发战略是一种在现有的市场中通过技术研制新的产品，通过提高产品的差异化程度，延长产品生命周期，满足市场新的需求的密集型战略。产品开发战略有利于企业利用现有产品的声誉和商标来吸引顾客，同时利用对现有市场的了解有针对性地开发新产品，但也在一定程度上要求企业在产品的研发方面下功夫。拥有特定细分市场、综合性不强的产品或服务范围窄小的企业可能会选择采用这一战略。

（3）多元化战略。多元化指企业进入与现有产品和市场不同的领域。当现有产品或市场不存在期望的增长空间时（比如受到地理条件限制、市场规模有限或竞争太过激烈），企业经常会考虑多元化战略。多元化又分为相关多元化和非相关多元化两种类型。

相关多元化也叫同心多元化，是指企业以现有业务为基础进入相关产业的战略，其中的相关性可以是产品、生产技术、管理技能、营销技能以及用户等方面的类似。采用相关多元化战略，有利于企业利用原有产业的产品知识、制造能力和营销技能优势来获取融合优势，达到"1+1＞2"的效果。若企业在所处产业内具有较强的竞争优势，但该产业成长性或吸引力逐渐下降时，较为适合采用相关多元化战略。

非相关多元化也叫离心多元化，是指企业进入与当前产业不相关的产业的战略，它的目标并非利用产品、技术营销等方面的共同性，而主要是从财务上考虑平衡现金流或获取新的利润增长点。若企业所处产业缺乏吸引力，而企业也不具备较强的能力和技能转向相关产品或服务，较为现实的选择就是采用非相关多元化战略。

2. 稳定战略

稳定型战略也叫防御型战略、维持型战略，指的是企业在战略方向上没有重大改变，集中资源用于原有的经营范围和产品，以安全经营为宗旨，来增加竞争优势的战略。稳定型战略有利于降低企业实施新战略的经营风险，减少资源重新配置或组合的成本，为企业创造一个加强内部管理和调整生产经营秩序的修整期，防止企业由于过快发展造成的失衡状态。目前应用较为广泛的稳定型战略主要有暂停战略、无变战略和维持利润战略。

暂停战略是指企业在一段时期内降低成长速度、巩固现有资源的一种临时稳定战略。主要适用于在将来具有较大不确定性的产业中迅速成长的企业，避免由于继续实施原有战略导致企业发生管理失控和资源紧张的情况。

无变战略是指企业不实行任何新举动的临时稳定战略，适用于外部环境没有发生太大变化，且本身已经具有合理盈利水平、市场地位较为稳固的企业。

维持利润战略是指为维持目前的利润水平而牺牲企业未来成长的战略，是一种企业处于困境时的临时稳定战略。当外部环境发生较大变化，且对企业不利时，企业可以通过减少投资、削减可控费用等方式维持利润水平。

3. 收缩战略

收缩型战略也叫撤退型战略，是指企业因产品处于竞争劣势，企业经营状况恶化而采取的缩小生产规模或取消某些业务来抵御外部风险，保存企业实力，等待有利时机的战略。收缩型战略可以划分为转向战略、紧缩与集中战略和放弃战略三种类型。

转向战略是指企业调整现有产品或现有营销策略的暂时性收缩战略，主要是企业经营方向或经营策略方面的改变；紧缩与集中战略是指通过机制变革，削减成本等方式解决企业面临的问题，即刻制止企业利润的下滑，以期短期效益的暂时性收缩战略；放弃战略是一种采用特许经营、分包、卖断等方式，企业彻底撤退的、涉及产权变更的暂时性收缩战略。

Step2 业务单位战略

业务单位战略也叫竞争战略，是指在特定市场环境中，企业用以区别于其他竞争对手，营造及获得竞争优势的业务层次经营战略。基本竞争战略主要包括成本领先战略、差异化战略和集中化战略。

1. 成本领先战略

成本领先战略是指企业通过在内部加强成本控制，在研究开发、生产、销售、服务和广告等领域把成本降到最低限度，成为产业中的成本领先者的战略。成本领先战略适用于拥有价格弹性较高，产品难以实现差异化等特点的市场，可持续的成本领先可以抵御竞争对手的进攻，具有较强的对供应商议价能力，对潜在的竞争者形成了一定的进入壁垒。一般而言，成本领先战略的主要目的是提高市场占有率。

2. 差异化战略

差异化战略是指企业针对大规模市场，通过提供与竞争者存在差异的产品或服务以获取竞争优势的战略，这种差异性可以来自设计、品牌形象、技术、性能、营销渠道或客户服务等各个方面。成功的差异化战略能够吸引品牌忠诚度高、对价格不敏感但需求多样化的顾客，从而获得超过行业平均水平的收益。

3. 集中化战略

集中化战略是针对某一特定购买群、产品细分市场或区域市场，采用成本领先或差异化以获取竞争优势的战略。中小企业由于很容易受到自身资源和能力的限制，无法在整个产业实现成本领先或者差异化，故而可以选择集中化战略，将资源和能力集中于目标细分市场，从而实现成本领先或差异化。也因此，集中化战略又可分为集中成本领先战略和集中差异化战略。

Step3 职能战略选择

职能战略又叫职能支持战略，是按照总体战略或业务战略对企业内各方面职能活动，如营销、研发、生产、采购、人力资源、财务等进行的谋划，旨在更好地配置企业内部资源，为总体战略或业务战略服务。

1. 市场营销战略

市场营销战略是企业市场营销部门根据公司总体战略与业务单位战略规划，在综合考虑外部市场机会和内部资源状况等因素的基础上，确定目标市场，选择相应的市场营销策略组合，并予以有效实施和控制的过程。

（1）确定目标市场。确定目标市场的主要流程有三：一是进行市场细分，二是进行目标市场选择，三是进行市场定位。

市场细分是指通过市场调研，依据消费者的需要和欲望、购买行为和购买习惯等方面的差异，把某一产品的市场整体划分为若干消费者群的市场分类过程。每一个消费者群就是一个细分市场，每一个细分市场都是具有类似需求倾向的消费者构成的群体。市场细分要依据一定的细分变量来进行，消费者市场的细分变量主要有人口、地理、行为、心理。

目标市场选择是企业根据产品的细分市场数量、状况、分布及各细分市场的特征，选择一个或若干个细分市场作为企业主要营销对象。在进行选择时，既要考虑各细分市场的容量、潜力等，也要尽可能地发挥企业的优势和营销能力。根据选择的目标市场范围，企业可选的目标市场策略有无差异性营销、差异性营销、集中营销。

市场定位是企业为了将自己与竞争对手区别开来，树立市场形象，以在目标顾客心目中形成特殊偏爱，而集中若干竞争优势的过程。市场定位可以选择以产品特色、产品用途、产品档次、用户种类、竞争局势等作为定位依据。

（2）设计市场营销组合。市场营销组合中所包含的可控制的变量很多，可以概括为四个基本变量，即产品、价格、分销、促销，因此要分别考虑产品策略、促销策略、分销策略、促销策略。

产品策略主要包括产品组合策略、品牌与商标策略和产品开发策略。产品组合策略可以是扩大产品组合、缩减产品组合或进行产品延伸，由企业根据实际情况选择，比如在市场不景气或原料、能源供应紧张时，企业可从产品组合中剔除那些获利很小甚至亏损的产品大类或项目，集中力量发展获得利润较多的产品大类或项目；品牌与商标策略可以是所有产品选用单一企业名称、每个产品选用不同品牌名称或创建自有品牌，比如若企业生产的产品在市场中定位不同或市场被高度细分时，就可为每个产品选用不同品牌名称；产品开发策略要经过业务分析、开发、测试上市和商品化等流程对新产品的构思进行筛选，力图使产品开发失败的概率最小化。

促销策略主要是选择合适的促销组合，企业要确定在什么时间对什么产品采用什么样的促销手段，以赢得潜在顾客的注意，刺激客户的购买行为，获得利益。促销组合是指企业将其产品的特性传达给预期客户的方式，由广告促销、营业推广、公关宣传、人员推销四个要素构成。广告促销通过在媒体中投放广告，使潜在客户对企业产品产生良好印象；营业推广采用试用品、折扣等非媒体促销手段，为鼓励客户购买产品而设计；公关宣传通过宣传，为企业及产品建立良好公众形象；人员推销通过与销售代表直接与预期客户进行接触，解释产品细节、演示产品用途、针对顾客提出的问题进行解答。

项目九　自主经营阶段战略准备环节实务训练

分销策略是确定产品到达客户手上的最佳方式，要克服地点、时间、产品数量和所有权上的差异，解决如何分销产品及如何确定实体店的位置等问题。分销渠道主要包括直接分销和间接分销两种，区别在于产品是否经过中间商再到达消费者手中。顾客可以通过获取产品的渠道来感知产品的质量、状况等，因此选择的分销渠道需使产品的形象目标与客户的产品感知相符。另外，企业可以选择在一个地域市场仅使用一家零售商或是选择使用多家零售商，即采用独家分销或密集分销。

价格策略是企业在考虑成本和市场因素的基础上，给产品制定相对合适的价格，以此给企业带来利益的策略，比如质优价高的定价策略、跟随市场领导者或市场的定价策略、产品差别定价策略、产品上市定价策略。差别定价策略是企业选择对市场不同部分中的类似产品确定不同的价格，前提必须是不同市场具有不同价格弹性，方法可以是基于细分市场、地点、产品版本、时间等，比如演唱会中不同位置类型需要支付不同票价即为基于地点的定价；产品上市定价法主要包括渗透定价和撇脂定价，渗透定价是在新产品上市时确定一个非常低的价格，撇脂定价则是在新产品上市时确定较高的价格，前者意在抢占销售渠道和消费者，后者意在从产品生命周期最初阶段获取较高的单位利润。

2. 研发战略

研发战略是研究与开发战略的简称，是指由企业的经营观念和经营目标所决定、作为实现经营目标的手段而被贯彻到研发活动中的基本思想，是为实现具体目标而选择的研发方式。研发包括产品研究和流程研究，前者是企业竞争优势的主要来源，后者对企业提高质量管理和生产效率至关重要。

一般而言，成功企业的研发战略与企业目标紧密相关，制定得当的研发政策在研发战略中起到十分关键的作用。基于不同的定位，企业研发战略可以分为进攻型、追随型、技术引进型和依赖型四种。进攻型研发战略通过开发新产品，抢占市场，在竞争中保持技术与市场的强有力竞争地位；追随型战略是当市场出现成功新产品时，对别人的新产品进行仿造或加以改进，以迅速占领新市场的份额；技术引进型战略通过购买高校、科研机关等的科研成果，进行模仿，把他人的研发成果转化为本企业的商业利益；依赖型战略是企业仅利用自己的工程技术满足特定的大型企业或者母公司的订货要求，不再进行其他研发，追求相对的稳定经营。

3. 生产运营战略

生产运营战略是指在企业经营战略的总体框架下，决定如何通过运营活动来达到企业的整体经营目标。它根据对企业各种资源要素和内、外部环境的分析，对与运营管理以及运营系统有关的基本问题进行分析与判断，确定总的指导思想以及一系列决策原则。影响企业生产运营方式和管理的四个因素分别是批量、种类、需求变动（比如存在淡旺季的产品）和可见性（指生产流程为顾客所见的程度）。

生产运营战略中较为重要的是制定恰当的生产流程计划和产能计划。生产流程通常构成了企业总资产中大部分的资产，譬如工厂规模、设备选择、库存规模、质量控制等方面的生产流程计划对生产战略实施的成败起到至关重要的作用；产能计划是确定企业所需的生产能力以满足其产品不断变化的需求的过程，产能计划可以选择领先策略、滞后策略或匹配策略，领先策略是根据对需求增长的预期增加产能，滞后策略是仅当企业因需求增长而满负荷生产或超额生产后才增加产能，匹配策略是少量地增加产能来应对市场需求的变化，由此可见，这三种分别是进攻型、保守型和稳健型的策略。

4. 采购战略

采购战略是指企业采购所采用的带有指导性、全局性、长远性的基本运作方案，需考虑采购品种、采购方式、供应商选择、订货谈判和采购进货五个要素，它不同于常规采购注重单一最低采购价格，而是注重最低总成本。

采购战略包括集中采购、扩大供应商基础、优化采购流程、统一产品与服务几种实施方式。集中采购通过采购量的集中来提高议价能力，降低单位采购成本，是一种最基本的采购战略；扩大供应商基础是通过扩大供应商的选择范围引入更多的竞争、寻找上游供应商等来降低采购成本，帮助企业找到最优资源；优化采购流程是通过控制采购环节来避免漏洞，比如在供应商选择环节采用公开招标的方式引入竞争，发挥博弈机制，以求选出最符合自身成本和利益需求的供应商；统一产品与服务是在采购时充分考虑未来储运、维护、产品更新换代等环节的运营成本，提高产品和服务的同一程度来减少后续成本，达到整体最优的目的。

5. 人力资源战略

人力资源战略是企业为实现公司战略目标而在雇佣关系、甄选、录用、培训、绩效、薪酬、激励、职业生涯管理等方面所做决策的总称。

从广义角度来看，人力资源战略主要包括人力资源开发战略、人才结构优化战略、薪酬战略、人才使用战略。具体来看，人力资源战略包括招聘、培训和发展、继任、薪酬、绩效评估和考核、激励和奖励机制等各方面战略。在企业竞争中，人才是企业的核心资源，任何战略的关键成功因素就是确保在适当的时间、适当的地点有可利用的适当的人力资源。为了发挥人力资源战略的有效作用，人力资源管理应该具有清晰一致的政策并鼓励所有员工为企业目标的实现付出努力。人力资源战略必须具有灵活性，能够对内外变化做出回应，在约束条件与给予的框架内发挥作用，建立适合本企业特点的人力资源管理方法。比如根据员工期望，建立与企业实际相适应的激励制度；根据科学技术的发展趋势，有针对性地对员工进行培训与开发，提高员工的适应能力，以适应未来科学技术发展的要求等。

6. 财务战略

财务战略是指为谋求企业资金均衡有效的流动和实现企业整体战略，为增强企业

项目九 自主经营阶段战略准备环节实务训练

财务竞争优势,在分析企业内外环境因素对资金流动影响的基础上,对企业资金流动进行全局性、长期性与创造性的谋划,并确保其执行的过程。广义上,财务战略可以分为筹资战略和资金管理战略,资金管理涉及实物资产的购置和使用,主要考虑如何建立和维持有利于创造价值的资金管理体系,所以严格来说是由经营战略而非财务职能指导。狭义的财务战略仅仅指的是筹资战略,包括资本结构决策、筹资来源决策、股利分配决策等。财务战略主要包括财务战略的确立和选择。

财务战略的确立指的是在追求实现企业财务目标的过程中,企业的高层财务管理人员对融资方式、股利分配、资本结构等方面做出决定以满足企业发展需要的过程。比如,企业融资方式可以是内部融资、股权融资或债权融资,在选择融资方式时需考虑融资的难易程度,以及融资成本等问题;股利分配政策可以是固定股利政策、固定股利支付率政策、零股利政策、剩余股利政策,在选择股利分配政策时需考虑企业所处的生命周期阶段等问题。

财务战略的选择可以基于产品生命周期理论,产品生命周期不同阶段应当选用不同的财务战略,比如,处于产品生命周期成熟期的企业经营风险相对较低,从而使企业可以承担一定程度的财务风险,因此这一时期企业可采取相对激进的筹资战略,即可以采用相对较高的负债率,以有效利用财务杠杆,此时的企业还具有充足的现金流,具备较强的股利支付能力,因此可以采用稳健的高股利分红政策,提高股利支付率,以现金股利方式为主进行股利发放。

任务三 经营决策方法

Step1 定性决策方法

定型决策方法也称为主观决策法,是直接利用人们的知识、经验和能力进行决策的方法。决策者运用社会科学的原理并依据个人的经验和判断能力,采取一些有效的组织形式,充分发挥各自丰富的经验、知识和能力,从对决策对象本质特征的研究入手,掌握事物的内在联系及其运行规律,对企业的经营管理决策目标、决策方案的拟定以及方案的选择和实施做出判断。这种方法适用于受社会经济因素影响较大的,因素错综复杂以及涉及社会心理因素较多的综合性的战略问题。定性决策的方法主要包括头脑风暴法、德尔菲法、名义小组技术、哥顿法。

1. 头脑风暴法

头脑风暴法又称思维共振法,即通过有关专家之间的信息交流,引起思维共振,产生组合效应,从而形成创造性思维。

在典型的头脑风暴法会议中,决策者以一种明确的方式向所有参与者阐明问题,使参与者在完全不受约束的条件下,敞开思路,畅所欲言,并在一定的时间内"自由"提出尽可能多的方案,不进行任何批评,且把所有方案当场记录下来,留待稍后再做讨论和分析。

头脑风暴法的目的在于创造一种畅所欲言、自由思考的氛围,诱发创造性思维的共振和连锁反应,产生更多的创造性思维。头脑风暴法对预测有很高的价值,但这种方法本身仍有缺点和弊端,即受心理因素影响较大,易屈服于权威或大多数人的意见,而忽视少数派的意见。

2. 德尔菲法

德尔菲法又称专家调查法,是由美国著名的兰德公司首创并用于预测和决策的方法。该法以匿名方式通过几轮函询征求专家的意见,预测组织小组对每一轮的意见进行汇总处理后再发给各专家,供他们分析判断,以提出新的论证。几轮函询后,专家意见渐趋一致,最后供决策者进行决策。

运用德尔菲法的关键在于:选择好专家,这主要取决于决策所涉及的问题或机会的性质;决定适当的专家人数,一般 10~30 人较好;拟订好意见征询表,因为它的质量直接关系决策的有效性。现在这种方法普遍运用于政府机构、企业及各类组织中。

3. 名义小组技术

名义小组技术指的是以一个小组的名义进行集体决策,而并不是实质意义上的小组讨论,要求每个与会者把自己的观点贡献出来,其特点是背靠背,独立思考。决策者首先召集具备一定知识和经验的与会者,把要解决的问题的关键内容告诉他们,要求每个人独立地将自己的思想罗列出来。而后再按次序让与会者一个接一个地陈述自己的观点或方案,每次每个成员只能提出一个观点或方案,不断循环,直到把所有人的观点都涵盖完。与会者绝对不允许对他人的观点加以反驳,只能尽可能地罗列观点。在此基础上,由小组成员对提出的全部观点或方案进行投票,根据投票结果,确定最终的决策方案。尽管如此,企业决策者最后仍应有权决定是否接受这一方案。

4. 哥顿法

哥顿法又称提喻法。该法由美国学者哥顿发明,是一种由会议主持人指导进行集体讨论的定性决策方法。首先,会议主持人把决策问题向会议成员做笼统的介绍,然后由会议成员(即专家成员)海阔天空地讨论解决方案;其次,当会议进行到适当时机,决策者将决策的具体问题展示给会议成员,使会议成员的讨论进一步深化;最后,由决策者吸收讨论结果,进行决策。其特点是不让与会者直接讨论问题本身,而只讨论问题的某一局部或某一侧面;或者讨论与问题相似的某一问题;或者用"抽象的阶梯"把问题抽象化向与会者提出。主持人对提出的构想加以分析研究,一步步地将与会者引导到问题本身来。哥顿法的优点是将问题抽象化，有利于减少束缚、产生创造性想法，难点在于主持者如何引导。

哥顿法虽然与头脑风暴法类似，但区别也较为明显。头脑风暴法要明确提出决策问题，并且尽可能提出具体的意见。与此相反，哥顿法并不明确地阐述决策问题，而是在给出抽象的主题后，寻求卓越的构想。

Step2　定量决策方法

定量决策方法常用于数量化决策，应用数学模型和公式来解决一些决策问题，即是运用数学工具、建立反映各种因素及其关系的数学模型，并通过对这种数学模型的计算和求解，选择出最佳的决策方案。对决策问题进行定量分析，可以提高常规决策的时效性和决策的准确性。根据决策条件的确定性，定量决策方法可以分为确定型决策方法、风险型决策方法和不确定型决策方法。

1. 确定型决策方法

确定型决策方法指的是在稳定可控的条件下进行决策的方法，只要满足数学模型的前提条件，模型就能给出特定的结果。这种方法适用于决策者对未来可能发生的情况有十分确定把握之时，可直接根据完全确定的结果选择最满意的行动方案。确定型决策方法的模型很多，运用最广泛的是线性规划法和盈亏平衡点法。

（1）线性规划法。线性规划是研究线性约束条件下线性目标函数的极值问题的数学理论和方法。线性规划分析能在具有确定目标，而实现目标的手段和资源又有一定限制，同时目标和手段之间的函数关系是线性的条件下，从所有可供选择的方案中求解出最优方案的数学分析方法。因此，线性优化法可以用来解决关于资源合理利用的问题，比如怎样取得最低成本的资源配合方式或最大利润的生产结构等。

企业在进行经营决策的时候常常会面临资源稀缺的问题，在这种情况下，企业必须考虑怎样将有限资源合理地投入和运用，为企业取得最好的经济利益。当资源约束条件表现为线性等式或不等式，目标函数表示为线性函数时，企业即可选用线性规划法来进行决策。目前线性规划分析法在运输问题、布局问题、资源分派问题、生产结构问题等方面已被广泛应用。

线性规划相关的数学模型建立步骤为：列出目标函数，一般是最大效益或最低成本；列出达到预定目的所存在的种种约束条件，比如资金、人力等；求解约束条件下目标函数的最优解及最优值，在约束条件少时可用简单图解法求解，在约束条件较为复杂时可将所分析的问题转化为一组线性方程求解。

（2）盈亏平衡点法。盈亏平衡法又称量本利分析法、保本分析法，是运用量、本、利之间关系的理论，研究生产、经营一种产品达到不盈不亏时的产量或收入的决策问题，从而论证对产品投入是否可行，进行产量决策常用的方法。在盈亏平衡点法中，企业成本分为固定成本和变动成本两大部分，然后与总销售额进行对比，以确定企业不盈不亏时的产量或某一盈利水平对应的产量。

盈亏平衡点，又称零利润点、保本点、盈亏临界点、损益分歧点、收益转折点，通常是指全部销售收入等于全部成本时（销售收入线与总成本线的交点），既不盈利也不亏损，利润为零时对应的产量。盈亏平衡点一般用销售量来表示，即盈亏平衡点的销售量；也可以用销售额来表示，即盈亏平衡点的销售额。当销售量（或销售额）高于盈亏平衡点时，企业获得盈利；当销售量（或销售额）低于盈亏平衡点时，企业发生亏损。

2. 风险型决策方法

风险型决策也称统计型决策、随机型决策，是指面临着至少两种可供选择的行动方案，不论哪种行动方案都可能会出现不同的结果，决策者不知道会发生哪一种结果，但每种结果发生的概率（风险）已知的决策方法。常见的风险型决策方法包括期望损益决策法、决策树分析法

（1）期望损益决策法。期望损益决策法是通过计算各个方案的期望损益值，进行比较，选择收益最大或者损失最小的方案作为最佳评价方案。各个方案的期望损益值为该方案在各种可能的市场状态下的损益值与其对应概率的乘积之和。

运用期望损益决策法进行经营决策的步骤为：确定决策目标；预测市场状态，估计发生的概率；充分考察企业的实力，拟订可行方案；根据不同可行方案，计算出收益值或损失值；计算各可行方案的期望损益值；比较各方案的期望损益值，选择最优可行方案。

（2）决策树分析法。决策树分析法是指将构成决策方案的有关因素以树状图形的方式表现出来，并据以分析和选择决策的一种系统分析法。

决策树分析法利用了概率论的原理，并且利用一种树形图作为分析工具，其基本原理是用决策点代表决策问题，用方案分枝代表可供选择的方案，用概率分枝代表方案可能出现的各种结果，经过对各种方案在各种结果条件下损益值的计算比较，为决策者提供决策依据。整个决策树由决策结点、方案分枝、状态结点、概率分枝和结果点五个要素构成，具有层次分明、逻辑清晰的特点，能够使决策者有步骤地进行决策。在复杂问题的决策上不仅能让决策者进行周密的思考，形成科学的决策，避免单纯凭经验、凭想象而导致的决策上的失误，提高决策的有效性。

运用决策树分析法进行经营决策的步骤为：按照从左到右的顺序画决策树；按从右到左的顺序计算各方案的期望值，并将结果写在相应方案结点上方；对比各方案的期望值大小，进行剪枝优选。

3. 不确定型决策方法

不确定型决策方法又称非确定型决策、非标准决策或非结构化决策，是指在决策

项目九 自主经营阶段战略准备环节实务训练

所面临的自然状态难以确定而且各种自然状态发生的概率也无法预测的条件下所做出的决策。不确定型决策的主要方法有：冒险法、保守法、乐观系数法、最小最大后悔值法和等可能性法。

（1）冒险法。冒险法以乐观原则为决策原则，指的是愿意承担风险的决策者在方案取舍时，以各方案在各种状态下的最大损益值为标准（即假定各方案都会得到最有利的结果），在各方案的最大损益值中取最大者对应的方案（大中取大）。

（2）保守法。保守法以悲观原则为决策原则，指的是风险厌恶的决策者在进行方案取舍时，以各方案在各种状态下的最小损益值为标准（即假定各方案都会得到最不利的结果），在各方案的最小损益值中取最大者对应的方案（小中取大）。

（3）乐观系数法。乐观系数法以折中原则为决策原则，指的是既非完全保守又非极端冒险的决策者，根据自身的风险偏好程度，在介于各个方案不同状态下的最大或最小两个极端中间的某一位置取值的对立方案。乐观系数法只考虑最好和最差的两个结果，决策者的风险偏好程度用 α 和 $1-\alpha$ 表示，α（$0<\alpha<1$）是对决策者乐观程度的度量，称为"乐观系数"，α 即各方案最有利结果发生的概率，$1-\alpha$ 即各方案最不利结果发生的概率。

运用乐观系数法的步骤为：找出各方案在所有状态下的最小值和最大值；根据风险偏好程度给定最大值系数 α，最小值系数 $1-\alpha$；用各方案最小值、最大值和系数计算各方案的加权平均值，取加权平均最大的损益值对应的方案为所选方案。

当 $\alpha=0$ 时，乐观系数法结果与保守法相同；当 $\alpha=1$ 时，乐观系数法结果与冒险法相同。保守法与冒险法其实是乐观系数法的两个极端值特列。

（4）最小最大后悔值法。最小最大后悔值法以后悔值为决策原则，指的是决策者在各方案中选择最大后悔值最小的方案为最优方案的方法，后悔值是某种状态下因选择某方案而未选取该状态下的最佳方案而少得的收益。

运用最小最大后悔值法的步骤为：比较每种市场状态下各方案的损益值，选出最大损益值作为该市场状态下的标准值；用选出的各市场状态下的标准值减去该市场状态下的各方案的损益值，计算后悔值；比较每个方案各市场状态下的后悔值，选出各方案对应的最大后悔值；在所有最大后悔值中选取最小值，其对应的方案即为用最小最大后悔值法选出的方案。

（5）等可能性法。等可能性法以等概率原则为决策原则，指的是在无法确定某种市场状态发生的可能性大小及其顺序时，假定每一市场状态具有相等的概率，并以此计算各方案的损益值，通过比较每个方案的损益值均值大小来进行方案选择的方法。比如在利润最大化目标下，选择平均利润最大的方案；在成本最小化的目标下，选择平均成本最小的方案。

任务四　了解各岗位可发起的任务

自主经营阶段，各企业根据公司战略与营销策略决定要进行哪些任务。由于 VBSE 中自主经营阶段不再由实训教师推送任务，而是由公司负责相应任务岗位的有关人员在系统中发起企业决定需要进行的任务，因此，本章围绕核心层企业及相应支持企业等必须开设的组织分别对不同企业各岗位可发起的任务做出介绍。当任务被发起人发起后，则任务会变成与固定经营阶段时一样的待办任务出现在各流程需经手人员的系统中，除了数据由企业实际经营情况而定外，任务完成流程与固定阶段一致，因此不再重复介绍任务流程。任务被发起后，各岗位人员应该回顾固定阶段任务的顺序，不存在业务逻辑的任务可以同步进行，存在业务逻辑的要注意先后顺序。

一、核心层

（一）制造企业

1. 企业管理部

（1）总经理。自主经营阶段没有直接由总经理发起的任务。自主经营阶段总经理可通过快捷入口进行的业务见图 9-1：

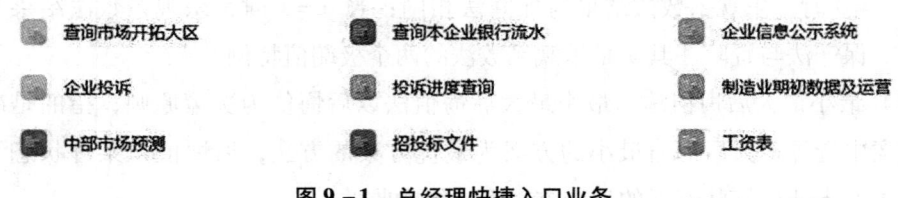

图 9-1　总经理快捷入口业务

（2）行政助理。

图 9-2　行政助理可发起任务

自主经营阶段行政助理可以发起的任务包括接收税务行政处罚并处理、接收社保

项目九 自主经营阶段战略准备环节实务训练

行政处罚并处理、接收工商行政处罚并处理、企业年度报告公示。

企业年度报告公示为每个企业必做任务，因此需在虚拟日期的会计期末发起该任务。若企业接到来自税务、社保或工商的处罚通知，方发起相应部门有关的接受处罚并处理的任务。

自主经营阶段行政助理可通过快捷入口进行的业务见图9－3：

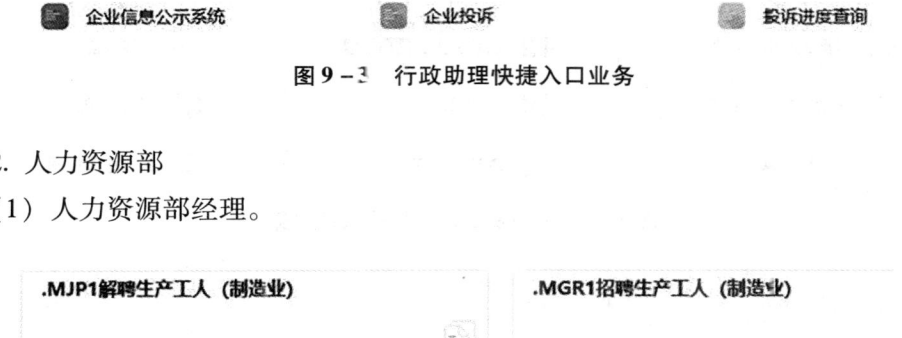

图9－3 行政助理快捷入口业务

2. 人力资源部

（1）人力资源部经理。

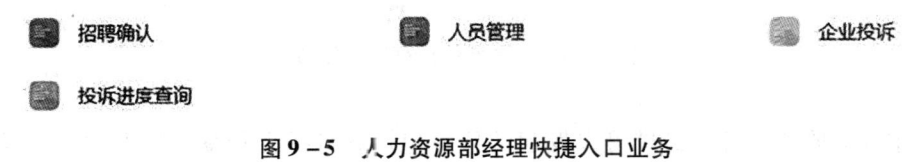

图9－4 人力资源部经理可发起任务

自主经营阶段人力资源部经理可以发起的任务包括解聘生产工人、招聘生产工人。

只有当制造企业打算升级产品，由原本生产经济型童车改为生产舒适型童车或豪华型童车时，会导致生产技术工人的需求发生变化，因而需要发起以上两个任务。当生产计划制订好并确定执行后，应立即解聘不需要的生产工人，在正式开始生产时必须安排好对应技术的生产工人，以免造成人力成本的浪费或耽误工期。

自主经营阶段人力资源部经理可通过快捷入口进行的业务见图9－5：

图9－5 人力资源部经理快捷入口业务

（2）人力资源部助理。

图9－6 人力资源助理可发起任务列表

自主经营阶段人力资源部助理可以发起的任务包括发放薪酬、核算薪酬、社会保险和公积金增（减）员、申报个人所得税。

若企业发生了新的人员变动，则需要发起社会保险和公积金增（减）员任务。企业正常生产经营就需要付给员工工资，因此，其他几个业务理论上均需要发起。其中存在的业务逻辑：先核算薪酬再发放薪酬。

自主经营阶段人力资源部助理可通过快捷入口进行的业务见图9-7：

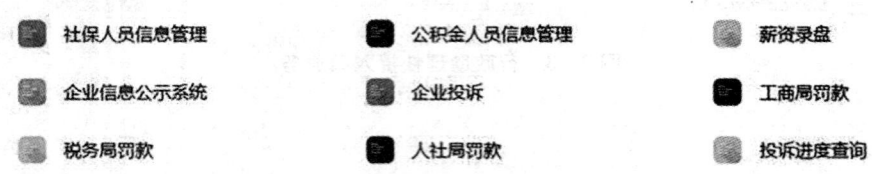

图9-7　人力资源助理快捷入口业务

3. 财务部

（1）财务部经理。

图9-8　财务部经理可发起任务

自主经营阶段财务部经理可以发起的任务包括签订抵押贷款合同并放款、编制资产负债表、申请抵押贷款、申报企业增值税、总体审计策略制定与风险识别和评估、缴纳企业增值税、编制利润表、委托会计师事务所承接审计业务。

财务部经理根据公司战略和经营决策确定是否需要发起贷款有关任务。按要求，企业每期应申报并缴纳增值税，每个会计期末应编制资产负债表及利润表。

自主经营阶段财务部经理可通过快捷入口进行的业务见图9-9：

图9-9　财务部经理快捷入口业务

项目九 自主经营阶段战略准备环节实务训练

(2) 出纳。

- .MDK3贷款还款（制造业）
- .MFP1申领增值税发票（制造业）
- .ICG8收到国贸企业货款银行回单（制…
- .MZP1购买支票（制造业）
- 回收连锁企业货款（制造业）
- .MGS2缴纳个人所得税（制造业）
- .MWX1扣缴五险一金（制造业）
- .DCG17收到经销商货款银行回单（制…

图 9-10 出纳可发起任务

自主经营阶段出纳可以发起的任务包括贷款还款、申领增值税发票、收到国贸企业货款银行货单、购买支票、回收连锁企业货款、缴纳个人所得税、扣缴五险一金、收到经销商货款银行回单。

由于员工的个人所得税及五险一金由企业代扣代缴，因此企业缴纳个人所得税、扣缴五险一金的任务需要发起。其他任务根据实际情况选择是否发起，比如自主经营期初企业向银行贷款的，可在企业赚钱资金充分回笼、又无其他更好用途（资金闲置）的情况下早日偿还贷款，以免花费更多的利息费用，则此时选择发起贷款还款任务；当经销商派人告知已支付向本企业购货的货款时，发起收到经销商货款银行回单任务；当企业发票或支票不够时，发起申领增值税发票或购买支票任务等。

自主经营阶段出纳可通过快捷入口进行的业务见图 9-11：

- 银行转账
- 组织转账
- 制造产品研发
- 查询本企业银行流水
- 企业投诉
- 工商局罚款
- 税务局罚款
- 人社局罚款
- 投诉进度查询

图 9-11 出纳快捷入口业务

(3) 成本会计。

- .MCB1成本计算（制造业）
- .MQM1期末账务处理（制造业）

图 9-12 成本会计可发起任务

自主经营阶段成本会计可以发起的任务包括成本计算、期末账务处理。

这两个任务是制造企业必须发起的任务，且皆在会计期末进行，根据财务会计做账的业务逻辑，需要先将成本计算清楚，才能进行期末账务处理。

自主经营阶段成本会计可通过快捷入口进行的业务见图9-13：

图9-13　成本会计快捷入口业务

(4) 财务会计。

图9-14　财务会计可发起任务

自主经营阶段财务会计可以发起的任务包括销售成本核算、收到审计费用发票并支付、认证增值税抵扣联、计提折旧。

销售成本核算是企业在期末进行账务处理前必须完成的任务，而只要企业存在着需折旧的固定资产则计提折旧也是必须进行的，因此这两个任务均需要发起。此外，若企业要用增值税进行抵扣增值税销项，则需要发起认证增值税抵扣联任务。

自主经营阶段财务会计可通过快捷入口进行的业务见图9-15：

图9-15　财务会计快捷入口业务

4. 仓储部

(1) 仓储部经理。

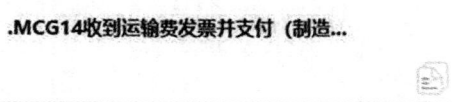

图9-16　仓储部经理可发起任务

项目九　自主经营阶段战略准备环节实务训练

自主经营阶段仓储部经理可以发起的任务包括收到运输发票并支付。

VBSE 中企业发生了采购业务，由物流公司帮忙进行运输，购货方支付运费，因此，只要企业想要成功完成采购都需要发起受到运输发票并支付的任务。

自主经营阶段仓储部经理可通过快捷入口进行的业务见图 9-17：

图 9-17　仓储部经理快捷入口业务

（2）仓管员。

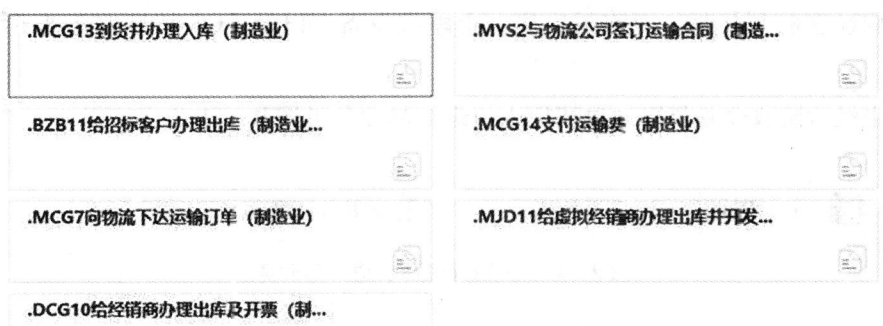

图 9-18　仓管员可发起任务

自主经营阶段仓管员可以发起的任务包括收到到货并办理入库、与物流公司签订运输合同、给招标客户办理出库、支付运输费、向物流下达运输订单、给虚拟经销商办理出库并开发票、给经销商办理出库及开发票。

出入库任务根据企业的购销情况选择性的发起，作为购货方涉及购买物流公司的运输服务需要发起相应任务。其中购货涉及的业务逻辑：先和物流公司签订运输合同，再向物流公司下达运输订单，然后等物流公司完成运输才能完成收货和入库，最后支付运费。

自主经营阶段仓管员可通过快捷入口进行的业务见图 9-19：

图 9-19　仓管员快捷入口业务

5. 采购部

(1) 采购部经理。

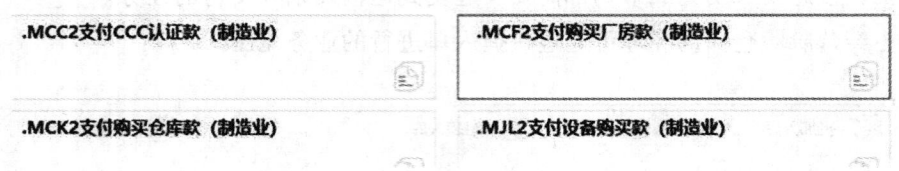

图 9-20 采购部经理可发起任务

自主经营阶段采购部经理可以发起的任务包括支付 CCC 认证款、支付购买厂房款、支付购买仓库款、支付购买设备款。

采购经理根据企业是否购买厂房、仓库或设备，以及 CCC 认证服务来选择发起任务。

自主经营阶段仓管员可通过快捷入口进行的业务见图 9-21：

图 9-21 采购部经理快捷入口业务

(2) 采购员。

图 9-22 采购员可发起任务

自主经营阶段采购员可以发起的任务包括回收设备销售款、录入采购订单、支付工贸企业货款、购买厂房、与工贸企业签订购销合同、接到发货单准备取货、购买设备、出售设备、购买仓库。

制造企业采购员根据公司战略和经营策略决定是否发起购买厂房、仓库或设备，是否出售设备任务。采购涉及的业务逻辑：先与供应商签合同，然后在系统中录入采购订单，接到供应商的发货通知后准备取货，最后支付采购款。

自主经营阶段采购员可通过快捷入口进行的业务见图9-23：

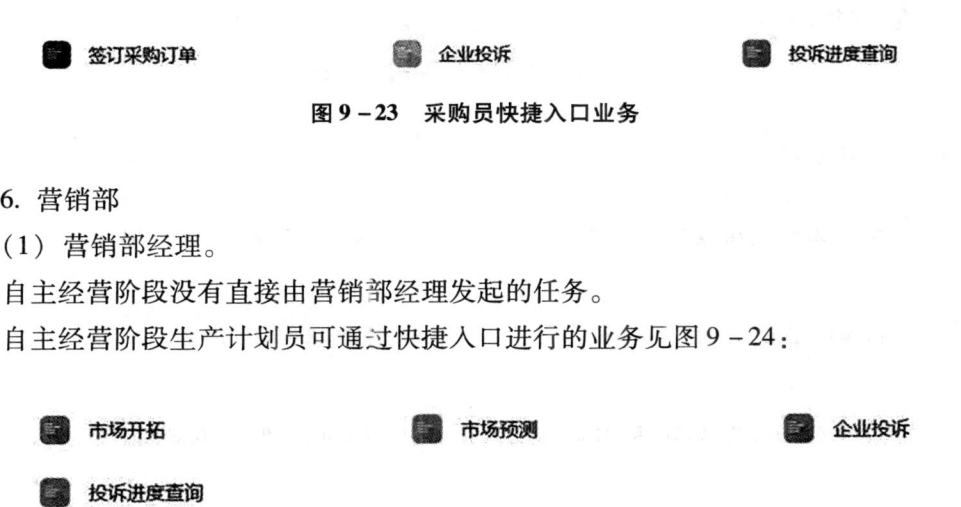

图 9-23 采购员快捷入口业务

6. 营销部

（1）营销部经理。

自主经营阶段没有直接由营销部经理发起的任务。

自主经营阶段生产计划员可通过快捷入口进行的业务见图9-24：

图 9-24 营销部经理可发起任务

（2）市场专员。

自主经营阶段市场专员可以发起的任务包括支付广告投放费用、支付市场开拓费、收到市场开拓费发票、申请和办理市场开拓、申请和办理广告投放、收到广告费发票。

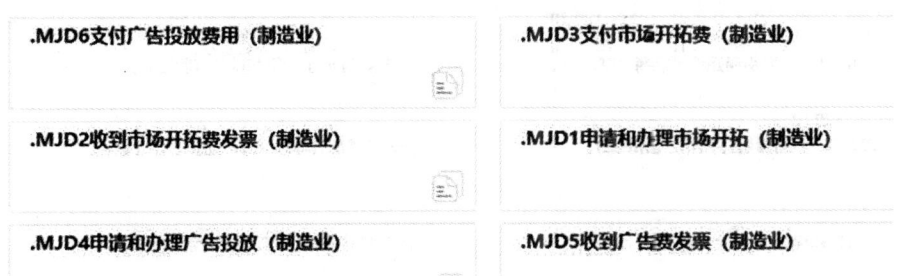

图 9-25 市场专业可发起任务

若制造企业决定开拓中部市场，将产品直接销售给中部市场的虚拟经销商，则市场专员以上的全部任务均需要发起，主要概括来说即为开拓市场和广告投放相关任务。这里的业务逻辑是一个完全线型的：开拓市场完成后才能广告投放，因此应先是市场开拓的申请和办理、收到相应发票、支付费用,再是广告投放的申请和办理、收到相应发票、支付费用。

自主经营阶段市场专员可通过快捷入口进行的业务见图9-26:

- 广告投放
- 市场预测
- 企业投诉
- 投诉进度查询

图9-26 市场专员快捷入口业务

(3) 销售专员。

图9-27 销售专员可发起任务

自主经营阶段销售专员可以发起的任务包括确认经销商的采购订单、与国贸企业签订购销合同、销售发货给连锁、销售发货给国贸、收到虚拟经销商货款、查看虚拟

项目九 自主经营阶段战略准备环节实务训练

销售订单、给招标客户发货、制作投标文件、与经销商签订购销合同、给虚拟经销商发货、确认国贸企业采购订单、投标资格预审、下达发货通知给经销商、确认连锁企业采购订单、受到招标客户货款、参加开标会、查看竞单结果、与连锁企业签订购销合同、整理销售需求。

制造企业将产品销售给实际企业的业务逻辑：首先与客户签订销售合同，然后确定客户在系统中下的订单，最后向客户下达发货通知。此外，若制造企业开拓了中部市场并已投放当期广告费，则直接销售给虚拟客户的业务逻辑：首先查看虚拟订单，通过竞单后查看竞单结果，然后给虚拟客户发货，最后收到虚拟客户货款。

自主经营阶段销售专员可通过快捷入口进行的业务见图 9-28：

图 9-28 销售专员快捷入口业务

7. 生产计划部

（1）生产计划部经理。

图 9-29 生产计划部经理可发起任务

自主经营阶段生产计划部经理可以发起的任务包括办理 CCC 认证、申请和办理 ISO9000 认证、办理产品研发。

制造企业无论进行何种产品的生产，均需通过 ISO9000 认证。此外，若计划转型生产新的舒适型或豪华型童车，则需对相应类型童车进行研发并办理相应的 3C 认证。

自主经营阶段生产计划部经理可通过快捷入口进行的业务见图 9-30：

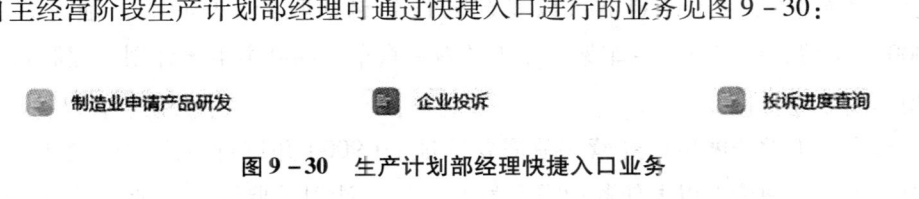

图 9-30 生产计划部经理快捷入口业务

（2）车间管理员。

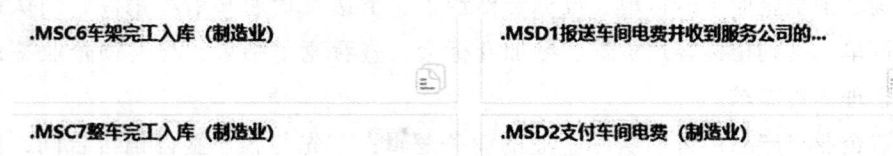

图9-31 车间管理员可发起任务

自主经营阶段车间管理员可以发起的任务包括车架完工入库、报送车间电费并受到服务公司的发票、整车完工入库、支付车间电费。

若制造企业前一个虚拟日期进行了整车或车架的投产，则本期需要进行相应的完工入库。此外，只要企业进行生产就会产生电费，因此电费相关任务需要发起。

自主经营阶段车间管理员可通过快捷入口进行的业务见图9-32：

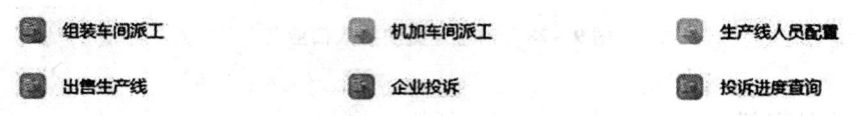

图9-32 车间管理员快捷入口业务

（3）生产计划员。

图9-33 生产计划员可发起任务

自主经营阶段生产计划员可以发起的任务包括收到ISO9000认证发票、支付ISO9000认证费；派工领料-车架、派工领料-童车、编制主生产计划，编制物料净需求计划。

只要企业正常开展生产经营，就需要认证ISO9000并进行生产的前置任务——派工领料。因此，理论上以上任务均需要发起。生产计划员要注意的业务逻辑：收到发票后支付费用；编制生产相关计划后再领取材料和派工生产。

项目九 自主经营阶段战略准备环节实务训练

自主经营阶段生产计划员可通过快捷入口进行的业务见图9-34：

- 企业投诉
- 投诉进度查询

图9-34 生产计划员快捷入口业务

由于工贸企业（供应商）、商贸企业（经销商）的业务与制造企业的业务相比，除了生产相关外，其他业务十分类似，因此下面工贸企业（供应商）、商贸企业（经销商）仅介绍每个岗位可发起任务，具体说明可参看制造企业上述部分。

（二）工贸企业（供应商）

1. 总经理

- .TGS2缴纳个人所得税（工贸企业）
- .TDK3贷款还款（工贸企业）

图9-35 总经理可发起任务

自主经营阶段总经理可以发起的任务包括缴纳个人所得税、贷款还款。

自主经营阶段总经理可通过快捷入口进行的业务见图9-36：

- 供应商付款
- 查询本企业银行流水
- 企业投诉
- 工商局罚款
- 税务局罚款
- 人社局罚款
- 投诉进度查询
- 工贸企业期初数据及运
- 工资表

图9-36 总经理快捷入口业务

2. 行政经理

- .zj90097接收社保行政处罚并处理...
- .zj90056接收税务行政处罚并处理...
- .zj90070企业年度报告公示（工贸...
- .zj90081接收工商行政处罚并处理...
- .TGS1申报个人所得税（工贸企业）
- .TXC2发放薪酬（工贸企业）
- .TXC1核算薪酬（工贸企业）

图9-37 行政经理可发起任务

自主经营阶段行政经理可以发起的任务包括接收社保行政处罚并处理、接收税务行政处罚并处理、企业年度报告公示、接收工商行政处罚并处理、申报个人所得税、发放薪酬、核算薪酬。

自主经营阶段行政经理可通过快捷入口进行的业务见图9-38：

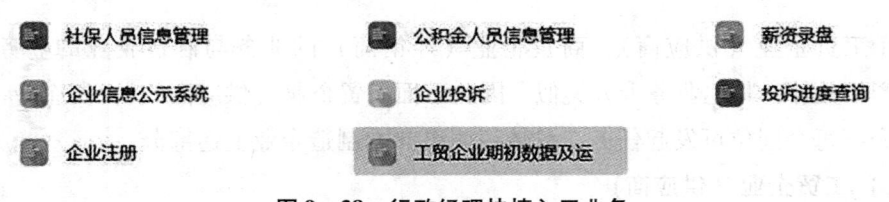

图9-38 行政经理快捷入口业务

3. 财务经理

图9-39 财务经理可发起任务

自主经营阶段财务经理可以发起的任务包括期末账务处理、购买支票、缴纳企业增值税、申领增值税发票、计提折旧、扣缴五险一金、申报企业增值税、认证增值税抵扣联、编制资产负债表、申请抵押贷款、编制利润表、签订抵押贷款合同并放款、存货核算。

自主经营阶段财务经理可通过快捷入口进行的业务见图9-40：

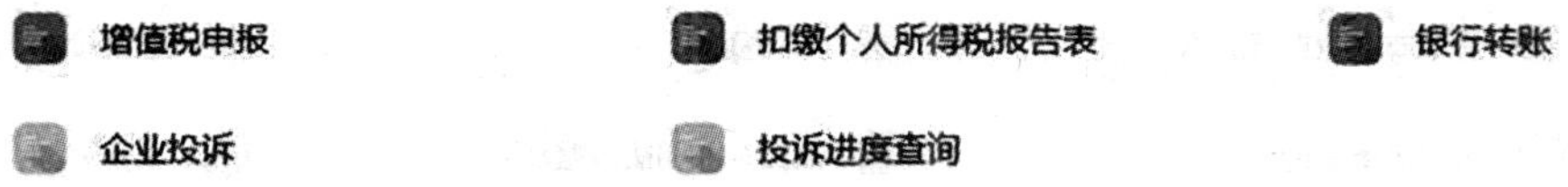

项目九　自主经营阶段战略准备环节实务训练

- 增值税申报
- 扣缴个人所得税报告表
- 银行转账
- 企业投诉
- 投诉进度查询

图 9-40　财务经理快捷入口业务

4. 业务经理

- .MCG17收到制造业货款银行回单（工…
- .TCG3到货并办理入库（工贸企业）
- .MCG5准备发货并通知制造业取货（工…
- .MCG2与制造业签订购销合同（工贸企…
- .TCG2支付虚拟工贸企业货款（工贸企…
- .TCK2支付购买仓库款（工贸企业）
- .MCG4确认制造业的采购订单（工贸企…
- .TCG1下达采购订单（工贸企业）
- .MCG10给制造业办理出库并开发票（…
- .TCK1购买仓库（工贸企业）

图 9-41　业务经理可发起任务

自主经营阶段业务经理可以发起的任务包括收到制造业货款银行回单、到货并办理入库、准备发货并通知制造业取货、与制造业签订购销合同、支付虚拟工贸企业货款、支付购买仓库款、确认制造业的采购订单、下达采购订单、给制造业办理出库并开发票、购买仓库。

自主经营阶段业务经理可通过快捷入口进行的业务见图 9-42：

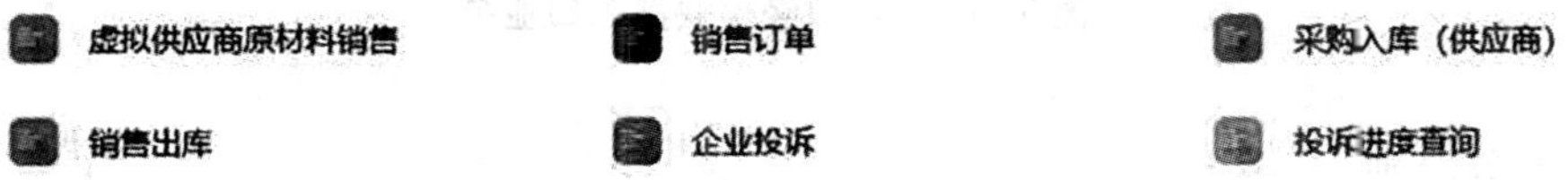

- 虚拟供应商原材料销售
- 销售订单
- 采购入库（供应商）
- 销售出库
- 企业投诉
- 投诉进度查询

图 9-42　业务经理快捷入口业务

（三）商贸企业（经销商）

1. 总经理

自主经营阶段没有直接由总经理发起的任务。

自主经营阶段总经理可通过快捷入口进行的业务见图 9-43：

- 查询本企业银行流水
- 市场预测
- 企业投诉
- 投诉进度查询
- 商贸企业期初数据及运
- 工资表

图 9-43 总经理快捷入口业务

2. 行政经理

- .zj90069企业年度报告公示（经销…）
- .接收工商行政处罚并处理（商贸企业）
- .DGS1申报个人所得税（经销商）
- .zj90055接收税务行政处罚并处理…
- .zj90096接收社保行政处罚并处理…
- .DXC2发放薪酬（经销商）
- .DXC1核算薪酬（经销商）

图 9-44 行政经理可发起任务

自主经营阶段行政经理可以发起的任务包括企业年度报告公示、接收工商行政处罚并处理、申报个人所得税、接收税务行政处罚并处理、接收社保行政处罚并处理、发放薪酬、核算薪酬。

自主经营阶段行政经理可通过快捷入口进行的业务见图 9-45：

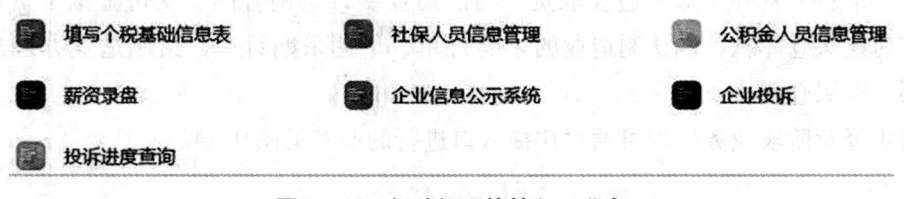

- 填写个税基础信息表
- 社保人员信息管理
- 公积金人员信息管理
- 薪资录盘
- 企业信息公示系统
- 企业投诉
- 投诉进度查询

图 9-45 行政经理快捷入口业务

3. 财务经理

自主经营阶段财务经理可以发起的任务包括签订抵押贷款合同并放款、认证增值税抵扣联、申报企业增值税、计提折旧、期末账务处理、编制资产负债表、申请抵押贷款、存货核算、编制利润表、缴纳企业增值税。

自主经营阶段财务经理可通过快捷入口进行的业务见图 9-47：

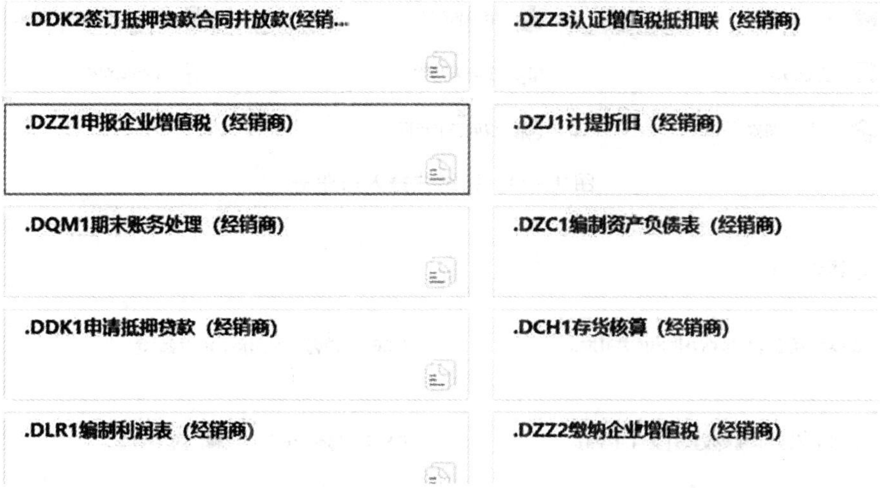
.DDK2签订抵押贷款合同并放款(经销...
.DZZ3认证增值税抵扣联（经销商）
.DZZ1申报企业增值税（经销商）
.DZJ1计提折旧（经销商）
.DQM1期末账务处理（经销商）
.DZC1编制资产负债表（经销商）
.DDK1申请抵押贷款（经销商）
.DCH1存货核算（经销商）
.DLR1编制利润表（经销商）
.DZZ2缴纳企业增值税（经销商）

图 9－46　财务经理可发起任务

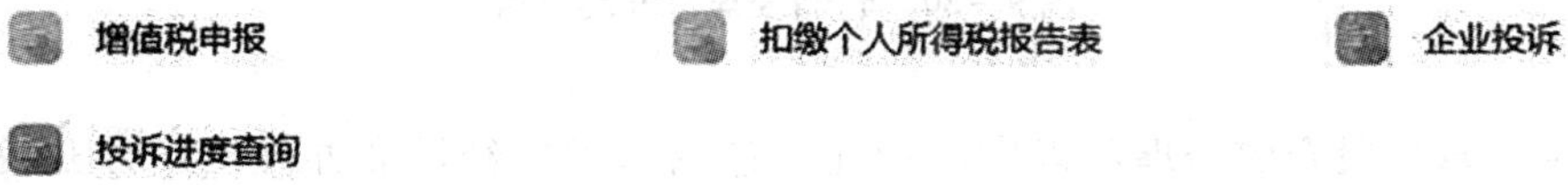
增值税申报
扣缴个人所得税报告表
企业投诉
投诉进度查询

图 9－47　财务经理快捷入口业务

4. 出纳

.DZP1购买支票（经销商）
.DDK3贷款还款（经销商）
.DFP1申领增值税发票（经销商）
.DWX1扣缴五险一金（经销商）
.DGS2缴纳个人所得税（经销商）

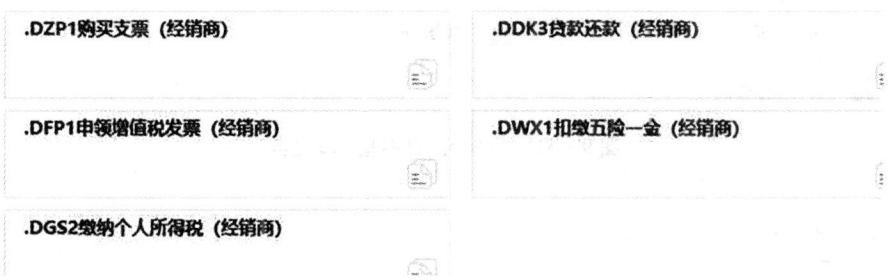

图 9－48　出纳可发起任务

自主经营阶段出纳可以发起的任务包括购买支票、贷款还款、申领增值税发票、扣缴五险一金、缴纳个人所得税。

自主经营阶段出纳可通过快捷入口进行的业务见图 9－49：

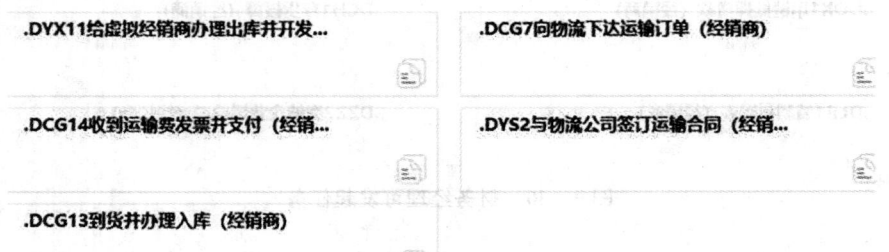

图 9-49　出纳快捷入口业务

5. 仓储经理

图 9-50　仓储经理可发起任务

自主经营阶段仓储经理可以发起的任务包括给虚拟经销商办理出库并开发票、向物流下达运输订单、受到运输费发票并支付、与物流公司签订运输合同、到货并办理入库。

自主经营阶段仓储经理可通过快捷入口进行的业务见图 9-51：

图 9-51　仓储经理快捷入口业务

6. 采购经理

图 9-52　采购经理可发起任务

项目九 自主经营阶段战略准备环节实务训练

自主经营阶段采购经理可以发起的任务包括接到发货单、与制造业签订购销合同、购买仓库、支付购买仓库款、收到制造业发票并支付、录入采购订单。

自主经营阶段采购经理可通过快捷入口进行的业务见图9-53：

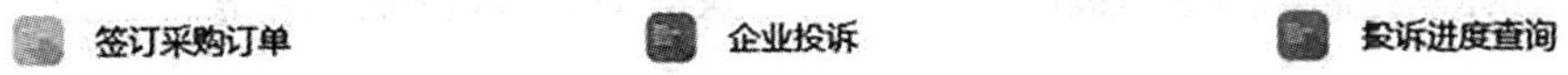

图9-53 采购经理快捷入口业务

7. 营销经理

图9-54 营销经理可发起任务

自主经营阶段营销经理可以发起的任务包括支付市场开拓费、申请和办理市场开拓、申请和办理广告投放、给虚拟经销商发货、收到虚拟经销商货款、支付广告投放费用、查看虚拟销售订单、收到市场开拓费发票、查看竞单结果、收到广告费发票。

自主经营阶段营销经理可通过快捷入口进行的业务见图9-55：

图9-55 营销经理快捷入口业务

二、核心支持企业

核心支持企业员工所在岗位能发起的业务对应的流程都较为简单，多为配合核心层所设。

(一) 物流公司

1. 总经理

图 9 - 56 总经理可发起任务

自主经营阶段总经理可以发起的任务包括去制造业取货并开发票、收到经销商运费业务回单、收到制造业运费业务回单、去工贸企业取货并开发票、企业年度报告公示。

物流经理能发起的任务涉及到的业务逻辑较为简单：先完成取货并开发票，等将货品成功运送到相应企业，最后收到购货方支付运费的回单。

自主经营阶段总经理可通过快捷入口进行的业务见图 9 - 57：

图 9 - 57 总经理快捷入口业务

2. 业务经理

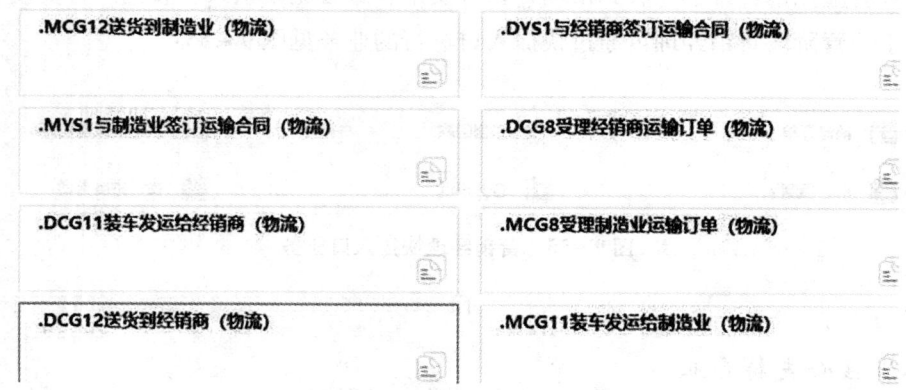

图 9 - 58 业务经理可发起任务

项目九　自主经营阶段战略准备环节实务训练

自主经营阶段业务经理可以发起的任务包括送货到制造业、与经销商签订运输合同、与制造业签订运输合同、受理经销商运输订单、装车发运给经销商、受理制造业运输订单、送货到经销商、装车发运给制造业。

业务经理负责的任务对应的业务逻辑：与运输需求方（购货方）签订运输合同，并接受对方在系统中录入的运输订单，将取到的货物装车发运，最后将货物送到购货方。

自主经营阶段业务经理可通过快捷入口进行的业务见图9-59：

图9-59　业务经理快捷入口业务

（二）服务公司

1. 总经理

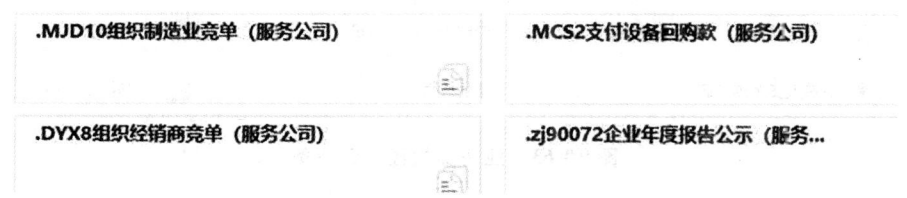

图9-60　总经理可发起任务

自主经营阶段总经理可以发起的任务包括组织制造业竞单、支付设备回购款、组织经销商竞单、企业年度报告公示。

自主经营阶段总经理可通过快捷入口进行的业务见图9-61：

图9-61　总经理快捷入口业务

2. 业务员

自主经营阶段业务员可以发起的任务包括回收CCC认证、办理制造业开拓市场、回收设备销售款、回收仓库销售款、办理经销商广告投放、回收厂房销售款、办理制造业广告投放。

自主经营阶段业务员可通过快捷入口进行的业务见图9-63：

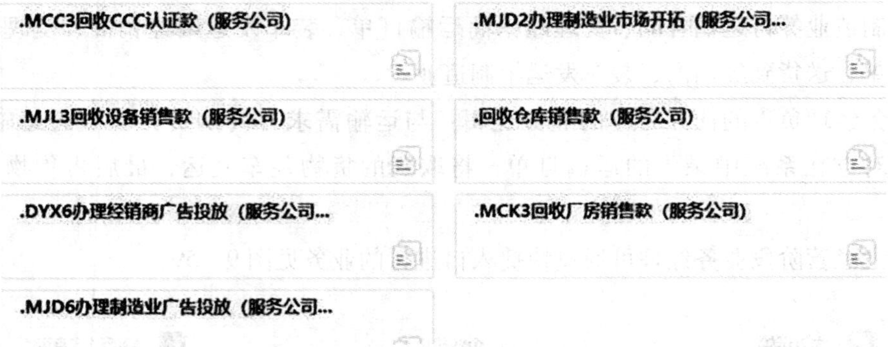

.MCC3回收CCC认证款（服务公司）

.MJD2办理制造业市场开拓（服务公司...

.MJL3回收设备销售款（服务公司）

.回收仓库销售款（服务公司）

.DYX6办理经销商广告投放（服务公司...

.MCK3回收厂房销售款（服务公司）

.MJD6办理制造业广告投放（服务公司...

图 9-62　业务员可发起任务

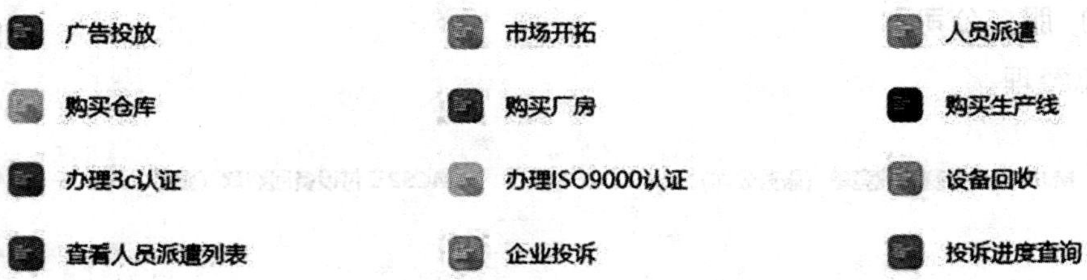

广告投放　　市场开拓　　人员派遣
购买仓库　　购买厂房　　购买生产线
办理3c认证　办理ISO9000认证　设备回收
查看人员派遣列表　企业投诉　投诉进度查询

图 9-63　业务员快捷入口业务

（三）银行

1. 银行柜员

自主经营阶段没有直接由银行柜员发起的任务。

自主经营阶段银行柜员可通过快捷入口进行的业务见图 9-64：

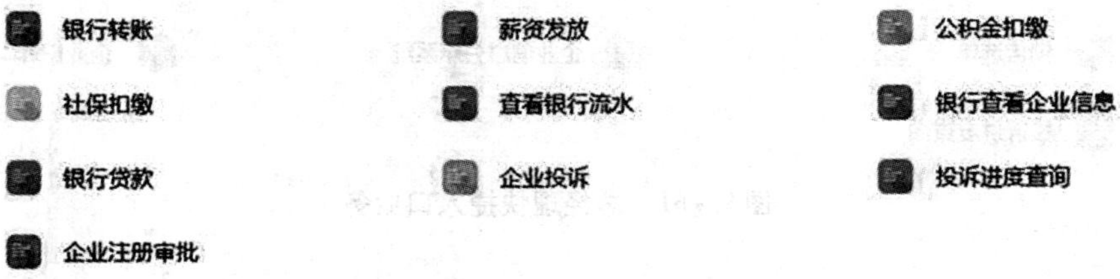

银行转账　　薪资发放　　公积金扣缴
社保扣缴　　查看银行流水　银行查看企业信息
银行贷款　　企业投诉　　投诉进度查询
企业注册审批

图 9-64　银行柜员快捷入口业务

（四）税务局、人社局、工商局

1. 税务专员

自主经营阶段税务专员可以发起的任务包括税务稽查。

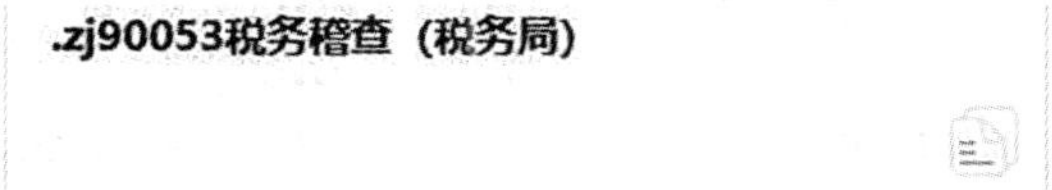

项目九　自主经营阶段战略准备环节实务训练

.zj90053税务稽查（税务局）

图 9-65　税务专员可发起任务

自主经营阶段税务专员可通过快捷入口进行的业务见图 9-66：

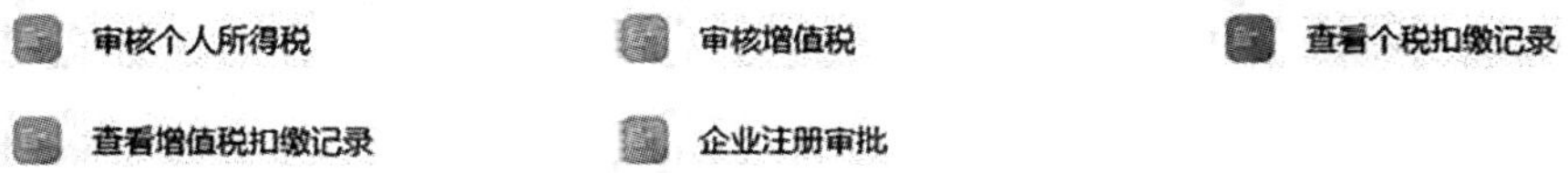

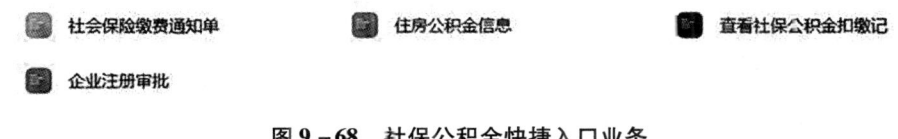

图 9-66　税务专员快捷入口业务

2. 社保公积金专员

.zj90093社保稽查（人社局）　　.zj90094行政处罚（人社局）

.zj90092下达社保稽查通知书（人…

图 9-67　社保公积金专员可发起任务

自主经营阶段社保公积金专员可以发起的任务包括社保稽查、行政处罚、下达社保稽查通知书。

自主经营阶段社保公积金专员可通过快捷入口进行的业务见图 9-58：

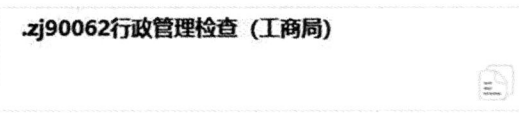

图 9-68　社保公积金快捷入口业务

3. 工商专员

.zj90062行政管理检查（工商局）

图 9-69　工商专员可发起任务

自主经营阶段工商专员可以发起的任务包括行政管理检查。

257

自主经营阶段工商专员可通过快捷入口进行的业务见图9-70：

企业信息公示系统　　　投诉受理　　　企业注册审批

图9-70　工商专员快捷入口业务

项目十 自主经营新增核心任务

VBSE 中的自主经营阶段，系统设置了主要的两大新任务：制造企业生产辅助任务、制造企业直销任务。制造企业生产辅助任务指的是制造企业打算全部或部分转型生产舒适型或豪华型童车，需要进行相关新产品的研发、资格认证，并考虑是否需要更换生产设备、添置新厂房、招聘和解聘不同级别的技术工人等相关的任务；制造企业直销任务指的是制造企业打算将全部或部分产品直接卖给虚拟市场的虚拟经销商的相关任务。

综合前述战略分析和选择、经营决策方法知识，制造企业 CEO 带领公司做好公司战略和经营决策，根据公司战略发展情况选择是否完成这两大任务。自主经营任务包含固定经营任务，相同主题的业务流程起点与过程一致，自主经营的任务起点不受月份、日期限制。

主题一 制造企业生产辅助任务

任务一 办理产品研发

主要内容：制造企业生产计划部做好生产计划，确定打算生产的产品类型（经济型童车已研发，舒适型和豪华型童车皆尚未研发），按生产需求研发新型产品。产品研发工作是由服务公司为制造企业提供研发代办服务。流程见图 10-1。

任务步骤：

Step1 制造企业生产计划部经理申请产品研发

任务发起人为制造企业生产计划部经理，需在 VBSE 平台系统中发起"办理产品

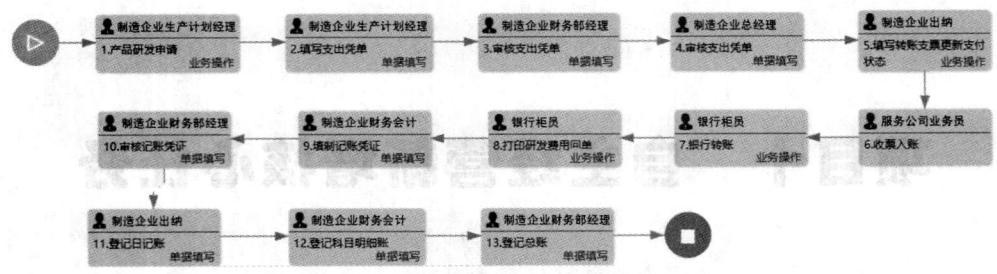

图10-1 制造企业办理产品研发流程

研发"的任务（自主经营阶段，除少数必做任务，其他业务皆由企业各部门员工按需发起，每个任务第一步对应的岗位人员为任务发起人，后续相同，不再赘述），根据确定要研发的新产品类型，在系统中对要研发的新产品提出研发申请。

Step2　制造企业生产计划部经理填写支出凭单

制造企业生产计划部经理根据拟研发产品所需的研发申请费用，填写支出凭单。

Step3　制造企业财务部经理审核支出凭单

制造企业财务部经理查看新产品研发相关信息，并对支出凭单的内容进行审核。

Step4　制造企业总经理审核支出凭单

制造企业总经理查看新产品研发相关信息，并对支出凭单的内容进行审核。

Step5　制造企业出纳填写转账支票并在线支付

制造企业出纳根据通过审核的支出凭单填写转账支票，收款方为服务公司，并在系统中点击对应申请研发的产品线的在线支付按钮，完成后将转账支票交到服务公司处。

Step6　服务公司业务员收到支票并入账

服务公司业务员收到制造企业出纳交来的办理产品研发的转账支票，根据转账支票填写进账单，并携带转账支票与进账单到银行处入账。

Step7　银行柜员办理银行转账

银行柜员收到服务公司递来的转账支票，检查无误后，在系统中为服务公司办理入账操作。

Step8 银行柜员打印研发费用回单

银行柜员将办理研发费用转账业务的回单在系统中打印出来，并通知相应企业前往银行领取回单。

Step9 制造企业财务会计填制记账凭证

制造企业财务会计前往银行领取研发费用回单，根据回单填写记账凭证，并将记账凭证后粘贴回单作为附件。

【链接】

关于研发费用的会计处理

企业内部研究开发项目所发生的支出应区分为研究阶段支出和开发阶段支出，企业自行开发无形资产发生的研发支出，不满足资本化条件的计入"研发支出——费用化支出"，满足资本化条件的计入"研发支出——资本化支出"；如果无法可靠区分研究阶段的支出和开发阶段的支出，应将所有发生的研发支出全部费用化。

研发过程中，会计分录为：

借：研发支出——费用化支出　　（金额）
　　　　　——资本化支出　　　（金额）
　贷：原材料　　　　　　　　　（金额）
　　　银行存款　　　　　　　　（金额）
　　　应付职工薪酬　　　　　　（金额）

研发项目达到预定用途形成无形资产，会计分录为：

借：无形资产　　　　　　　　　（金额）
　贷：研发支出——资本化支出　（金额）

会计期末，费用化支出结转如"管理费用"，会计分录为：

借：管理费用　　　　　　　　　（金额）
　贷：研发支出——费用化支出　（金额）

Step10 制造企业财务部经理审核记账凭证

制造企业财务部经理对财务会计编制的记账凭证进行审核，检查记账凭证后粘贴的附件是否正确，记账凭证是否与附件内容一致，确认无误后在记账凭证上签字同意，

并将记账凭证交给出纳登记日记账。

Step11　制造企业出纳登记日记账

制造企业出纳根据由财务部经理处递来的记账凭证登记银行存款日记账，日记账登记完毕后在记账凭证上签字，并将记账凭证传递给财务会计登记科目明细账。

Step12　制造企业财务会计登记科目明细账

制造企业财务会计根据出纳处递来的记账凭证登记科目明细账，科目明细账登记完毕后在记账凭证上签字，并将记账凭证传递给财务部经理登记总账。

Step13　制造企业财务部经理登记总账

制造企业财务部经理根据财务会计处递来的记账凭证登记总账，总账登记完毕后在记账凭证上签字。

任务二　办理 CCC 认证（简称 3C 认证）

主要内容：制造企业生产计划部做好生产计划，确定打算生产的产品类型（经济型童车默认已办理 3C 认证，舒适型和豪华型童车皆尚未认证），按生产需求办理对应的 3C 认证。3C 认证工作是由服务公司为制造企业提供认证服务，流程见图 10-2。

图 10-2　制造企业办理 3C 认证流程

任务步骤：

Step1　制造企业生产计划部经理填写 3C 认证申请

制造企业生产计划部经理根据由公司经营策略所选择需要进行 CCC 认证的产品和投入 3C 认证的费用，填写产品 3C 认证的费用申请单，并将认证申请单提交给总经理。

项目十 自主经营新增核心任务

Step2 制造企业总经理审核 3C 认证申请

制造企业总经理收到由生产计划部经理提交的 3C 认证申请单,根据公司经营计划,审核 3C 认证费用的合理性、准确性,确保无误后签字同意,并将认证申请单交给行政助理。

Step3 制造企业行政助理对 3C 认证申请进行盖章

制造企业行政助理收到由总经理递交的 3C 认证申请单,查看总经理的审核意见是否为同意,确认无误后盖章,并将认证申请单交还给生产计划部经理。

Step4 制造企业生产计划部经理到服务公司办理 3C 认证

制造企业生产计划部经理收到有行政助理交还的已盖章通过的 3C 认证申请单,携带申请表前往服务公司办理相应产品的 3C 认证。

Step5 服务公司业务员为制造企业办理 3C 认证

服务公司业务员接收到由制造企业生产计划部经理交来的 3C 认证申请单,在系统中为对应制造企业办理申请单所申请产品的 3C 认证。

Step6 服务公司总经理为制造企业办理的 3C 认证服务开具发票

服务公司总经理根据制造企业办理 3C 认证的金额,为制造企业开具 3C 认证服务的发票。

任务三 支付 3C 认证款

主要内容:制造企业向服务公司支付办理 3C 认证的服务款项,流程见图 10 – 3。

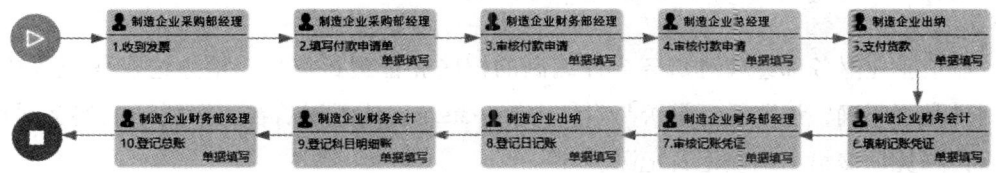

图 10 – 3 制造企业支付 3C 认证款流程

任务步骤：

Step1　制造企业采购部经理收到3C认证发票

制造企业采购部经理收到由服务公司开具的3C认证服务的增值税专用发票。

Step2　制造企业采购部经理填写付款申请单

制造企业采购部经理根据收到的服务公司开具的3C认证服务的增值税专用发票，填写付款申请书，并将付款申请书及增值税发票提交至财务部经理处审核。

Step3　制造企业财务部经理审核付款申请

制造企业财务部经理审核收到的付款申请书和增值税发票是否相符，以及其正确性，并将增值税发票的抵扣联留档，将付款申请书继续交由总经理进行审核。

Step4　制造企业总经理审核付款申请

制造企业总经理对由财务部经理交来的付款申请书进行审核，确认无误后在申请书上签字同意，并将付款申请书交给出纳进行付款。

Step5　制造企业出纳填写转账支票

制造企业出纳收到由总经理递来的经批复的付款申请书，再次审核其准确性，确认无误后按付款申请书所填列的金额开具转账支票，并前往服务公司将转账支票交给服务公司总经理。

Step6　制造企业财务会计填制记账凭证

制造企业财务会计根据经审核的付款申请书及银行回单填制记账凭证，并将付款申请书、银行回单及转账支票存根粘贴在记账凭证后作为附件。

Step7　制造企业财务部经理审核记账凭证

制造企业财务部经理对财务会计编制的记账凭证进行审核，检查记账凭证后粘贴的附件是否正确，记账凭证是否与附件内容一致，确认无误后在记账凭证上签字同意，并将记账凭证交给出纳登记日记账。

Step8 制造企业出纳登记日记账

制造企业出纳根据由财务部经理处递来的记账凭证登记银行存款日记账，日记账登记完毕后在记账凭证上签字，并将记账凭证传递给财务会计登记科目明细账。

Step9 制造企业财务会计登记科目明细账

制造企业财务会计根据出纳处递来的记账凭证登记科目明细账，科目明细账登记完毕后在记账凭证上签字，并将记账凭证传递给财务部经理登记总账。

Step10 制造企业财务部经理登记总账

制造企业财务部经理根据财务会计处递来的记账凭证登记总账，总账登记完毕后在记账凭证上签字。

任务四 回收 3C 认证款

主要内容：服务公司回收为制造企业办理 3C 认证的服务款项，流程见图 10-4。

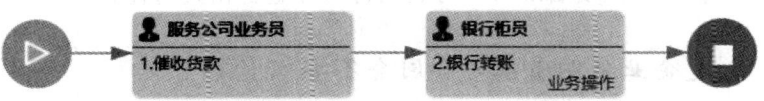

图 10-4 制造企业回收 3C 认证款流程

任务步骤：

Step1 服务公司业务员向制造企业催收 3C 认证服务款

服务公司业务员向办理 3C 认证的制造企业催收 3C 认证服务款，收到对方给的转账支票后，根据为对方办理 3C 认证的费用对支票的金额进行审核，确认无误后，填写进账单，将进账单与转账支票一起送交给银行进行转账。

Step2 银行柜员进行银行转账

银行柜员收到服务公司业务员交来的进账单和转账支票，审核支票的正确性，然后根据进账单进行转账，转账完成后，打印银行回单并交给制造企业出纳。

任务五 购买厂房

主要内容：制造企业生产计划部做好生产计划，确定打算生产的产品类型，按生产需求规划需要的生产设备，若生产设备所需空间超过本来厂房能够容纳，则制造企业需向服务公司购买新的厂房，流程见图10-5。

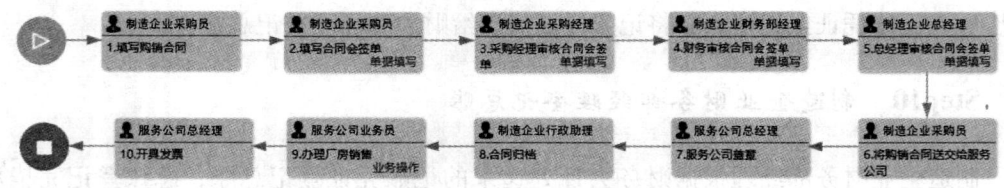

图 10-5 制造企业购买厂房流程

任务步骤：

Step1 制造企业采购员填写购销合同

制造企业采购员根据公司生产计划的需求，确定厂房购买需求，前往服务公司了解和协商厂房的售价，谈妥后准备厂房购销合同并签署相关内容。

Step2 制造企业采购员填写合同会签单

制造企业采购员根据填写的购销合同填写合同会签单，并将采购合同与合同会签单提交给采购部经理。

Step3 制造企业采购部经理审核合同会签单

制造企业采购部经理收到由采购员交来的采购合同与合同会签单，审核确定无误后，在合同会签单对应位置上签字同意，并将两个单据递交给财务部经理。

Step4 制造企业财务部经理审核合同会签单

制造企业财务部经理收到由采购部经理交来的采购合同与合同会签单，审核确定无误后，在合同会签单对应位置上签字同意，并将两个单据递交给总经理。

项目十 自主经营新增核心任务

Step5 制造企业总经理审核合同会签单

制造企业总经理收到由财务部经理交来的采购合同与合同会签单,审核确定无误后,在合同会签单对应位置上签字同意,并将采购合同交至采购员处。

Step6 制造企业采购员将采购合同交至服务公司

制造企业采购员收到总经理递来的购销合同,持已经公司盖章的采购合同前往服务公司。

Step7 服务公司总经理在合同上盖章

服务公司总经理收到由制造企业采购员递交的已经企业盖章的采购合同,审核无误后盖上服务公司的签章,并将盖章后的合同交至制造企业行政助理处,然后通知服务公司业务员在系统中确认厂房销售。

Step8 制造企业行政助理归档采购合同

制造企业行政助理收到由服务公司总经理递来的经双方盖章确认的采购合同,根据采购合同更新合同管理表,并在登记完毕后将采购合同进行留存备案。

Step9 服务公司业务员完成系统中的厂房销售

服务公司业务员接收到来自服务公司总经理的通知,在系统中为签订购买厂房合同的制造企业完成采购,确认完成后告知服务公司总经理已完成销售。

Step10 服务公司总经理开具发票

服务公司总经理在接到服务公司业务员已完成厂房销售的消息后,依据与制造企业签订的采购合同所列示的金额,为相应企业开具增值税发票。

任务六 支付购买厂房款

主要内容:制造企业向服务公司支付购买厂房的采购款,流程见图10-6。

任务步骤:

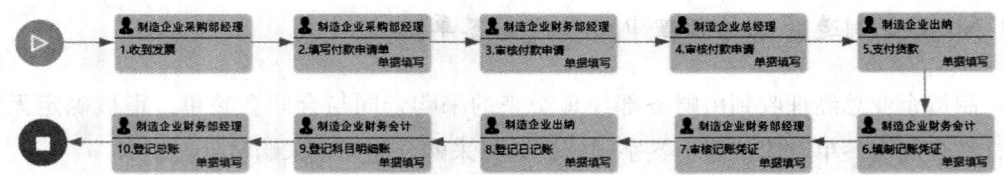

图 10-6 制造企业支付购买厂房款流程

Step1 制造企业采购部经理收到采购厂房的发票

制造企业采购部经理收到由服务公司开具的采购厂房的增值税专用发票。

Step2 制造企业采购部经理填写付款申请单

制造企业采购部经理根据收到的服务公司开具的采购厂房的增值税专用发票,填写付款申请书,并将付款申请书及增值税发票提交至财务部经理处审核。

Step3 制造企业财务部经理审核付款申请

制造企业财务部经理审核收到的付款申请书和增值税发票是否相符,以及其正确性,并将增值税发票的抵扣联留档,将付款申请书继续交由总经理进行审核。

Step4 制造企业总经理审核付款申请

制造企业总经理对由财务部经理交来的付款申请书进行审核,确认无误后在申请书上签字同意,并将付款申请书交给出纳进行付款。

Step5 制造企业出纳填写转账支票

制造企业出纳收到由总经理递来的经批复的付款申请书,再次审核其准确性,确认无误后按付款申请书所填列的金额开具转账支票,并前往服务公司将转账支票交给服务公司总经理。

Step6 制造企业财务会计填制记账凭证

制造企业财务会计根据经审核的付款申请书及银行回单填制记账凭证,并将付款申请书、银行回单及转账支票存根粘贴在记账凭证后作为附件。

项目十　自主经营新增核心任务

【链接】

关于外购固定资产的会计处理

企业购入无须安装的固定资产，按照实际支付的购买价款、相关税费、使固定资产达到预定可使用状态前所发生的可归属该项资产的运输费、装卸费、安装费和专业人员服务费等作为固定资产的取得成本，会计分录为：

　　　　　　借：固定资产　　　　（金额）

　　　　　　　贷：银行存款　　　（金额）

若企业为增值税一般纳税人，企业购进机器设备等固定资产的进项税额不纳入固定资产成本核算，可以在销项税额中抵扣，会计分录为：

　　　　　　借：应交税费——应交增值税——进项税额　　（金额）

　　　　　　　贷：银行存款　　　　　　　　　　　　　（金额）

企业购入需要安装的固定资产，应在购入的固定资产取得成本的基础上加上安装调试成本等，作为购入固定资产的成本，会计分录为：

　　　　　　借：在建工程　　　　（金额）

　　　　　　　贷：银行存款　　　（金额）

待安装完毕达到预定可使用状态时，会计分录为：

　　　　　　借：固定资产　　　　（金额）

　　　　　　　贷：在建工程　　　（金额）

Step7　制造企业财务部经理审核记账凭证

制造企业财务部经理对财务会计编制的记账凭证进行审核，检查记账凭证后粘贴的附件是否正确，记账凭证是否与附件内容一致，确认无误后在记账凭证上签字同意，并将记账凭证交给出纳登记日记账。

Step8　制造企业出纳登记日记账

制造企业出纳根据由财务部经理处递来的记账凭证登记银行存款日记账，日记账登记完毕后在记账凭证上签字，并将记账凭证传递给财务会计登记科目明细账。

Step9　制造企业财务会计登记科目明细账

制造企业财务会计根据出纳处递来的记账凭证登记科目明细账，科目明细账登记完毕后在记账凭证上签字，并将记账凭证传递给财务部经理登记总账。

Step10 制造企业财务部经理登记总账

制造企业财务部经理根据财务会计处递来的记账凭证登记总账,总账登记完毕后在记账凭证上签字。

任务七 回收厂房销售款

主要内容:服务公司回收销售给制造企业的厂房销售款,见图10-7。

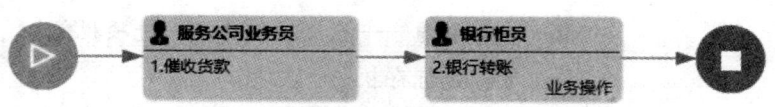

图10-7 服务公司回收厂房销售款流程

任务步骤:

Step1 服务公司业务员向制造企业催收厂房销售款

服务公司业务员向购买厂房的制造企业催收厂房销售款,收到对方给的转账支票后,根据双方签订购销合同上列示的金额对支票的金额进行审核,确认无误后,填写进账单,将进账单与转账支票一起送交给银行进行转账。

Step2 银行柜员进行银行转账

银行柜员收到服务公司业务员交来的进账单和转账支票,审核支票的正确性,然后根据进账单进行转账,转账完成后,打印银行回单并交给制造企业出纳。

任务八 购买仓库

主要内容:制造企业生产计划部做好生产计划,确定打算生产的产品类型,按生产需求规划需要采购的原材料数量,以及每个虚拟日期拟投产的车架、整车数量,每个虚拟日期完工入库的车架、整车数量等,若这些存货需要的存放空间公司本来的仓库无法满足,则制造企业需向服务公司购买新的仓库,见图10-8。

任务步骤:

项目十 自主经营新增核心任务

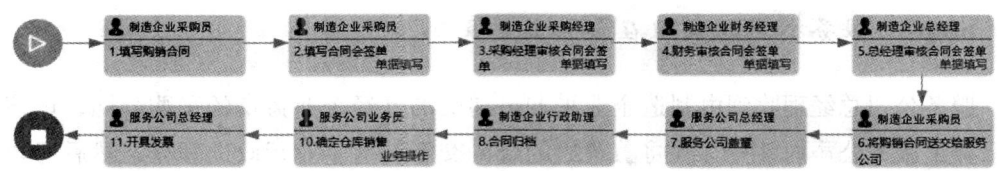

图 10-8 购买仓库流程

Step1 制造企业采购员填写购销合同

制造企业采购员根据公司生产计划的需求,确定仓库购买需求,前往服务公司了解和协商仓库的售价,谈妥后准备仓库购销合同并签署相关内容。

Step2 制造企业采购员填写合同会签单

制造企业采购员根据填写的购销合同填写合同会签单,并将采购合同与合同会签单提交给采购部经理。

Step3 制造企业采购部经理审核合同会签单

制造企业采购部经理收到由采购员交来的采购合同与合同会签单,审核确定无误后,在合同会签单对应位置上签字同意,并将两个单据递交给财务部经理。

Step4 制造企业财务部经理审核合同会签单

制造企业财务部经理收到由采购部经理交来的采购合同与合同会签单,审核确定无误后,在合同会签单对应位置上签字同意,并将两个单据递交给总经理。

Step5 制造企业总经理审核合同会签单

制造企业总经理收到由财务部经理交来的采购合同与合同会签单,审核确定无误后,在合同会签单对应位置上签字同意,并将采购合同交至采购员处。

Step6 制造企业采购员将采购合同交至服务公司

制造企业采购员收到总经理递来的购销合同,持已经公司盖章的采购合同前往服务公司。

Step7 服务公司总经理在合同上盖章

服务公司总经理收到由制造企业采购员递交的已经企业盖章的采购合同，审核无误后盖上服务公司的签章，并将盖章后的合同交至制造企业行政助理处，然后通知服务公司业务员在系统中确认仓库销售。

Step8 制造企业行政助理归档采购合同

制造企业行政助理接到由服务公司总经理递来的经双方盖章确认的采购合同，根据采购合同更新合同管理表，并在登记完毕后将采购合同进行留存备案。

Step9 服务公司业务员完成系统中的仓库销售

服务公司业务员收到来自服务公司总经理的通知，在系统中为签订购买仓库合同的制造企业完成采购，确认完成后告知服务公司总经理已完成销售。

Step10 服务公司总经理开具发票

服务公司总经理在接到服务公司业务员已完成仓库销售的消息后，依据与制造业签订的采购合同所列示的金额，为相应企业开具增值税发票。

任务九　支付购买仓库款

主要内容：制造企业向服务公司支付购买仓库的采购款，见图 10-9。

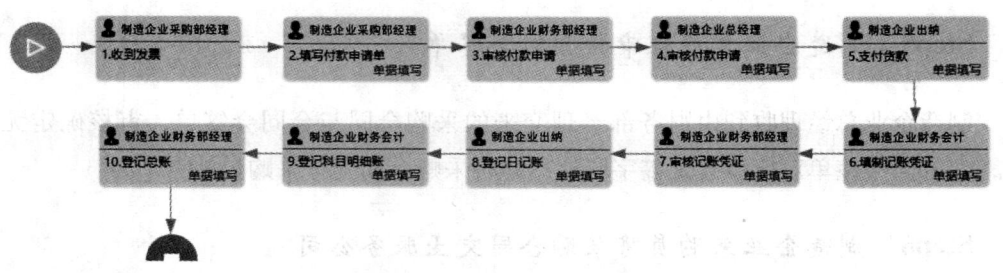

图 10-9　支付购买仓库款流程

任务步骤：

项目十 自主经营新增核心任务

Step1 制造企业采购部经理收到采购仓库的发票

制造企业采购部经理收到由服务公司开具的采购仓库的增值税专用发票。

Step2 制造企业采购部经理填写付款申请单

制造企业采购部经理根据收到的服务公司开具的采购仓库的增值税专用发票，填写付款申请书，并将付款申请书及增值税发票提交至财务部经理处审核。

Step3 制造企业财务部经理审核付款申请

制造企业财务部经理审核收到的付款申请书和增值税发票是否相符，以及其正确性，并将增值税发票的抵扣联留档，将付款申请书继续交由总经理进行审核。

Step4 制造企业总经理审核付款申请

制造企业总经理对由财务部经理交来的付款申请书进行审核，确认无误后在申请书上签字同意，并将付款申请书交给出纳进行付款。

Step5 制造企业出纳填写转账支票

制造企业出纳收到由总经理递来的经批复的付款申请书，再次审核其准确性，确认无误后按付款申请书所填列的金额开具转账支票，并前往服务公司将转账支票交给服务公司总经理。

Step6 制造企业财务会计填制记账凭证

制造企业财务会计根据经审核的付款申请书及银行回单填制记账凭证，并将付款申请书、银行回单及转账支票存根粘贴在记账凭证后作为附件。

Step7 制造企业财务部经理审核记账凭证

制造企业财务部经理对财务会计编制的记账凭证进行审核，检查记账凭证后粘贴的附件是否正确，记账凭证是否与附件内容一致，确认无误后在记账凭证上签字同意，并将记账凭证交给出纳登记日记账。

Step8 制造企业出纳登记日记账

制造企业出纳根据由财务部经理处递来的记账凭证登记银行存款日记账，日记账登记完毕后在记账凭证上签字，并将记账凭证传递给财务会计登记科目明细账。

Step9 制造企业财务会计登记科目明细账

制造企业财务会计根据出纳处递来的记账凭证登记科目明细账，科目明细账登记完毕后在记账凭证上签字，并将记账凭证传递给财务部经理登记总账。

Step10 制造企业财务部经理登记总账

制造企业财务部经理根据财务会计处递来的记账凭证登记总账，总账登记完毕后在记账凭证上签字。

任务十 回收仓库销售款

主要内容：服务公司回收销售给制造企业的仓库销售款，见图 10-10。

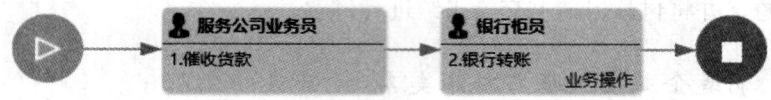

图 10-10 回收仓库销售款流程

任务步骤：

Step1 服务公司业务员向制造企业催收仓库销售款

服务公司业务员向购买仓库的制造企业催收仓库销售款，收到对方给的转账支票后，根据双方签订购销合同上列示的金额对支票的金额进行审核，确认无误后，填写进账单，将进账单与转账支票一起送交给银行进行转账。

Step2 银行柜员进行银行转账

银行柜员收到服务公司业务员交来的进账单和转账支票，审核支票的正确性，然后根据进账单进行转账，转账完成后，打印银行回单并交给制造企业出纳。

项目十 自主经营新增核心任务

任务十一 出售设备

主要内容：制造企业生产计划部做好生产计划，确定打算生产的产品类型，若打算转型生产舒适型或豪华型童车，放弃或减少经济型童车的生产规模，则可考虑将拟闲置不用的生产设备进行出售，为拟购买的新设备挪出厂房空间，见图10-11。

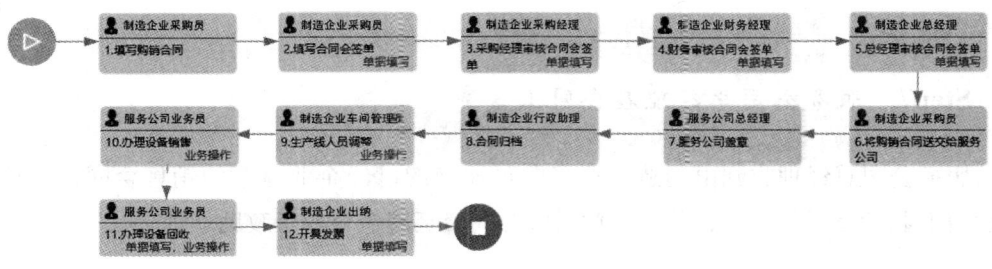

图10-11 出售设备流程

任务步骤：

Step1 制造企业采购员填写购销合同

制造企业采购员根据公司拟订的生产计划，确定需要处理售出的设备种类及数量，前往服务公司处了解和协商设备的价格，谈妥后准备仓库赊销合同并签署相关内容。

Step2 制造企业采购员填写合同会签单

制造企业采购员根据填写的购销合同填写合同会签单，并将销售合同与合同会签单提交给采购部经理。

Step3 制造企业采购部经理审核合同会签单

制造企业采购部经理收到由采购员交来的销售合同与合同会签单，审核确定无误后，在合同会签单对应位置上签字同意，并将两个单据递交给财务部经理。

Step4 制造企业财务部经理审核合同会签单

制造企业财务部经理收到由采购部经理交来的销售合同与合同会签单，审核确定无误后，在合同会签单对应位置上签字同意，并将两个单据递交给总经理。

Step5　制造企业总经理审核合同会签单

制造企业总经理收到由财务部经理交来的销售合同与合同会签单，审核确定无误后，在合同会签单对应位置上签字同意，并将销售合同交至采购员处。

Step6　制造企业采购员将采购合同交至服务公司

制造企业采购员收到总经理递来的购销合同，持已经公司盖章的销售合同前往服务公司。

Step7　服务公司总经理在合同上盖章

服务公司总经理收到由制造企业采购员递交的已经企业盖章的销售合同，审核无误后盖上服务公司的签章，并将盖章后的合同交至制造企业行政助理处。

Step8　制造企业行政助理归档销售合同

制造企业行政助理接到由服务公司总经理递来的经双方盖章确认的销售合同，根据销售合同更新合同管理表，并在登记完毕后将销售合同进行留存备案，然后通知车间管理员销售设备的合同已签订完毕。

Step9　制造企业车间管理员对生产线人员进行调整

制造企业车间管理员收到行政助理设备销售合同已签订完毕的通知后，检查该设备对应的生产线上是否还有生产工人，如有生产工人，需在系统中操作将生产工人调离生产线。

Step10　制造企业车间管理员完成系统中的设备销售

制造企业车间管理员在将所需出售的设备对应生产线上的生产工人全部调离后，则可在系统中对相应的设备进行出售，完成销售操作后前往服务公司通知服务公司业务员办理设备回收。

Step11　服务公司业务员办理设备回收

服务公司业务员接到制造企业车间管理员该公司设备已进行销售处理的通知后，在系统中确认是否合同签订中的设备，确认无误后在系统中回收相应设备，并通知制造企业出纳已完成设备回收。

项目十 自主经营新增核心任务

Step12 制造企业出纳开具发票

制造企业出纳接到服务公司业务员已办理设备回收的通知后,依据设备销售合同的金额,为服务公司开具增值税发票,并将发票交至服务公司处。

任务十二 支付设备回购款

主要内容:服务公司支付向制造企业回收旧设备的款项,见图10-12。

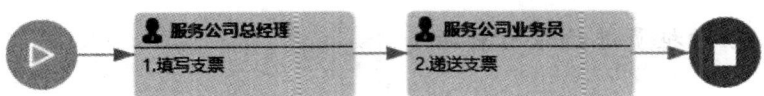

图10-12 支付设备回购款流程

任务步骤:

Step1 服务公司总经理填写支票

服务公司总经理在服务公司回收制造企业旧设备后,收到对方交来的增值税发票,与双方合同签订的回收价格进行核对,无误后按此价格填写转账支票,填写完成后交给服务公司业务员。

Step2 服务公司业务员递送支票

服务公司业务员收到由服务公司总经理递来的转账支票后,送至相应的制造企业处。

任务十三 回收设备销售款

主要内容:制造企业收到由服务公司支付的设备销售款,见图10-13。

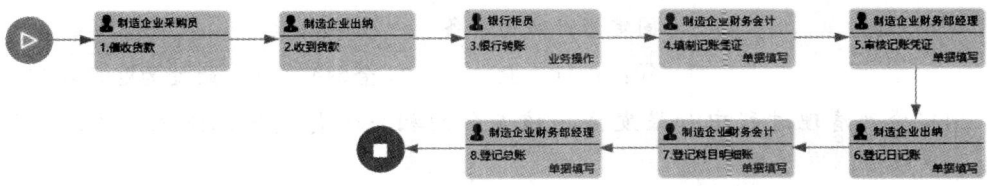

图10-13 回收设备销售款流程

Step1 制造企业采购员催收设备销售款

制造企业采购员向服务公司催收旧设备销售款，收到对方给的转账支票后，根据双方签订购销合同上列示的金额对支票的金额进行审核，确认无误后，将转账支票交给出纳。

Step2 制造企业出纳填写进账单

制造企业出纳收到由采购员递交来的转账支票，对支票进行审核，无误后填写进账单，并将进账单与支票一同送交至银行进行入账。

Step3 银行柜员进行银行转账

银行柜员收到制造企业出纳交来的进账单和转账支票，审核支票的正确性，然后根据进账单进行转账，转账完成后打印银行回单，通知制造业前往银行领取。

Step4 制造企业财务会计填制记账凭证

制造企业财务会计根据经审核的进账单、银行回单填制记账凭证，并将进账单、银行回单及转账支票存根粘贴在记账凭证后作为附件。

【链接】

关于处置固定资产的会计处理

企业在生产经营过程中，会将不适用或无须再使用的固定资产对外出售转让，或因磨损、技术进步等原因对固定资产进行报废，或因自然灾害对损毁的固定资产进行处理，在进行上述事项的会计处理时，应当按照规定程序办理有关的手续，结转固定资产的账面价值，并且计算清理收入、清理费用及残料价值等。

固定资产转入清理，会计分录为：

借：固定资产清理　　　　（金额）
　　累计折旧　　　　　　（金额）
　　固定资产减值准备　　（金额）
贷：银行存款　　　　　　（金额）（注：此处为账面原值）

固定资产清理过程中如果发生应该支付的相关税费或其他清理费用，会计分录为：

借：固定资产清理　　　　　　　（金额）

项目十 自主经营新增核心任务

    贷：银行存款　　　　　　　　（金额）
      应交税费——应交营业税　（金额）

收回出售固定资产的价款、残料价值和变价收入等，会计分录为：

    借：银行存款　　　　　　（金额）
      原材料　　　　　　　（金额）
    贷：固定资产清理　　　　（金额）

应由保险公司或过失人赔偿的损失，会计分录为：

    借：其他应收款　　　　　（金额）
    贷：固定资产清理　　　　（金额）

  固定资产清理完成后，属于生产经营期间正常的处理损益，记入"营业外支出——非流动资产处置损失"或"营业外收入——非流动资产处置利得"；属于自然灾害等非正常原因造成的损失，记入"营业外支出——非常损失"；会计分录为：

    借：营业外支出——非流动资产处置损失　　（金额）
        ——非常损失　　　　　　　　　（金额）
    贷：固定资产清理　　　　　　　　　　　　（金额）

或

    借：固定资产清理　　　　　　　　　　　　（金额）
    贷：营业外收入——非流动资产处置利得　　（金额）

Step5　制造企业财务部经理审核记账凭证

  制造企业财务部经理对财务会计编制的记账凭证进行审核，检查记账凭证后粘贴的附件是否正确，记账凭证是否与附件内容一致，确认无误后在记账凭证上签字同意，并将记账凭证交给出纳登记日记账。

Step6　制造企业出纳登记日记账

  制造企业出纳根据由财务部经理处递来的记账凭证登记银行存款日记账，日记账登记完毕后在记账凭证上签字，并将记账凭证传递给财务会计登记科目明细账。

Step7　制造企业财务会计登记科目明细账

  制造企业财务会计根据出纳处递来的记账凭证登记科目明细账，科目明细账登记完毕后在记账凭证上签字，并将记账凭证传递给财务部经理登记总账。

Step8　制造企业财务部经理登记总账

制造企业财务部经理根据财务会计处递来的记账凭证登记总账，总账登记完毕后在记账凭证上签字。

任务十四　购买设备

主要内容：制造企业生产计划部做好生产计划，确定打算生产的产品类型，若打算转型部分或全部生产舒适型或豪华型童车，则需购买生产舒适型或豪华型童车需要的生产设备，见图10-14。

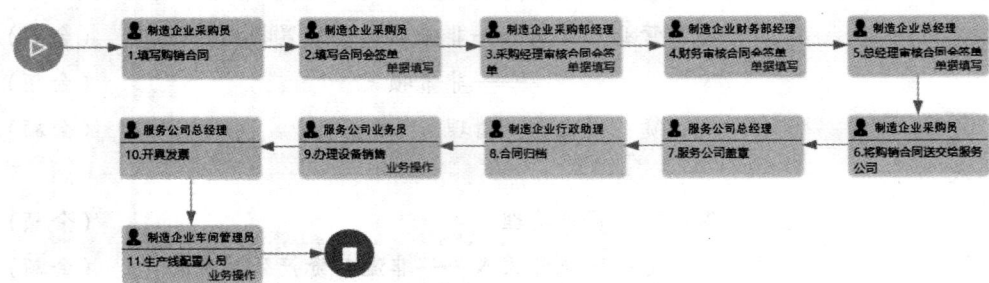

图10-14　购买设备流程

任务步骤：

Step1　制造企业采购员填写购销合同

制造企业采购员根据公司生产计划的需求，确定设备购买需求，前往服务公司了解和协商设备的售价，谈妥后准备设备购销合同并签署相关内容。

Step2　制造企业采购员填写合同会签单

制造企业采购员根据填写的购销合同填写合同会签单，并将采购合同与合同会签单提交给采购部经理。

Step3　制造企业采购部经理审核合同会签单

制造企业采购部经理收到由采购员交来的采购合同与合同会签单，审核确定无误后，在合同会签单对应位置上签字同意，并将两个单据递交给财务部经理。

项目十　自主经营新增核心任务

Step4　制造企业财务部经理审核合同会签单

制造企业财务部经理收到由采购部经理交来的采购合同与合同会签单，审核确定无误后，在合同会签单对应位置上签字同意，并将两个单据递交给总经理。

Step5　制造企业总经理审核合同会签单

制造企业总经理收到由财务部经理交来的采购合同与合同会签单，审核确定无误后，在合同会签单对应位置上签字同意，并将采购合同交至采购员处。

Step6　制造企业采购员将采购合同交至服务公司

制造企业采购员收到总经理递来的购销合同，持已经公司盖章的采购合同前往服务公司。

Step7　服务公司总经理在合同上盖章

服务公司总经理接到由制造企业采购员递交的已经企业盖章的采购合同，审核无误后盖上服务公司的签章，并将盖章后的合同交至制造企业行政助理处，然后通知服务公司业务员在系统中确认设备销售。

Step8　制造企业行政助理归档采购合同

制造企业行政助理接到由服务公司总经理递来的经双方盖章确认的采购合同，根据采购合同更新合同管理表，并在登记完毕后将采购合同进行留存备案。

Step9　服务公司业务员完成系统中的设备销售

服务公司业务员收到来自服务公司总经理的通知，在系统中为签订购买设备合同的制造企业完成采购，确认完成后告知服务公司总经理已完成销售。

Step10　服务公司总经理开具发票

服务公司总经理在接到服务公司业务员已完成设备销售的消息后，依据与制造企业签订的采购合同所列示的金额，为相应企业开具增值税发票，并告知制造业已完成设备销售。

Step11 制造企业车间管理员为新生产线配置人员

制造企业车间管理员接到服务公司已完成设备销售的消息后，在系统中确认设备已存在于公司厂房中，然后向新购买的设备对应的生产线配置生产工人。

任务十五 支付购买设备款

主要内容：制造企业向服务公司支付购买设备的采购款，见图 10 - 15。

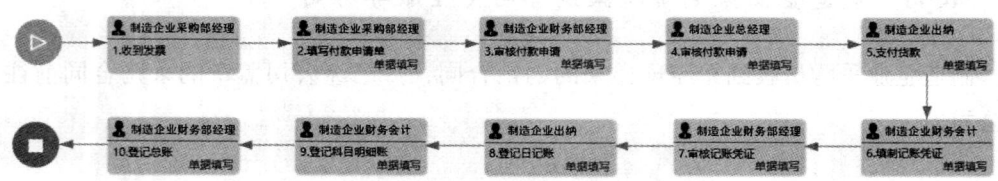

图 10 - 15 支付购买设备款流程

任务步骤：

Step1 制造企业采购部经理收到采购设备的发票

制造企业采购部经理收到由服务公司开具的采购设备的增值税专用发票。

Step2 制造企业采购部经理填写付款申请单

制造企业采购部经理根据收到的服务公司开具的采购设备的增值税专用发票，填写付款申请书，并将付款申请书及增值税发票提交至财务部经理处审核。

Step3 制造企业财务部经理审核付款申请

制造企业财务部经理审核收到的付款申请书和增值税发票是否相符，以及其正确性，并将增值税发票的抵扣联留档，将付款申请书继续交由总经理进行审核。

Step4 制造企业总经理审核付款申请

制造企业总经理对由财务部经理交来的付款申请书进行审核，确认无误后在申请书上签字同意，并将付款申请书交给出纳进行付款。

项目十 自主经营新增核心任务

Step5　制造企业出纳填写转账支票

制造企业出纳收到由总经理递来的经批复的付款申请书，再次审核其准确性，确认无误后按付款申请书所填列的金额开具转账支票，并前往服务公司将转账支票交给服务公司总经理。

Step6　制造企业财务会计填制记账凭证

制造企业财务会计根据经审核的付款申请书及银行回单填制记账凭证，并将付款申请书、银行回单及转账支票存根粘贴在记账凭证后作为附件。

Step7　制造企业财务部经理审核记账凭证

制造企业财务部经理对财务会计编制的记账凭证进行审核，检查记账凭证后粘贴的附件是否正确，记账凭证是否与附件内容一致，确认无误后在记账凭证上签字同意，并将记账凭证交给出纳登记日记账。

Step8　制造企业出纳登记日记账

制造企业出纳根据由财务部经理处递来的记账凭证登记银行存款日记账，日记账登记完毕后在记账凭证上签字，并将记账凭证传递给财务会计登记科目明细账。

Step9　制造企业财务会计登记科目明细账

制造企业财务会计根据出纳处递来的记账凭证登记科目明细账，科目明细账登记完毕后在记账凭证上签字，并将记账凭证传递给财务部经理登记总账。

Step10　制造企业财务部经理登记总账

制造企业财务部经理根据财务会计处递来的记账凭证登记总账，总账登记完毕后在记账凭证上签字。

任务十六　回收设备销售款

主要内容：服务公司回收销售给制造企业的设备销售款，见图 10-16。

任务步骤：

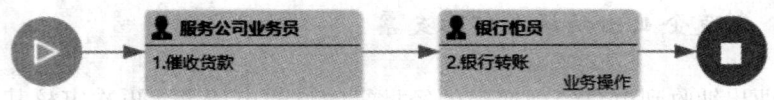

图 10 – 16　回收设备销售款流程

Step1　服务公司业务员向制造企业催收设备销售款

服务公司业务员向购买设备的制造企业催收厂房销售款，收到对方给的转账支票后，根据双方签订购销合同上列示的金额对支票的金额进行审核，确认无误后，填写进账单，将进账单与转账支票一起送交给银行进行转账。

Step2　银行柜员进行银行转账

银行柜员收到服务公司业务员交来的进账单和转账支票，审核支票的正确性，然后根据进账单进行转账，转账完成后，打印银行回单并交给制造企业出纳。

任务十七　招聘生产工人

主要内容：制造企业生产计划部做好生产计划，确定打算生产的产品类型，若打算转型部分或全部生产舒适型或豪华型童车，则需要根据生产相应产品的生产线数量招聘生产相应产品需要的技术工人，见图 10 – 17。

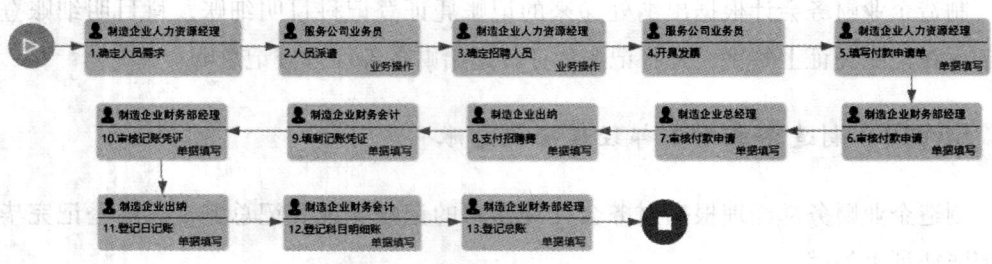

图 10 – 17　招聘生产工人流程

任务步骤：

Step1　制造企业人力资源部经理确定人员需求

制造企业生产计划部经理根据生产需求，到人力资源部经理处告知对生产工人的

项目十 自主经营新增核心任务

招聘需求,尤其是职称需求、各职称需求人员,沟通好后人力资源部经理按沟通结果填写招聘计划表,并将招聘计划表提交给服务公司业务员,向服务公司申请派遣符合要求的生产工人。

Step2 服务公司业务员在系统中进行工人派遣

服务公司业务员收到制造企业的生产工人招聘申请,核实工人职称及人数,无误后在系统中将对应的人员派遣至申请的制造企业,完成即刻告知制造企业人力资源部经理派工完成。

Step3 制造企业人力资源经理确定招聘人员

制造企业人力资源经理收到服务公司业务员的通知后,在系统中查看服务公司派遣的生产工人,确认是否与本公司提交的申请需求一致,若为一致则选择接收该批生产工人,接收后告知服务公司业务员。

Step4 服务公司业务员开具发票

服务公司业务员收到制造企业已经接收服务公司派遣的生产工人后,立即在系统中查看为该公司派遣的生产工人的技术职称及人数,按照协定的人才推荐服务费金额开具增值税发票,并将增值税发票交至制造企业处,要求制造企业尽快支付招聘费用。

Step5 制造企业人力资源部经理填写付款申请单

制造企业人力资源部经理根据收到的服务公司开具的员工招聘的增值税发票,填写付款申请书,并将付款申请书及增值税发票提交至财务部经理处审核。

Step6 制造企业财务部经理审核付款申请

制造企业财务部经理审核收到的付款申请书和增值税发票是否相符,以及其正确性,并将增值税发票的抵扣联留档,将付款申请书继续交由总经理进行审核。

Step7 制造企业总经理审核付款申请

制造企业总经理对由财务部经理交来的付款申请书进行审核,确认无误后在申请书上签字同意,并将付款申请书交给出纳进行付款。

Step8 制造企业出纳填写转账支票

制造企业出纳收到由总经理递来的经批复的付款申请书,再次审核其准确性,确认无误后按付款申请书所填列的金额开具转账支票,并前往服务公司将转账支票交给服务公司总经理。

Step9 制造企业财务会计填制记账凭证

制造企业财务会计根据经审核的付款申请书及银行回单填制记账凭证,并将付款申请书、转账支票存根粘贴在记账凭证后作为附件。

Step10 制造企业财务部经理审核记账凭证

制造企业财务部经理对财务会计编制的记账凭证进行审核,检查记账凭证后粘贴的附件是否正确,记账凭证是否与附件内容一致,确认无误后在记账凭证上签字同意,并将记账凭证交给出纳登记日记账。

Step11 制造企业出纳登记日记账

制造企业出纳根据由财务部经理处递来的记账凭证登记银行存款日记账,日记账登记完毕后在记账凭证上签字,并将记账凭证传递给财务会计登记科目明细账。

Step12 制造企业财务会计登记科目明细账

制造企业财务会计根据出纳处递来的记账凭证登记科目明细账,科目明细账登记完毕后在记账凭证上签字,并将记账凭证传递给财务部经理登记总账。

Step13 制造企业财务部经理登记总账

制造企业财务部经理根据财务会计处递来的记账凭证登记总账,总账登记完毕后在记账凭证上签字。

任务十八 解聘生产工人

主要内容:制造企业生产计划部做好生产计划,确定打算生产的产品类型,若打算转型生产舒适型或豪华型童车,取消或减少对经济型童车的生产,则需要根据自主经营阶段拟生产的产品解聘无须再聘用的生产工人，见图 10-18。

图 10-18　解聘生产工人流程

任务步骤：

Step1　制造企业人力资源部经理解聘工人

制造企业人力资源部经理向生产计划部经理询问是否存在无须再聘用的生产工人，确定需解聘的人数后，在系统中查询生产工人信息，将不需要的生产工人解聘，并依据人力资源规则结算解聘工人的工资。

主题二　制造企业直销任务

任务一　申请和办理市场开拓

主要内容：制造企业营销部根据制定的公司营销策略，自主经营阶段，制造业可选择将部分或全部产品不通过中间商直接销售到中部市场。若决定进行直销，制造企业需首先申请和办理中部市场的市场开拓工作，见图 10-19。

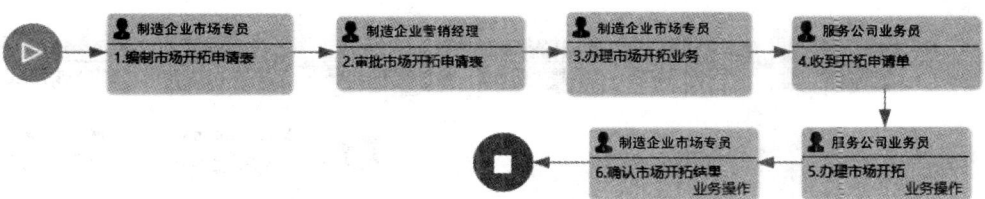

图 10-19　申请和办理市场开拓流程

任务步骤：

Step1　制造企业市场专员申请市场开拓

制造企业市场专员根据公司营销策略，编制市场开拓申请单，并提交至营销部经理处。

Step2　制造企业营销部经理审批市场开拓申请

制造企业营销部经理收到由市场专员提交过来的市场开拓申请单，对市场开拓申请单内容及金额等方面的合理性进行审核，确认无误后签字同意，并将审核通过的市场开拓申请单交还给市场专员。

Step3　制造企业市场专员到服务公司办理市场开拓

制造企业市场专员持营销经理审核的市场开拓申请单前往服务公司，向服务公司申请办理市场开拓业务。

Step4　服务公司业务员接受市场开拓申请

服务公司业务员接收由制造企业市场专员提交来的市场开拓申请单，确认内容与金额后在市场开拓申请单上盖章确认，接受制造企业市场开拓的申请。

Step5　服务公司业务员在系统中办理市场开拓

服务公司业务员根据市场开拓申请的制造企业的申请单，在系统中为相应制造企业办理中部市场的开拓，并告知制造企业市场专员市场开拓已办理完成。

任务二　收到市场开拓费发票

主要内容：制造企业营销部收到服务公司开具的市场开拓费发票，办理相关财务手续见图 10 – 20。

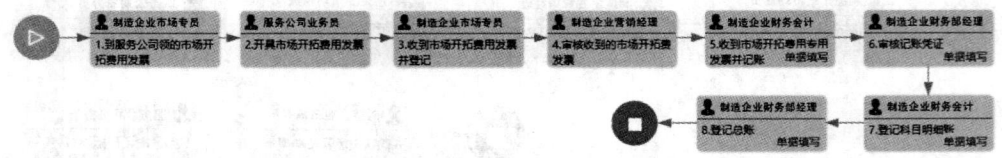

图 10 – 20　收到市场开拓费发票流程

任务步骤：

Step1　制造企业市场专员领取发票

制造企业市场专员前往服务公司处，领取市场开拓费用的增值税发票。

Step2　服务公司业务员开具市场开拓费发票

服务公司业务员向制造企业市场专员询问制造企业信息，根据制造企业市场开拓申请单上的金额开具增值税发票，将增值税发票的发票联、抵扣联交给市场专员，并将记账联进行备案留档。

Step3　制造企业市场专员收取市场开拓费发票

制造企业市场专员从服务公司业务员处取得市场开拓的增值税发票，在发票记录表上登记发票信息，确认发票信息无误后将发票提交给营销部经理。

Step4　制造企业营销部经理审核市场开拓费发票

制造企业营销部经理收到市场专员递交来的市场开拓费发票，审核市场开拓费发票金额是否与市场开拓合同规定的一致，确认无误后将市场开拓费发票交至财务会计处。

Step5　制造企业财务会计填制记账凭证

制造企业财务会计根据由营销部经理交来的市场开拓费发票填制记账凭证，并将发票粘贴在记账凭证后作为附件。

Step6　制造企业财务部经理审核记账凭证

制造企业财务部经理对财务会计编制的记账凭证进行审核，检查记账凭证后粘贴的附件是否正确，记账凭证是否与附件内容一致，确认无误后在记账凭证上签字同意，并将记账凭证交给出纳登记日记账。

Step7　制造企业财务会计登记科目明细账

制造企业财务会计根据出纳处递来的记账凭证登记科目明细账，科目明细账登记完毕后在记账凭证上签字，并将记账凭证传递给财务部经理登记总账。

Step8　制造企业财务部经理登记总账

制造企业财务部经理根据财务会计处递来的记账凭证登记总账，总账登记完毕后在记账凭证上签字。

任务三 支付市场开拓费

主要内容：制造企业向服务公司支付市场开拓费，见图 10-21。

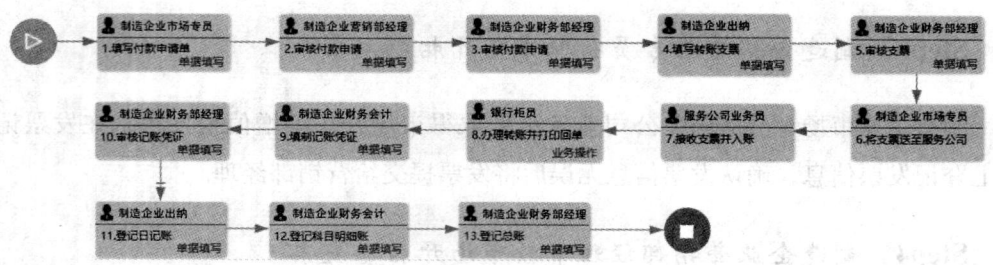

图 10-21 支付市场开拓费流程

任务步骤：

Step1 制造企业市场专员填写付款申请单

制造企业市场专员根据收到的服务公司开具的市场开拓费的增值税专用发票，对照发票信息填写付款申请书，并将付款申请书及增值税发票提交至营销部经理处审核。

Step2 制造企业营销部经理审核付款申请单

制造企业营销部经理收到市场专员提交来的市场开拓费发票和付款申请单，对照相应的市场开拓申请表进行审核，审核无误后，将付款申请书及增值税发票转交给财务部经理。

Step3 制造企业财务部经理审核付款申请

制造企业财务部经理审核收到的付款申请书和增值税发票是否相符，以及其正确性，并将增值税发票的抵扣联留档，将付款申请书继续交由总经理进行审核。

Step4 制造企业出纳填写转账支票

制造企业出纳收到由总经理递来的经批复的付款申请书，再次审核其准确性，确认无误后按付款申请书所填列的金额开具转账支票，并将转账支票提交给财务部经理。

项目十 自主经营新增核心任务

Step5 制造企业财务部经理审核支票

制造企业财务部经理收到由出纳交来的转账支票,进行审核,确认无误后签字同意,并将支票正联递交给营销部市场专员。

Step6 制造企业市场专员将支票送往服务公司

制造企业市场专员接到由财务部经理转交来的市场开拓费付款的转账支票,前往服务公司将支票交给服务公司总经理。

Step7 制造企业服务公司总经理填写进账单

制造企业服务公司总经理经向制造企业催收市场开拓费,拿到日制造企业市场专员交来的转账支票,根据转账支票填写进账单,并携带转账支票及进账单前往银行办理转账。

Step8 银行柜员办理转账

银行柜员收到由服务公司总经理提交来的支票与记账单,核对无误后在系统中进行转账,转账完成后打印银行回单,并交给制造企业出纳。

Step9 制造企业财务会计填制记账凭证

制造企业财务会计拿到由出纳交来的市场开拓费支付相关的银行回单,根据经审核的付款申请书、银行回单及支票存根填制记账凭证,并将付款申请书、银行回单、转账支票存根粘贴在记账凭证后作为附件。

Step10 制造企业财务部经理审核记账凭证

制造企业财务部经理对财务会计编制的记账凭证进行审核,检查记账凭证后粘贴的附件是否正确,记账凭证是否与附件内容一致,确认无误后在记账凭证上签字同意,并将记账凭证交给出纳登记日记账。

Step11 制造企业出纳登记日记账

制造企业出纳根据由财务部经理处递来的记账凭证登记银行存款日记账,日记账登记完毕后在记账凭证上签字,并将记账凭证传递给财务会计登记科目明细账。

Step12 制造企业财务会计登记科目明细账

制造企业财务会计根据出纳处递来的记账凭证登记科目明细账，科目明细账登记完毕后在记账凭证上签字，并将记账凭证传递给财务部经理登记总账。

Step13 制造企业财务部经理登记总账

制造企业财务部经理根据财务会计处递来的记账凭证登记总账，总账登记完毕后在记账凭证上签字。

任务四 申请和办理广告投放

主要内容：制造企业营销部根据制定的公司营销策略，若打算自主经营阶段将部分或全部产品不通过中间商直接销售到中部市场，并办妥了中部市场的市场开拓，则应在中部市场投放广告，吸引虚拟客户，以获取虚拟市场订单，见图10－22。

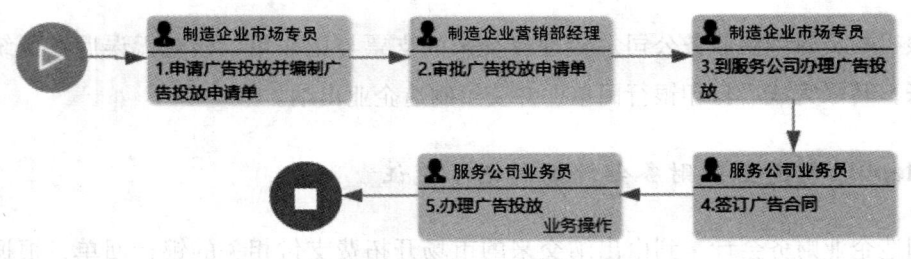

图10－22 申请和办理广告投放流程

任务步骤：

Step1 制造企业市场专员申请广告投放

制造企业市场专员根据公司营销策略，编制广告投放申请单，并提交至营销部经理处。

Step2 制造企业营销部经理审批广告投放申请

制造企业营销部经理收到由市场专员提交过来的广告投放申请单，对广告投放申请单内容及金额等方面的合理性进行审核，确认无误后签字同意，并将审核通过的广告投放申请单交还给市场专员。

项目十 自主经营新增核心任务

Step3 制造企业市场专员到服务公司办理广告投放

制造企业市场专员持营销经理审核的广告投放申请单前往服务公司,向服务公司申请办理广告投放业务。

Step4 服务公司业务员接受广告投放申请

服务公司业务员接收由制造企业市场专员提交来的广告投放申请单,确认内容与金额后在广告投放申请单上盖章确认,接受制造企业广告投放的申请。

Step5 服务公司业务员在系统中办理广告投放

服务公司业务员根据广告投放申请的制造企业的申请单内容与金额,在系统中为相应制造企业在广告费投放地区办理广告投放业务,并告知制造企业市场专员广告投放已办理完成。

任务五 收到广告费发票

主要内容:制造企业营销部收到服务公司开具的广告投放发票,办理相关财务手续,见图 10-23。

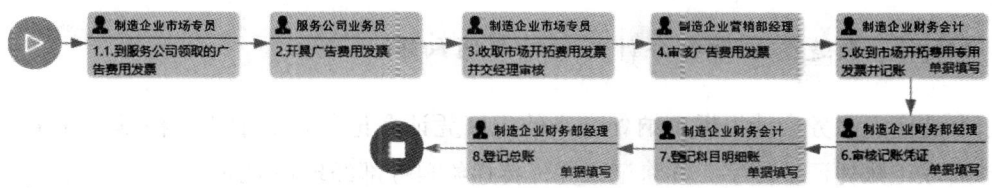

图 10-23 收到广告费发票流程

任务步骤:

Step1 制造企业市场专员领取发票

制造企业市场专员前往服务公司处,领取广告投放费用的增值税发票。

Step2 服务公司业务员开具广告费发票

服务公司业务员向制造企业市场专员询问制造企业信息,根据制造企业广告投放申请单上的金额开具增值税发票,将增值税发票的发票联、抵扣联交给市场专员,并将记账联进行备案留档。

Step3　制造企业市场专员收取广告费发票

制造企业市场专员从服务公司业务员处取得广告投放的增值税发票,在发票记录表上登记发票信息,确认发票信息无误后将发票提交给营销部经理。

Step4　制造企业营销部经理审核广告费发票

制造企业营销部经理收到市场专员递交来的广告费发票,审核广告费发票金额是否与广告投放合同规定的一致,确认无误后将广告费发票交至财务会计处。

Step5　制造企业财务会计填制记账凭证

制造企业财务会计根据由营销部经理交来的广告费发票填制记账凭证,并将发票粘贴在记账凭证后作为附件。

Step6　制造企业财务部经理审核记账凭证

制造企业财务部经理对财务会计编制的记账凭证进行审核,检查记账凭证后粘贴的附件是否正确,记账凭证是否与附件内容一致,确认无误后在记账凭证上签字同意,并将记账凭证交给出纳登记日记账。

Step7　制造企业财务会计登记科目明细账

制造企业财务会计根据出纳处递来的记账凭证登记科目明细账,科目明细账登记完毕后在记账凭证上签字,并将记账凭证传递给财务部经理登记总账。

Step8　制造企业财务部经理登记总账

制造企业财务部经理根据财务会计处递来的记账凭证登记总账,总账登记完毕后在记账凭证上签字。

任务六　支付广告投放费用

主要内容:制造企业向服务公司支付广告费用,见图10-24。

项目十 自主经营新增核心任务

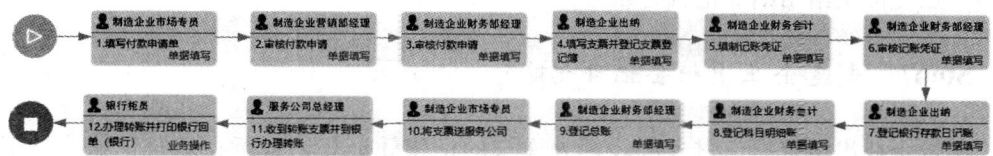

图 10-24 支付广告投放费用流程

任务步骤：

Step1 制造企业市场专员填写付款申请单

制造企业市场专员根据收到的服务公司开具的广告费投放的增值税专用发票，对照发票信息填写付款申请书，并将付款申请书及增值税发票提交至营销部经理处审核。

Step2 制造企业营销部经理审核付款申请单

制造企业营销部经理收到市场专员提交来的广告费发票和付款申请单，对照相应的广告投放申请表进行审核，审核无误后，将付款申请书及增值税发票转交给财务部经理。

Step3 制造企业财务部经理审核付款申请

制造企业财务部经理审核收到的付款申请书和增值税发票是否相符，以及其正确性，并将增值税发票的抵扣联留档，将付款申请书继续交由总经理进行审核。

Step4 制造企业出纳填写转账支票

制造企业出纳收到由总经理递来的经批复的付款申请书，再次审核其准确性，确认无误后按付款申请书所填列的金额开具转账支票，并将转账支票交给市场专员。

Step5 制造企业财务会计填制记账凭证

制造企业财务会计根据经审核的付款申请书及支票存根填制记账凭证，并将付款申请书、转账支票存根粘贴在记账凭证后作为附件。

Step6 制造企业财务部经理审核记账凭证

制造企业财务部经理对财务会计编制的记账凭证进行审核，检查记账凭证后粘贴的附件是否正确，记账凭证是否与附件内容一致，确认无误后在记账凭证上签字同意，

并将记账凭证交给出纳登记日记账。

Step7　制造企业出纳登记日记账

制造企业出纳根据由财务部经理处递来的记账凭证登记银行存款日记账，日记账登记完毕后在记账凭证上签字，并将记账凭证传递给财务会计登记科目明细账。

Step8　制造企业财务会计登记科目明细账

制造企业财务会计根据出纳处递来的记账凭证登记科目明细账，科目明细账登记完毕后在记账凭证上签字，并将记账凭证传递给财务部经理登记总账。

Step9　制造企业财务部经理登记总账

制造企业财务部经理根据财务会计处递来的记账凭证登记总账，总账登记完毕后在记账凭证上签字。

Step10　制造企业市场专员将支票送往服务公司

制造企业市场专员接到由出纳交来的广告费付款的转账支票，前往服务公司将支票交给服务公司总经理。

Step11　制造企业服务公司总经理填写进账单

制造业服务公司总经理经向制造企业催收广告投放费，拿到由制造企业市场专员交来的转账支票，根据转账支票填写进账单，并携带转账支票及进账单前往银行办理转账。

Step12　银行柜员办理转账

银行柜员收到由服务公司总经理提交来的支票与记账单，核对无误后在系统中进行转账，转账完成后打印银行回单，并交给制造企业出纳。

任务七　查看虚拟销售订单

主要内容：市场开拓及广告投放完成后，制造企业营销部在系统中查看中部市场的虚拟销售订单，流程见图10-25。

项目十 自主经营新增核心任务

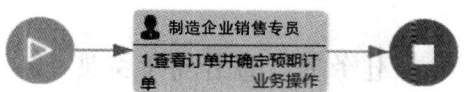

图 10-25 查看虚拟销售订单流程

任务步骤：

Step1 制造企业销售专员查看销售订单

制造企业销售专员在系统中查看已开拓的中部市场中存在哪些可选订单，并准备好接到服务公司通知后，立即前往进行选单。

任务八 组织制造企业竞单

主要内容：服务公司组织开拓了中部市场并已投放广告的制造企业进行竞单，见图 10-26。

图 10-26 组织制造企业竞单流程

任务步骤：

Step1 服务公司总经理通知竞单

服务公司总经理通知开拓了中部市场并已投放广告的各个制造企业前往服务公司进行竞单。

Step2 服务公司总经理为制造企业办理选单

服务公司总经理在开拓了中部市场并已投放广告的各制造企业销售专员来齐后，在系统中的中部市场中按照各制造企业广告投放金额多少依次为相应公司办理选单，广告投放金额多的制造企业优先选单。

任务九 查看竞单结果

主要内容：制造企业营销部查看竞单结果，见图 10-27。

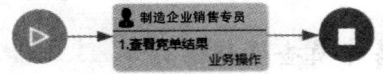

图 10-27 查看竞单结果流程

任务步骤：

Step1 制造企业销售专员查看竞单结果

制造企业销售专员在系统中查看本公司已选中的订单，确认包括产品规格、价格、数量等方式在内的订单信息，做到心中有数。

任务十 给虚拟经销商发货

主要内容：制造企业营销部中部市场的虚拟销售订单约定的发货日期，按照订单要求的产品规格、数量等给虚拟经销商发货，见图 10-28。

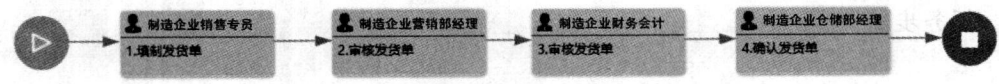

图 10-28 给虚拟经销商发货流程

任务步骤：

Step1 制造企业销售专员填制发货单

制造企业销售专员根据中部市场的虚拟销售订单填写发货单（由于对方客户为虚拟客户，发货单的客户联自留，财务联用于财务部记账，仓储联用于前往仓储部办理发货手续），并递交给营销部经理。

Step2 制造企业营销部经理审核发货单

制造企业营销部经理接收到由销售专员填制的发货单，对照虚拟销售订单检查发货单，确认无误后进行签字确认，并提交至财务会计处。

Step3　制造企业财务会计审核发货单

制造企业财务会计收到由营销部经理递交来的发货单，进行审核，确认无误后将仓储联交给仓储部经理。

Step4　制造企业仓储部经理确认发货单

制造企业仓储部经理收到发货单，审核发货单的同时确认库存产品是否能够满足发货单要求，确认无误后，准备好发货。

任务十一　给虚拟经销商办理出库并开具发票

主要内容：制造企业仓储部根据销售部提供的发货单进行发货，并发货完成后，财务部开具增值税发票，见图10-29。

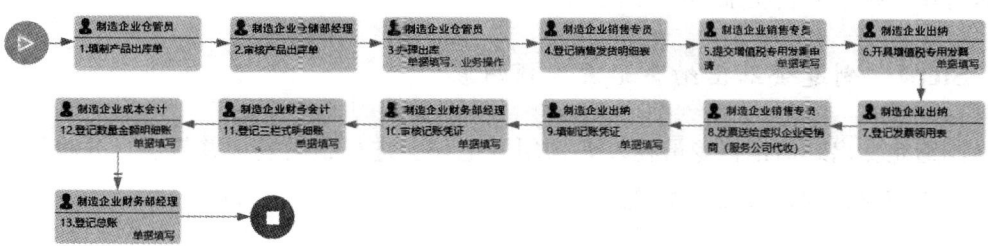

图10-29　出库及开发票流程

任务步骤：

Step1　制造企业仓管员填制产品出库单

制造企业仓管员根据销售发货单填制产品出库单，交由销售专员签字确认后，提交给仓储部经理。

Step2　制造企业仓储部经理审核产品出库单

制造企业仓储部经理收到仓管员交来的产品出库单，进行审核，确认无误后签字确认，并将出库单交还至仓管员。

Step3　制造企业仓管员办理产品出库

制造企业仓管员根据出库单，在系统中办理产品出库手续，并登记库存台账（出库单一联交给营销部门，一联交给财务部门）。

Step4　制造企业销售专员登记销售发货明细表

制造业销售专员根据发货单进行销售发运，登记销售发货明细表。

Step5　制造企业销售专员提交发票申请

制造企业销售专员根据销售订单、销售发货明细表向财务部出纳提交开具增值税发票申请。

Step6　制造企业出纳开具发票

制造企业出纳收到由销售专员提交的增值税发票开票申请，根据销售专员提供的销售订单、销售发货明细表中的信息开具增值税发票。

Step7　制造企业出纳登记发票领用表

制造企业出纳请销售专员在发票领用登记表上进行领用登记并签字，并将记账联保留用于记账，发票联和抵扣联递交给销售专员。

Step8　制造企业销售专员将发票送给虚拟经销商（由服务公司代收）

制造业企业销售专员收到出纳交来的增值税发票抵扣联和发票联，将两联送至虚拟经销商处（由于虚拟经销商在课程中无对应实体，由服务公司代为收取）。

Step9　制造企业出纳填制记账凭证

制造企业出纳根据增值税发票记账联填制记账凭证，将发票粘贴在记账凭证后作为附件材料，并将记账凭证提交给财务部经理。

Step10　制造企业财务部经理审核记账凭证

制造企业财务部经理对财务会计编制的记账凭证进行审核，检查记账凭证后粘贴的附件是否正确，记账凭证是否与附件内容一致，确认无误后在记账凭证上签字同意，

项目十 自主经营新增核心任务

并将记账凭证交还给财务会计。

Step11 制造企业财务会计登记三栏式明细账

制造企业财务会计根据财务部经理交还的记账凭证登记三栏式明细账，三栏式明细账登记完毕后在记账凭证上签字，并将记账凭证传递给成本会计。

Step12 制造企业成本会计登记数量金额明细账

制造企业成本会计根据财务会计处传递来的记账凭证登记数量金额明细账，数量金额明细账登记完毕后在记账凭证上签字，并将记账凭证传递给财务部经理。

Step13 制造企业财务部经理登记总账

制造企业财务部经理根据财务会计处递来的记账凭证登记总账，总账登记完毕后在记账凭证上签字。

任务十二 收到虚拟经销商货款

主要内容：完成虚拟订单的发货任务后，制造企业营销部在虚拟订单约定的付款日期对虚拟净销售进行回收货款业务，由于虚拟经销商实际中未设置，因此收款业务直接通过系统完成，见图 10-30。

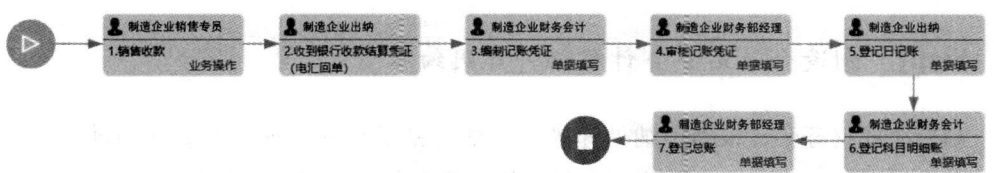

图 10-30 收到货款流程

任务步骤：

Step1 制造企业销售专员销售收款

制造企业销售专员在系统中办理虚拟订单的销售收款，完成操作后通知出纳查询银行存款的变化是否正常，确认无误后前往银行打印收款的结算凭证。

Step2 银行柜员打印电汇回单

银行柜员接到制造企业出纳打印制造企业收取虚拟经销商的收款结算凭证后,在系统中进行查询和核实,确认无误后打印电汇回单作为凭证交给制造企业出纳。

Step3 制造企业出纳收到电汇回单

制造企业出纳收到银行柜员打印的电汇回单,将电汇回单拿回公司用于财务做账。

Step4 制造企业财务会计填制记账凭证

制造企业财务会计根据电汇回单填制记账凭证,并将电汇回单粘贴在记账凭证后作为附件材料,并将记账凭证递交给财务部经理。

Step5 制造企业财务部经理审核记账凭证

制造企业财务部经理对财务会计编制的记账凭证进行审核,检查记账凭证后粘贴的附件是否正确,记账凭证是否与附件内容一致,确认无误后在记账凭证上签字同意,并将记账凭证交给出纳登记日记账。

Step6 制造企业出纳登记日记账

制造企业出纳根据由财务部经理处递来的记账凭证登记银行存款日记账,日记账登记完毕后在记账凭证上签字,并将记账凭证传递给财务会计登记科目明细账。

Step7 制造企业财务会计登记科目明细账

制造企业财务会计根据出纳处递来的记账凭证登记科目明细账,科目明细账登记完毕后在记账凭证上签字,并将记账凭证传递给财务部经理登记总账。

Step8 制造企业财务部经理登记总账

制造企业财务部经理根据财务会计处递来的记账凭证登记总账,总账登记完毕后在记账凭证上签字。

附表：较重要的期初数据

制造企业科目余额表

科目编码	科目名称	期初借		贷
1001	库存现金	20 000		
1002	银行存款	10 000 000		
100201	工行存款	10 000 000		
1122	应收账款			
112201	旭日商贸有限公司			
112202	华晨商贸有限公司			
112203	仁和商贸有限公司			
112204	天府商贸有限公司			
1221	其他应收款			
1403	原材料	3 415 824		
140301	钢管	1 136 160		
140302	坐垫	432 972		
140303	车轮	580 824		
140304	车篷	779 004		
140305	经济型童车包装套件	486 864		
140306	镀锌管			
140307	记忆太空棉坐垫			
140308	数控芯片			
140309	舒适型童车包装套件			
140310	豪华型童车包装套件			
1405	库存商品	4 086 828		
140501	经济型童车	4 086 828		
140502	舒适型童车			
140503	豪华型童车			

续表

科目编码	科目名称	期初借	贷
1409	自制半成品	1 869 696	
140901	经济车架	1 869 696	
140901	舒适车架		
140901	豪华车架		
1601	固定资产	27 328 800	
1602	累计折旧		1 824 000
2001	短期借款		
2202	应付账款		
220201	恒通工贸		
220202	邦尼工贸		
220203	思远工贸		
220204	新耀工贸		
220211	隆飞物流		
220212	融通服务		
2211	应付职工薪酬		378 603
221101	工资		265 500
221103	社会保险		86 553
221104	住房公积金		26 550
2221	应交税费		215 333.3
222101	应交增值税		
22210101	进项税额	405 820.51	
22210103	销项税额		621 153.9
22210106	转出未交税金		
222102	未交增值税		215 333.3
222103	已交增值税		
222105	应交个人所得税		
222108	应交企业所得税		
2501	长期借款		
4001	实收资本		35 000 000
4101	盈余公积		396 687.3

附表：较重要的期初数据

续表

科目编码	科目名称	期初借		贷
4103	本年利润			
4104	利润分配			8 906 524
410406	未分配利润			8 906 524
6001	主营业务收入			
6401	主营业务成本			
6601	销售费用			
6602	管理费用			
6603	财务费用			
合计		44 897 148		44 897 148

工贸企业科目余额表

科目编码	科目名称	期初借	贷
1001	库存现金	20 000	
1002	银行存款	8 000 000	
100201	工行存款	8 000 000	
1122	应收账款		
112201	好佳童车		
1221	其他应收款		
1405	库存商品	6 971 800	
140501	钢管	2 243 280	
140502	镀锌管		
140503	坐垫	912 240	
140504	记忆太空棉坐垫		
140505	车篷	1 646 680	
140506	车轮	1 140 880	
140507	经济型童车包装套件	1 028 720	
140508	数控芯片		
140509	舒适型童车包装套件		

续表

科目编码	科目名称	期初 借	贷
140510	豪华型童车包装套件		
1601	固定资产	14 424 000	
1602	累计折旧		862 500
2001	短期借款		
2202	应付账款		
220201	丽华五金		
220211	隆飞物流		
220212	融通服务		
2211	应付职工薪酬		49 197
221101	工资		34 500
221103	社会保险		11 247
221104	住房公积金		3 450
2221	应交税费		61 897.41
222101	应交增值税		
22210101	进项税额	239 743.59	
22210103	销项税额		301 641
22210106	转出未交税金	61 897.41	
222102	未交增值税		61 897.41
222103	已交增值税	0	0
222105	应交个人所得税	0	
222108	应交企业所得税	0	0
2501	长期借款	0	0
4001	实收资本	0	23 000 000
4101	盈余公积	0	
4103	本年利润	0	
4104	利润分配	0	5 442 205.59
410406	未分配利润	0	5 442 205.59
6001	主营业务收入	0	
6401	主营业务成本	0	
6601	销售费用	0	

附表：较重要的期初数据

续表

科目编码	科目名称	期初		
		借		贷
6602	管理费用	0		
6603	财务费用	0		
合计		28 553 300		28 553 300

商贸企业科目余额表

科目编码	科目名称	期初		
		借		贷
1001	库存现金	20 000		0
1002	银行存款	4 700 000		0
100201	工行存款	4 700 000		0
1122	应收账款	0		0
112201	爱喜商贸			
1221	其他应收款			
1405	库存商品	13 888 000		0
140501	经济型童车	13 888 000		0
140502	舒适型童车	0		0
140503	豪华型童车	0		0
1601	固定资产	14 460 000		0
1602	累计折旧	0		873 750
2001	短期借款	0		0
2202	应付账款	0		0
220201	好佳童车	0		0
220211	隆飞物流	0		0
220212	融通服务	0		0
2211	应付职工薪酬	0		78 430
221101	工资	0		55 000
221103	社会保险(单)	0		17 930
221104	住房公积金(单)	0		5 500
2221	应交税费	0		100 256.4

续表

科目编码	科目名称	期初 借		贷
222101	应交增值税	0		100 256.4
22210101	进项税额	313 846.2		0
22210103	销项税额	0		414 102.6
22210106	转出未交税金	100 256.36		
222102	未交增值税			100 256.4
222103	已交增值税	0		0
222105	应交个人所得税	0		
222108	应交企业所得税	0		0
2501	长期借款	0		0
4001	实收资本	0		28 000 000
4101	盈余公积	0		0
4103	本年利润	0		0
4104	利润分配	0		4 015 564
410406	未分配利润	0		4 015 564
6001	主营业务收入	0		0
6401	主营业务成本	0		0
6601	销售费用	0		0
6602	管理费用	0		0
6603	财务费用	0		0
合计		32 194 250		32 194 250

附表：较重要的期初数据

制造企业固定资产

固定资产编号	固定资产名称	使用部门	使用年限（月）	开始使用日期	已计提月份	原值	残值	月折旧额	累计折旧	对应科目
0100001	办公楼	企业管理部	240	2015.9.15	15	12 000 000	600 000	47 500	712 500	管理费用
0100002	普通仓库	仓储部	240	2015.9.15	15	5 400 000	270 000	21 375	320 625	管理费用
0100003	大厂房	生产计划部	240	2015.9.15	15	7 200 000	360 000	28 500	427 500	制造费用
0200001	普通机床（机加工生产线）	生产计划部	120	2015.9.15	15	210 000	0	1 750	26 250	制造费用-机加
0200002	普通机床（机加工生产线）	生产计划部	120	2015.9.15	15	210 000	0	1 750	26 250	制造费用-机加
0200003	普通机床（机加工生产线）	生产计划部	120	2015.9.15	15	210 000	0	1 750	26 250	制造费用-机加
0200004	普通机床（机加工生产线）	生产计划部	120	2015.9.15	15	210 000	0	1 750	26 250	制造费用-机加
0200005	普通机床（机加工生产线）	生产计划部	120	2015.9.15	15	210 000	0	1 750	26 250	制造费用-机加
0200006	普通机床（机加工生产线）	生产计划部	120	2015.9.15	15	210 000	0	1 750	26 250	制造费用-机加
0200007	普通机床（机加工生产线）	生产计划部	120	2015.9.15	15	210 000	0	1 750	26 250	制造费用-机加
0200008	普通机床（机加工生产线）	生产计划部	120	2015.9.15	15	210 000	0	1 750	26 250	制造费用-机加
0200009	普通机床（机加工生产线）	生产计划部	120	2015.9.15	15	210 000	0	1 750	26 250	制造费用-机加
0200010	普通机床（机加工生产线）	生产计划部	120	2015.9.15	15	210 000	0	1 750	26 250	制造费用-机加
0200011	组装生产线	生产计划部	120	2015.9.15	15	510 000	0	4 250	63 750	制造费用-组装
0300001	笔记本电脑	企业管理部	48	2015.9.15	15	6 000	0	125	1 875	管理费用
0300002	笔记本电脑	人力资源部	48	2015.9.15	15	6 000	0	125	1 875	管理费用
0300003	笔记本电脑	财务部	48	2015.9.15	15	6 000	0	125	1 875	管理费用

续表

固定资产编号	固定资产名称	使用部门	使用年限（月）	开始使用日期	已计提月份	原值	残值	月折旧额	累计折旧	对应科目
0300004	笔记本电脑	采购部	48	2015.9.15	15	6 000	0	125	1 875	管理费用
0300005	笔记本电脑	营销部	48	2015.9.15	15	6 000	0	125	1 875	销售费用
0300006	笔记本电脑	仓储部	48	2015.9.15	15	6 000	0	125	1 875	管理费用
0300007	笔记本电脑	生产计划部	48	2015.9.15	15	6 000	0	125	1875	制造费用
0300008	台式电脑	财务部	48	2015.9.15	15	4 800	0	100	1 500	管理费用
0300009	台式电脑	财务部	48	2015.9.15	15	4 800	0	100	1 500	管理费用
0300010	台式电脑	企业管理部	48	2015.9.15	15	4 800	0	100	1 500	管理费用
0300011	台式电脑	人力资源部	48	2015.9.15	15	4 800	0	100	1 500	管理费用
0300012	台式电脑	财务部	48	2015.9.15	15	4 800	0	100	1 500	管理费用
0300013	台式电脑	采购部	48	2015.9.15	15	4 800	0	100	1 500	管理费用
0300014	台式电脑	营销部	48	2015.9.15	15	4 800	0	100	1 500	销售费用
0300015	台式电脑	营销部	48	2015.9.15	15	4 800	0	100	1 500	销售费用
0300016	台式电脑	仓储部	48	2015.9.15	15	4 800	0	100	1 500	管理费用
0300017	台式电脑	生产计划部	48	2015.9.15	15	4 800	0	100	1 500	制造费用
0300018	台式电脑	生产计划部	48	2015.9.15	15	4 800	0	100	1 500	制造费用
0300019	打印复印一体机	企业管理部	48	2015.9.15	15	24 000	0	500	7 500	管理费用

附表：较重要的期初数据

工贸企业固定资产

固定资产编号	固定资产名称	使用部门	使用年限（月）	开始使用日期	已计提月份	原值	残值	月折旧额	累计折旧	对应科目
0100001	办公楼	企业管理部	240	2015.9.15	15	9 000 000	450 000	35 625	534 375	管理费用
0100002	普通仓库	业务部	240	2015.9.15	15	5 400 000	270 000	21 375	320 625	管理费用
0300001	笔记本电脑	企业管理部	48	2015.9.15	15	6 000	0	125	1 875	管理费用
0300002	笔记本电脑	企业管理部	48	2015.9.15	15	6 000	0	125	1 875	管理费用
0300003	笔记本电脑	财务部	48	2015.9.15	15	6 000	0	125	1 875	管理费用
0300004	笔记本电脑	业务部	48	2015.9.15	15	6 000	0	125	1 875	管理费用

商贸企业固定资产

固定资产编号	固定资产名称	使用部门	使用年限（月）	开始使用日期	已计提月份	原值	残值	月折旧额	累计折旧	对应科目
0100001	办公楼	企业管理部	240	2015.9.15	15	9 000 000	450 000	35 625	534 375	管理费用
0100002	普通仓库	仓储部	240	2015.9.15	15	5 400 000	270 000	21 375	320 625	管理费用
0300001	笔记本电脑	企业管理部	48	2015.9.15	15	6 000	0	125	1 875	管理费用
0300002	笔记本电脑	企业管理部	48	2015.9.15	15	6 000	0	125	1 875	管理费用
0300003	笔记本电脑	财务部	48	2015.9.15	15	6 000	0	125	1 875	管理费用
0300004	笔记本电脑	采购部	48	2015.9.15	15	6 000	0	125	1 875	管理费用
0300005	笔记本电脑	营销部	48	2015.9.15	15	6 000	0	125	1 875	销售费用
0300006	笔记本电脑	仓储部	48	2015.9.15	15	6 000	0	125	1 875	管理费用
0300019	打印复印一体机	企业管理部	48	2015.9.15	15	24 000	0	500	7 500	管理费用

参考文献

[1] 吕永霞,卢德湖,李爱红. VBSE 跨专业综合实训教程 [M]. 北京:高等教育出版社,2016.8

[2] 邓文博,姜庆,曾苑,白迎超. 企业运营综合实战——经管类跨专业仿真实训教程 [M]. 北京:清华大学出版社,2016.8

[3] 罗平实. 财经商贸跨专业综合实训 [M]. 重庆:重庆大学出版社,2018.10

[4] 李海波,蒋瑛. 新版会计学原理——基础会计(第18版)[M]. 上海:立信会计出版社,2017.1

[5] 张捷. 基础会计 [M]. 大连:东北财经大学出版社,2018.2

[6] 余朝晖. 基础会计学 [M]. 北京:中国财政经济出版社,2017.6

[7] 宋福根. 现代企业决策与仿真 [M]. 北京:科学出版社,2018.7

[8] 冷柏军,张玮. 国际贸易理论与实务,北京:中国人民大学出版社,2012.5

[9] 李旭. 企业管理 [M]. 北京:经济科学出版社,2016.1

[10] 龚艳萍. 企业管理 [M]. 北京:清华大学出版社,2016.4

[11] 苏春林. 税法与报税实务 [M]. 北京:中国人民大学出版社,2017.12

[12] 国家税务总局. 国家税务总局关于修订《中华人民共和国企业所得税月(季)度预缴纳税申报表(A类2018年版)》等部分表单样式及填报说明的公告,国家税务总局网站,2019 – 01 – 18

[13] 任康磊. 新个人所得税 [M]. 北京:人民邮电出版社,2019.4

[14] 辛磊,朱波. 企业管理概论 [M]. 上海:上海财经大学出版社,2017.1